L'ÉVALUATION CLINIQUE
DE L'INTELLIGENCE DE L'ENFANT

Jacques Grégoire

L'évaluation clinique de l'intelligence de l'enfant

Théorie et pratique du WISC-III

Deuxième édition

MARDAGA

© 2000 - Pierre Mardaga, éditeur
Hayen, 11 - B-4140 Sprimont (Belgique)
D. 2001-0024-40

*A Christine,
lectrice patiente et attentive.*

Introduction

En 1992, notre ouvrage *Evaluer l'intelligence de l'enfant* paraissait chez le même éditeur. La rédaction de cet ouvrage partait d'un constat de carence. Alors que le WISC-R était le test d'intelligence le plus utilisé au monde (Oakland et Hu, 1992), aucun livre ne lui était consacré en langue française. Nous avons voulu combler cette lacune et présenter aux praticiens un état des lieux des connaissances théoriques et cliniques relatives aux échelles de Wechsler et, plus spécifiquement, au WISC-R. Nous avons également voulu proposer une méthode rigoureuse d'interprétation du WISC-R qui permette aux psychologues de tirer des protocoles un maximum d'informations valides et fiables.

En 1996, la troisième édition de l'Echelle de Wechsler pour Enfants, le WISC-III, est parue en langue française. Elle a, du même coup, rendu le WISC-R obsolète et imposé une mise à jour de notre ouvrage de 1992.

Rapidement, nous avons pris conscience que des corrections ponctuelles étaient insuffisantes. Un refonte de l'ouvrage était nécessaire. Nous avons réorganisé l'ordre des chapitres afin qu'ils correspondent à une progression plus logique. Le contenu du premier chapitre est, sans doute, celui qui a le moins changé. Nous nous sommes en effet limité à quelques corrections stylistiques et à l'ajout d'une section consacrée à l'histoire des échelles de Wechsler. Les cinq autres chapitres ont fait l'objet de remaniements plus substantiels. Ceux-ci découlent, pour une part, du progrès des connaissances. Depuis 1992, des centaines d'articles ont été écrits sur l'intelligence, les échelles de Wechsler et le WISC-III. De nombreuses informations nouvelles ont dû être intégrées dans les différents chapitres. Elles nous ont obligé à réorganiser ceux-ci et, parfois, à éliminer des informations plus anciennes.

Par ailleurs, ayant collaboré étroitement à l'adaptation française du WISC-III, nous avons disposé des données du prétest, des données d'étalonnage et des résultats de plusieurs groupes cliniques[1]. Nous avons ainsi pu réaliser de nombreuses analyses complémentaires dont les résultats viennent enrichir le présent ouvrage. Le nombre de tableaux a d'ailleurs doublé, passant de 19 à 38.

En rédigeant cette refonte de l'ouvrage de 1992, nous avons eu un souci constant de clarté. Dans ce but, plusieurs passages ont été réécrits et des figures ont été modifiées ou ajoutées. Les cas cliniques ont également été présentés de manière plus détaillée. Pour manifester le saut qualitatif par rapport à l'ouvrage précédent, le titre a été adapté et est devenu *L'évaluation clinique de l'intelligence de l'enfant*. Le terme *clinique* n'a pas été introduit par hasard. Il souligne la philosophie de l'évaluation que nous défendons tout au long de ce livre. Les tests d'intelligence ne sont que des outils. Ils ne prennent sens qu'au sein de la relation entre le psychologue et son patient. L'interprétation des données du WISC-III, comme de tout autre test, doit toujours se faire en tenant compte de ce contexte relationnel où le sujet est envisagé de manière globale.

Le *premier chapitre* est consacré au rappel des fondements théoriques du WISC-III et, plus largement, des différentes échelles de Wechsler. Le lecteur pourra constater que, contrairement aux idées reçues, Wechsler n'était pas uniquement un pragmatique et qu'il n'ignorait pas les théories de l'intelligence de son temps. Conscient des limites de ces théories, Wechsler a voulu construire son test sur un nombre restreint de principes simples dont il avait l'intuition profonde de la valeur. Et l'avenir lui a donné raison puisque, 60 ans après la première édition du Wechsler-Bellevue (1939), le succès de son test ne s'est pas démenti.

Dans le *second chapitre*, les échelles de Wechsler sont mises à l'épreuve des plus importantes théories de l'intelligence qui se sont succédées depuis plus d'un demi-siècle. Celles-ci sont présentées et discutées, puis leurs implications au niveau des échelles de Wechsler sont évaluées. Ces théories éclairent souvent d'un jour nouveau les différentes épreuves qui composent le WISC-III et nous aident à mieux comprendre les processus mentaux qui y sont impliqués.

Le *troisième chapitre* aborde la question délicate des différences intergroupes au WISC-III. Une première partie est consacrée aux différences de performances liées à la classe sociale et au sexe. La revue de la littérature sur cette question est complétée par une analyse originale des données de l'étalonnage français. Une seconde partie traite du problème des biais dans les tests d'intelligence et, plus particulièrement, dans les échelles de Wechsler. Ce problème a eu des répercussions considérables aux Etats-Unis où plusieurs décisions de justice ont été prises à propos de l'usage des tests d'intelligence avec les enfants appartenant à des minorités ethniques. L'intervention de la justice dans le domaine des tests a eu le mérite de susciter de nombreuses recherches empiriques à propos de la validité différentielle des échelles de Wechsler. Les méthodes appliquées dans ces recherches et les conclusions auxquelles ces dernières aboutissent sont présentées de manière détaillée.

Le *quatrième chapitre* présente les caractéristiques psychométriques du WISC-III. Notre attention se concentre principalement sur la validité et la fiabilité de ce test. Les résultats des analyses factorielles françaises et américaines sont discutés de manière approfondie. La structure factorielle du WISC-III conditionne en effet l'interprétation des scores composites qui peuvent être calculés à partir des notes standard aux subtests. Dans la dernière section de ce chapitre, nous proposons une version brève du WISC-III dont nous décrivons les propriétés métriques.

Dans le *chapitre 5*, nous détaillons les fondements d'une interprétation valide des protocoles de WISC-III. Ce chapitre débute par l'interprétation du QI Total, puis aborde la différence entre le QI Verbal et le QI de Performance. Cette différence est analysée dans l'échantillon d'étalonnage français. Plusieurs hypothèses d'interprétation de cette différence sont discutées. Nous évaluons ensuite les différentes méthodes d'analyse de la dispersion des notes standard. Nous en sélectionnons une pour laquelle nous proposons des valeurs de référence. L'analyse de la dispersion nous conduit logiquement à analyser les différents subtests du point de vue de leurs qualités métriques et des variables qu'ils mettent en jeu. Enfin, le chapitre se termine par la comparaison entre les performances obtenues au WISC-III et aux autres échelles de Wechsler.

Le *chapitre 6* est consacré à l'application clinique des principes méthodologiques mis en évidence dans le chapitre 5. Nous y décrivons une méthode d'analyse des protocoles du WISC-III qui prend la forme d'un arbre de décision. Cette méthode s'appuie fermement sur les caractéristiques psychométriques du test et sur nos connaissances de ce que mesurent les différentes épreuves. Elle permet une exploitation optimale, mais toujours prudente, des résultats.

NOTE

[1] Nous remercions les Editions du Centre de Psychologie Appliquée qui nous ont permis d'utiliser l'ensemble de ces données.

Chapitre 1
Fondements théoriques et développement des échelles de Wechsler

Le WISC-III est vraisemblablement le test d'intelligence pour enfants le plus utilisé dans le monde. Pourtant, ses bases théoriques sont méconnues. Il est vrai que David Wechsler a peu publié sur cette question. De plus, la plupart de ses écrits ne sont plus aujourd'hui édités. La quatrième et dernière édition de son ouvrage de référence, *La mesure de l'intelligence de l'adulte* (1958), est à présent épuisée[1]. Il ne reste plus au psychologue contemporain qu'une dizaine de pages au début du manuel des différentes échelles de Wechsler pour se faire une vague idée des conceptions de l'auteur à propos de l'intelligence. En découle une méconnaissance des fondements théoriques des échelles de Wechsler qui nous paraît préjudiciable à son utilisation clinique efficace. En effet, il nous semble que bon nombre de praticiens appliquent le WISC-III sans véritablement savoir ce qu'ils évaluent. Le quotient intellectuel qu'ils obtiennent, que signifie-t-il, de quelle réalité est-il l'indice ?

Pour répondre à cette question, nous sommes retourné à la source, aux écrits mêmes de Wechsler. Nous avons tenté de mettre en évidence les principes essentiels sur lesquels il a bâti son test. Au-delà du simple constat, nous avons voulu saisir ses arguments. Pour cette raison, nous nous sommes intéressé aux théoriciens auxquels Wechsler se réfère et grâce auxquels il parvient à donner une légitimité à son instrument. Le présent chapitre est ainsi consacré à l'examen des notions essentielles à partir desquelles toutes les échelles de Wechsler ont été construites. La première de ces notions est celle d'*intelligence générale*. Nous verrons comment Wechsler la définit et comment il prétend la mesurer. Nous aborderons à cette occasion la question des *facteurs non intellectuels de l'intelligence* sur lesquels Wechsler a beaucoup insisté et qui, selon lui, font partie intégrante de l'intelligence générale. La seconde notion importante que nous analyserons est celle d'*intelligence verbale* et d'*intelligence de performance*. Nous mettrons en évidence l'origine et les fondements théoriques de cette distinction entre deux dimensions de l'intelligence, jugées essentielles par Wechsler. Enfin, nous développerons la notion de *QI standard* dont l'apparition résulte de la mise en question, par Wechsler, de l'utilisation de l'Age Mental pour les adultes. Ce passage en revue des notions de base sur lesquelles s'appuient les échelles de Wechsler nous permettra de constater combien, malgré leur âge, les arguments de Wechsler gardent leur force de conviction.

1. LA NOTION D'INTELLIGENCE GÉNÉRALE

1.1. L'intelligence générale et sa mesure

Wechsler (1944, p. 3)[2] définit l'intelligence comme «la capacité complexe ou globale de l'individu d'agir dans un but déterminé, de penser rationnellement et d'avoir des rapports efficaces avec son environnement». Il insiste particulièrement sur les qualités de complexité et de globalité. L'intelligence est complexe, dit-il, car «elle est composée d'éléments ou d'aptitudes qui, bien que non entièrement indépendantes, sont différentiables du point de vue qualitatif». Elle est globale car «elle caractérise le comportement de l'individu comme un tout». Wechsler cite à ce propos la définition que donne l'Oxford Dictionary du terme *global*, définition qui lui paraît correspondre particulièrement bien à ce qu'il veut désigner. Selon ce dictionnaire, *global* signifie : «qui appartient à ou qui embrasse la totalité d'un groupe d'éléments ou de catégories». Ainsi, pour Wechsler, l'intelligence est une qualité d'ensemble. Elle résulte de l'organisation des aptitudes dont elle n'est cependant pas la simple somme. Wechsler (1944, p. 3) est très clair à ce sujet lorsqu'il affirme : «Le produit final du comportement intelligent n'est pas seulement fonction du nombre des aptitudes ou de leur qualité mais également de la façon selon laquelle elles sont combinées, c'est-à-dire de leur configuration». On ne peut ici s'empêcher de penser au principe de totalité de la Gestalt, théorie à laquelle Wechsler ne fait cependant aucune référence explicite[3]. L'intelligence est en effet conçue ici comme une qualité émergente, fruit de la relation des aptitudes entre elles. Elle ne se réduit pas à la somme des aptitudes qui la composent. Mais elle ne fait pas pour autant disparaître ces dernières en tant qu'entités distinctes.

La configuration harmonieuse des aptitudes, permettant une relation efficace du sujet avec son milieu, Wechsler l'appelle l'intelligence générale. Il distingue nettement cette notion de celle d'aptitude intellectuelle. Il illustre cette distinction par l'exemple suivant : « L'aptitude exceptionnelle de raisonnement du mathématicien est plus fortement corrélée que la mémoire avec cette réalité qu'en fin de compte nous mesurons comme étant l'intelligence. Mais la possession de cette aptitude n'entraîne pas automatiquement que le comportement dans son ensemble est très intelligent au sens défini plus haut. Chaque lecteur pourra se rappeler de certaines personnes possédant une grande aptitude intellectuelle dans un domaine particulier, mais qu'il considère, sans hésitation, comme inférieures à la moyenne du point de vue de l'intelligence générale » (1944, p. 4). Par conséquent, si nous souhaitons évaluer l'intelligence générale, nous ne pouvons pas nous limiter à mesurer un raisonnement particulier. Il est, au contraire, nécessaire d'évaluer les différents aspects des aptitudes qui interviennent dans les comportements intelligents. Un test d'intelligence générale doit ainsi inclure une grande diversité d'opérations mais également une grande variété de contenus sur lesquels portent ces opérations. Wechsler souligne à ce propos que les performances des sujets peuvent varier sensiblement suivant les contenus car l'application des processus est plus ou moins aisée en fonction de ceux-ci. Selon lui, il est possible de distinguer des formes d'intelligence selon le contenu sur lequel celle-ci s'applique. C'est ce que fait, par exemple, Thorndike (1921) lorsqu'il décrit les intelligences abstraites, pratiques et sociales. La première porte sur des symboles, la suivante sur des objets et la dernière sur des relations humaines.

Il est donc nécessaire d'inclure dans les tests d'intelligence générale des épreuves reflétant la variété des aptitudes et des contenus existant dans les comportements intelligents de la vie quotidienne. Comme le dit Wechsler (1958, p. 15) : « La seule chose que nous puissions demander à une échelle d'intelligence est qu'elle mesure des domaines suffisants de l'intelligence pour nous permettre de l'utiliser comme un index fiable de la capacité globale de l'individu ». Mais cet objectif n'est jamais entièrement atteint. « Les tests d'intelligence ne peuvent pas mesurer tout de l'intelligence » (1944, p. 12). L'intelligence générale est en effet la résultante de l'interaction d'un nombre théoriquement infini d'aptitudes différentes. Nous ne pouvons la connaître qu'en évaluant un échantillon forcément limité de ses manifestations. La construction d'un test d'intelligence générale implique par conséquent un choix, toujours discutable, de tâches intellectuelles. D'où la nécessité d'interpréter les résultats du test et ne jamais se baser sur eux seuls pour qualifier une personne de génie[4] ou de débile. Wechsler rapporte à ce propos le cas d'un homme de

28 ans, originaire de l'Oklahoma, recruté lors de l'entrée en guerre des Etats-Unis en 1917 : «Il venait passer un examen psychologique individuel car il avait échoué aux tests d'intelligence Army Alpha et Army Beta. Il obtint un âge mental de moins de 8 ans au Stanford-Binet comme à la Yerkes Point Scale. Pourtant, avant d'entrer à l'armée, il s'était fort bien débrouillé. Il avait la charge d'une famille, travaillait depuis plusieurs années comme ouvrier foreur qualifié et, au moment de son incorporation, gagnait de 60 à 70 $ par semaine. [...] Il n'aurait pas attiré l'attention des autorités s'il n'avait pas échoué aux tests» (1944, p. 53).

On le voit, Wechsler ne manifeste pas de triomphalisme excessif quant à la possibilité d'évaluer l'intelligence globale. Cette évaluation n'est finalement qu'une approximation, d'autant plus précise que les épreuves qui composent le test sont variées. En ce sens, Wechsler est incontestablement l'héritier des conceptions de Binet relatives à la mesure de l'intelligence. «On ne peut déterminer le niveau intellectuel d'un enfant que par un ensemble d'épreuves; c'est la réussite de plusieurs épreuves distinctes qui est seule caractéristique», écrit en effet Binet (1908, p. 64) lors de la présentation de la seconde version de son test. Et, en 1911 (p. 200), à la veille de sa mort, il réaffirme avec force : «Un test particulier, isolé de tout le reste, ne vaut pas grand-chose. [...] Ce qui donne une force démonstrative, c'est un faisceau de tests, un ensemble dont on conserve la physionomie moyenne». Et il ajoute (p. 201) : «Un test ne signifie rien, répétons le fortement, mais cinq ou six tests signifient quelque chose». C'est d'ailleurs par cette conception globale de l'évaluation intellectuelle que Binet est novateur. Il se distingue en effet de la psychologie des facultés qui, elle, veut analyser les phénomènes en leurs composantes élémentaires. Binet, adoptant un point de vue pragmatique, cherche au contraire à saisir la réalité complexe de l'intelligence dans sa globalité. Les épreuves qui composent son test sont donc volontairement variées et complexes. Aucune ne vise à évaluer une aptitude particulière. L'important est que ces épreuves fassent masse par leur multiplicité.

Comme nous pouvons le constater, la filiation de Wechsler par rapport à Binet est évidente. Wechsler veut, lui aussi, évaluer l'intelligence globalement en utilisant une grande variété d'épreuves qui, chacune, fait appel à des processus complexes. Son point de vue est, lui aussi, volontairement non analytique et pragmatique. Mais ce serait une erreur que de réduire la théorie de l'intelligence de Wechsler à celle de Binet. Ce dernier a toujours prétendu mesurer au moyen de son test «l'intelligence naturelle», faculté indépendante de l'instruction et de la personnalité[5]. Tel n'est pas l'avis de Wechsler. Au contraire, celui-ci a beaucoup insisté sur ce qu'il appelle « les facteurs non intellectuels de l'intelligence ». Il est d'ailleurs revenu à plusieurs reprises sur cette question, dans son ouvrage « La mesure de l'intelligence de l'adulte », puis dans trois articles ultérieurs (1940, 1943 et 1950).

Wechsler souligne que « les traits de personnalité interviennent dans l'efficacité du comportement intelligent et, par conséquent, dans toute conception globale de l'intelligence elle-même » (1950, p. 82). Selon lui, il est incorrect de vouloir éliminer les facteurs de personnalité de l'évaluation intellectuelle. « L'expérience a montré que mieux on réussissait à exclure ces facteurs, moins efficaces étaient les tests comme mesure de l'intelligence générale » (1944, p. 11). Si tant est que l'on puisse réellement exclure l'influence de la personnalité sur les performances intellectuelles ! En effet, l'analyse factorielle des corrélations entre tests d'intelligence parvient rarement à expliquer plus de 60 % de la variance des résultats à ces tests. Il reste ainsi un part importante de variance inexpliquée. Pour Wechsler, il ne fait aucun doute que des facteurs non intellectuels sont susceptibles d'en expliquer la plus grande partie. Pour appuyer son point de vue, il cite les résultats des recherches d'Alexander (1935). Celui-ci a en effet réalisé une importante analyse factorielle des corrélations entre les résultats à de nombreux tests verbaux, de performance et d'acquis scolaires. Par cette analyse, il extrait un facteur g, un facteur V (aptitude verbale), un facteur P (aptitude pratique) et deux facteurs appelés X et Z. Ces deux facteurs déterminent une part importante de la variance des résultats aux tests. Alexander considère que le facteur X représente l'intérêt pour la tâche. La signification du facteur Z est, selon lui, moins claire. Il semble s'agir d'un trait de caractère en relation avec l'apprentissage, sans doute la ténacité et le désir de réussir. Quoi qu'il en soit, il est évident que la personnalité joue inévitablement un rôle dans toutes les performances aux tests d'intelligence, comme dans toutes les actions intelligentes de la vie quotidienne. Par conséquent, pour Wechsler, plutôt que de vouloir éliminer les facteurs non intellectuels, il vaut mieux en tenir compte dans notre évaluation. À cette fin, il a inclus dans son test des épreuves où l'attention, la persévérance et d'autres facteurs non intellectuels jouent un certain rôle dans la réussite. Les analyses factorielles réalisées à partir des résultats aux différentes échelles de Wechsler ont souvent mis en évidence un facteur que l'on peut qualifier de non intellectuel. Ainsi, Cohen (1957; 1959) avec le WAIS et le WISC, Kaufman (1975) avec le WISC-R, Parker 1983 avec le WAIS-R et Roid *et al.* (1993) avec le WISC-III extraient un facteur qu'ils nomment « indépendance par rapport aux distractions » (*freedom from distractability*) qui sature plus particulièrement les épreuves d'Arithmétique et de Mémoire. La volonté de Wechsler d'évaluer avec son test l'intelligence générale en y incluant des aptitudes autres que strictement intellectuelles se traduit donc bien dans les faits.

Le WISC-III, comme toutes les échelles de Wechsler, a été construit pour mesurer l'intelligence générale. Celle-ci est définie comme l'organisation des aptitudes permettant des relations efficaces avec le milieu. Les aptitudes intervenant dans l'intelligence générale sont aussi nombreuses que complexes. Y sont incluses des aptitudes non intellectuelles nécessaires à la réalisation de tout acte intelligent. Pour que son test évalue au mieux l'intelligence générale ainsi définie, Wechsler l'a composé d'une grande variété d'épreuves. À aucun moment, il n'a cherché à ce qu'une épreuve mesure une aptitude particulière. Il a plutôt voulu, de façon intuitive, choisir des épreuves diversifiées de par leur contenu et de par les opérations auxquelles elles font appel. Wechsler reconnaît que toutes les facettes de l'intelligence générale ne sont pas représentées dans son test. Embrasser toute l'intelligence générale dans une épreuve forcément limitée dans le temps est, sans doute, un objectif impossible à atteindre. Cette limitation de construction implique la nécessité d'interpréter les résultats au test en se référant à d'autres informations que celles obtenues au moyen de l'instrument lui-même. À de nombreuses reprises, Wechsler a d'ailleurs souligné que ses échelles sont avant tout des épreuves cliniques qui n'ont de réelle valeur que dans le cadre d'une évaluation globale du sujet (Kaufman, 1994).

1.2. Intelligence générale et facteur g

Wechsler trouve un soutien théorique important dans la théorie bi-factorielle de Spearman. Il a conscience que «la combinaison d'une variété de tests en une mesure unique de l'intelligence présuppose, *ipso facto*, une certaine unité ou équivalence fonctionnelle entre eux» (1944, p. 6). Il illustre cette situation par l'analogie suivante : «Si les différents tests représentaient des entités fondamentalement différentes, on ne pourrait pas plus additionner les valeurs qui en découlent pour obtenir un âge mental total, qu'on ne peut additionner 2 chiens, 3 chats et 4 éléphants et en tirer la seule réponse de 9. [...] Si nous pouvons ici donner la réponse de 9, c'est parce que chiens, chats et éléphants sont tous des animaux. L'addition n'aurait pas été possible si, à la place des chats, nous avions eu des navets» (1944, p. 7). Or, la théorie de Spearman permet non seulement d'expliquer cette unité fondamentale, mais également de la mettre à l'épreuve.

Spearman est, en effet, le créateur de l'analyse factorielle. Grâce à cette méthode, il explique les corrélations entre différentes épreuves intellectuelles par l'intervention d'un facteur commun à l'ensemble de celles-ci : le facteur *g*. En découle un modèle bi-factoriel du fonctionnement cognitif selon lequel toute performance intellectuelle est déterminée à la fois par le facteur *g* et par un facteur spécifique qui, comme son nom l'indique, intervient uniquement dans la performance en question[6]. Au départ, Spearman identifie le facteur *g* et l'intelligence générale. Le titre de son premier article (1904) est très explicite à ce propos : « General intelligence objectively determined and mesured ». Par la suite, il abandonne le terme d'intelligence, qu'il juge trop connoté[7], et n'utilise plus que le terme plus neutre de facteur *g*. Cependant, dans ses différents ouvrages, il continue à affirmer que les tests d'intelligence générale, comme le Binet-Simon, permettent une assez bonne évaluation de *g*. Ainsi, dans *The abilities of man* (1927), il souligne que : « nous pouvons déjà voir aussi qu'une approche assez grossière de la mesure de g peut être obtenue par le moyen, apparemment non scientifique, d'un rassemblement d'une grande variété d'épreuves dans un hochepot commun. [...] L'effet de ce rassemblement est que les nombreux facteurs spécifiques se neutralisent plus ou moins l'un l'autre, de sorte que le résultat final tend à devenir une mesure approximative de g seul » (p. 77-78).

On comprend aisément que Wechsler ne mette pas en doute l'existence du facteur *g* qui légitime le calcul d'un résultat global à son test. Pourtant, il n'identifie pas facteur *g* et quotient intellectuel. Selon lui, la plus grande partie de la variance de ce dernier est bien déterminée par le facteur *g*, mais d'autres facteurs influencent également le résultat global. Le quotient intellectuel est ainsi la résultante de l'interaction de différents facteurs. Dans cette interaction, le facteur *g* occupe une grande place, mais il n'occupe pas toute la place. Nous pouvons donc dire que le quotient intellectuel total est une évaluation assez grossière de *g* puisqu'il est également déterminé par d'autres facteurs que *g*. Nous devons admettre que l'intelligence générale et le facteur *g* sont deux notions bien distinctes. L'intelligence générale est le résultat de l'interaction d'un grand nombre de facteurs alors que le facteur *g* n'est que l'un de ceux-ci, le plus important sans doute, mais pas le seul.

Wechsler exprime ses divergences avec Spearman sur deux points. Tout d'abord, il récuse un modèle bi-factoriel au profit d'un modèle hiérarchique qui prend en compte des facteurs de groupes. Nous parlerons plus en détail de ce dernier modèle dans la section suivante. Wechsler se sépare également de Spearman à propos du rôle et de la mesure de *g*. On sait que, sur la question du rôle de *g*, les conceptions de

Spearman ont évolué au cours du temps, sans pourtant être exclusives les unes des autres. Il avance tout d'abord (1904) que le facteur g est l'énergie mentale que possède l'individu pour réaliser une performance intellectuelle. Par la suite (1923), il définit g comme étant l'aptitude à utiliser trois principes fondamentaux de la cognition : l'appréhension de l'expérience, l'éduction des relations et l'éduction des corrélats. Partant de cette définition de g, Spearman considère que les meilleures mesures de g nous sont données par les tests qui font spécifiquement appel à ces trois principes. Selon Spearman, on peut ainsi parvenir à mesurer un g quasi pur et à évaluer le fondement même de tout acte intelligent. Tel n'est pas l'avis de Wechsler. Celui-ci ne remet pas en question la définition de g comme une énergie. Il dit lui-même : « g est une quantité psycho-mathématique qui mesure la capacité de l'esprit à réaliser un travail intellectuel » (1944, p. 8). Ce qu'il conteste, c'est la volonté de Spearman de considérer g comme le seul facteur important et de focaliser toute l'évaluation sur lui seul. Pour Wechsler, d'autres facteurs marquants sont impliqués dans nos actes intellectuels. Ces facteurs doivent donc entrer dans toute mesure de l'intelligence. Nous voyons ainsi combien Wechsler reste constant dans la défense de sa conception de l'intelligence générale et de la méthode qui lui paraît la plus pertinente pour l'évaluer. Spearman est pour lui une source d'arguments en faveur de l'organisation de son échelle. Il n'est pas un modèle.

2. LES NOTIONS D'INTELLIGENCE VERBALE ET D'INTELLIGENCE NON VERBALE

La division par Wechsler de l'échelle globale en deux sous-échelles, une verbale et une de performance, est d'abord pragmatique[8]. Jeune psychologue, celui-ci a en effet eu l'occasion de tester plusieurs centaines de sujets au moyen des Army tests et cette expérience semble avoir eu une profonde influence sur ses conceptions concernant l'évaluation intellectuelle (Matarazzo, 1981, p. 1542).

Rappelons que les Army tests ont été créés en 1917 par Yerkes et ses collaborateurs pour permettre le recrutement du contingent qui allait être envoyé se battre en Europe. Environ 1.750.000 hommes furent alors testés et donnèrent matière à une importante monographie, publiée par Yerkes en 1921, sur les aptitudes intellectuelles des Américains (Gould, 1983, p. 238 et suiv.). Les Army tests étaient composés de deux parties : l'Army Alpha, qui était présenté aux recrues sachant lire et écrire, et l'Army Beta, qui était présenté aux analphabètes et aux sujets ayant

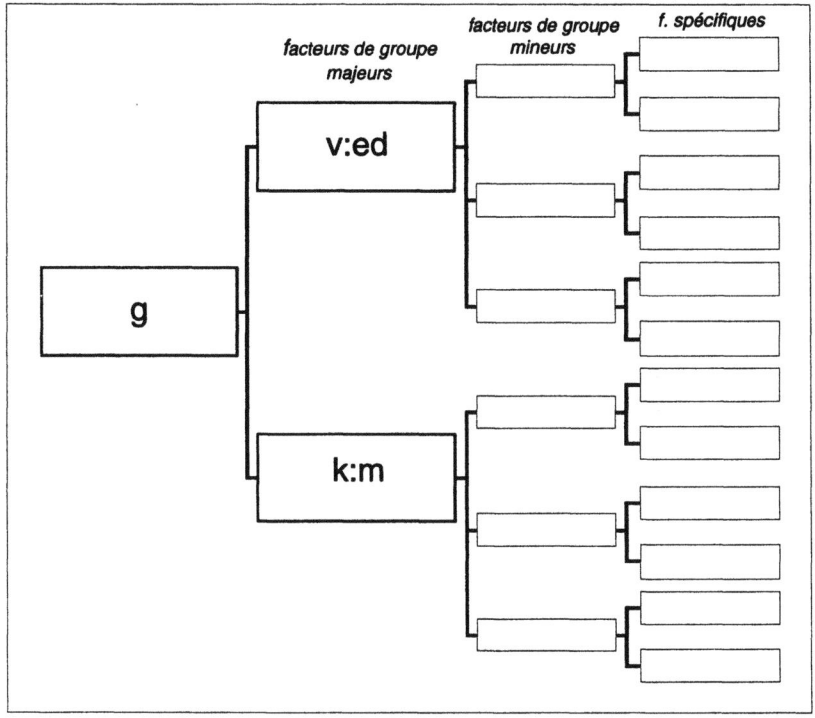

Figure 1 — La structure hiérarchique des aptitudes humaines (d'après Vernon, 1952).

échoué à l'Army Alpha. Nous trouvons déjà ici la première ébauche des échelles Verbale et de Performance. Wechsler s'en est indubitablement inspiré puisque, dans la première version de son test, la Wechsler-Bellevue Intelligence Scale, quatre des six épreuves verbales proviennent de l'Army Alpha, et que deux des cinq épreuves de performance proviennent de l'Army Beta[9]. Bien entendu, c'est le principe des épreuves qui est repris et non les items eux-mêmes[10]. De plus, alors que les Army tests avaient été construits pour la passation collective, les épreuves du test de Wechsler sont conçues pour être passées individuellement.

Ce n'est que beaucoup plus tard que Wechsler trouvera, dans les travaux d'Alexander, un fondement théorique et expérimental aux échelles Verbale et de Performance. Alexander semble avoir été le premier à appliquer aux aptitudes la méthode d'analyse multifactorielle créée par Thurstone. Grâce à celle-ci, il a pu démontrer que, contrairement à ce que pensait Spearman, le modèle bi-factoriel ne rend pas correctement compte de tous les phénomènes cognitifs. À côté du facteur g et des facteurs spécifiques, il existe en effet d'autres facteurs qui interviennent dans différents sous-groupes d'aptitudes. Ces facteurs, dit Alexander, forment de véritables unités fonctionnelles. Il met en évidence les deux principaux : le facteur v, qui intervient dans les tests verbaux, et le facteur f, qui intervient dans les tests de performance les plus complexes.

Ces deux facteurs de groupe constituent deux dimensions fondamentales du fonctionnement cognitif qui ont été retrouvées, par la suite, dans de nombreuses analyses factorielles. Vernon (1952) a intégré ces deux facteurs dans un célèbre modèle hiérarchique des aptitudes humaines (figure 1).

Au sommet de celui-ci se trouve le facteur g. Au niveau immédiatement inférieur apparaissent les deux facteurs de groupe majeurs que Vernon appelle $v:ed$ (verbale-numérique-scolaire) et $k:m$ (spatial-mécanique-pratique). À un troisième niveau se trouvent les facteurs de groupe mineurs. Et enfin, à un quatrième et dernier niveau, apparaissent les facteurs spécifiques. Bien que créé au début des années 50, ce modèle est toujours d'actualité. À l'origine, il s'opposait à la théorie des aptitudes issue des recherches de Thurstone, selon laquelle l'intelligence peut être décomposée en un certain nombre de facteurs indépendants les uns des autres et possédant chacun un poids identique. Les recherches récentes sur le fonctionnement cognitif (Gustafsson, 1984; Carroll, 1993a) conduisent à rejeter ce dernier modèle au profit d'un modèle hiérarchique, confirmant ainsi les vues de Vernon. Nous aurons l'occasion de discuter de cette question plus en détail dans le chapitre suivant.

Pour l'instant, soulignons que les recherches d'Alexander, et plus encore le modèle hiérarchique de Vernon, donnent une légitimité certaine à la division, d'abord pragmatique, de l'échelle de Wechsler en deux sous-échelles, l'une verbale et l'autre de performance. Plusieurs analyses factorielles des échelles de Wechsler ont clairement montré qu'elles étaient parfaitement cohérentes au regard du modèle hiérarchique. Il s'agit en particulier des recherches menées avec la méthode d'analyse factorielle de Wherry (1959; 1983) et celle de Schmid et Leiman (1957) qui permettent de tester l'adéquation des données avec le modèle hiérarchique. Des résultats très satisfaisants ont ainsi été obtenus avec le WPPSI (Wallbrown et al., 1973), le WAIS (Wallbrown et al., 1974), le WISC (Blaha et al., 1974), le WISC-R (Wallbrown et al., 1975; Grégoire, 1992), le WAIS-R (Blaha et Wallbrown, 1982), le WPPSI-R (Blaha et Wallbrown, 1991) et le WISC-III (Blaha et Wallbrown, 1996).

3. LE QUOTIENT INTELLECTUEL STANDARD

3.1. Abandon de la notion d'âge mental

Comme psychologue dans l'armée américaine puis, à partir de 1932, à l'hôpital psychiatrique new-yorkais *Bellevue*, Wechsler se rend rapidement compte de l'inadéquation des échelles de développement, tel le Standford-Binet, pour évaluer l'intelligence des adultes. Tout d'abord, ces échelles ont été créées pour mesurer l'intelligence des enfants. Par conséquent, leur contenu n'est en général pas adapté pour les adultes. Comme le fait remarquer Wechsler : «Demander à une ménagère ordinaire de vous composer une rime avec les mots "jour", "chat" et "moulin", ou à un ancien sergent de vous faire une phrase avec les mots "garçon", "rivière" et "balle", n'est pas un bon moyen pour provoquer ni leur intérêt, ni leur respect» (1944, p. 17).

Ensuite, et surtout, l'utilisation, dans les échelles de développement, de la notion d'âge mental, entraîne des problèmes insurmontables lorsque l'on veut évaluer des adultes. L'âge mental représente le niveau de développement intellectuel atteint par un sujet. Il est égal au niveau d'âge correspondant aux items réussis par ce dernier dans un test étalonné. Par exemple, si un sujet réussit les épreuves que réussissent, en moyenne, les enfants de 9 ans et échoue les épreuves des âges supérieurs, nous dirons que son âge mental est de 9 ans. Depuis Stern en 1912, cet âge mental est comparé avec l'âge chronologique et le quotient ainsi obtenu est multiplié par 100. C'est le fameux quotient intellectuel. Le but de ce calcul est de relativiser les différences entre l'âge mental et l'âge chronologique. Un retard de développement intellectuel d'un an n'a en effet pas la même valeur si le sujet a 5 ans d'âge chronologique ou s'il en a 12. Le rapport entre l'âge mental et l'âge chronologique, et par conséquent le QI, est sensé être stable au cours de la vie des individus.

L'utilisation de l'âge mental ne pose guère de problèmes aussi longtemps que la réalité que nous mesurons est en développement. Il est alors possible de discriminer les différents âges au moyen d'items bien choisis[11]. Mais, dès le moment où l'intelligence ne se développe plus ou n'évolue plus que légèrement d'âge en âge, le calcul d'un âge mental devient impossible. La solution raisonnable face à ce problème est d'admettre qu'une échelle de développement est inadaptée pour mesurer l'intelligence lorsqu'elle n'est plus en développement. Ce n'est pas ce qu'ont choisi de faire la plupart des psychologues avant Wechsler. Ainsi, Terman propose de calculer le QI des adultes en utilisant un âge mental

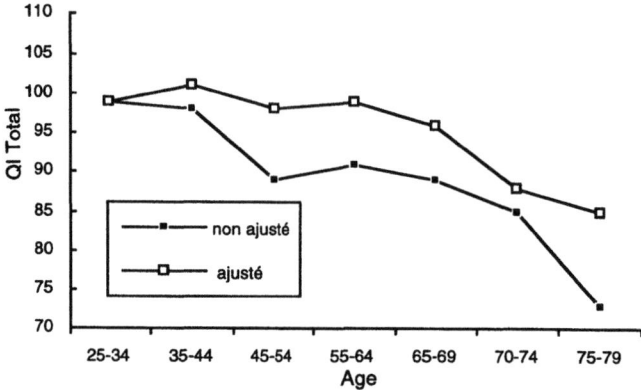

Figure 2 — Evolution du QI Total au WAIS-R entre 25 et 79 ans. Valeurs ajustées et non ajustées selon le niveau scolaire.

identique pour tous, quel que soit leur âge. Cet âge est égal à l'âge mental moyen des adultes de la population de référence. En procédant de la sorte, nous ne mesurons plus une vitesse de développement, comme nous le faisons pour les enfants, mais nous comparons le niveau de développement ultime atteint par le sujet par rapport au niveau de développement moyen de la population. Mais, pour procéder de la sorte, il nous faut connaître ce fameux niveau moyen de la population. Lors de la première version du Standford-Binet (1916), Terman propose d'utiliser l'âge de 16 ans comme dénominateur commun pour tous les adultes. Par la suite, il abaissera cet âge à 15 ans. En fait, le choix de cet âge n'est basé que sur l'examen d'un très petit échantillon d'adultes, non représentatif de l'ensemble de la population. L'inadéquation de ce choix apparaît en 1921, lorsque Yerkes analyse les résultats recueillis avec les Army tests sur 1.750.000 Américains. Celui-ci s'aperçoit en effet que l'âge mental moyen de ces derniers est de 13 ans et 8 mois. Wechsler remarque avec une certaine ironie que, si ce dernier âge est exact, le respect des premières normes de Terman (16 ans) conduit à classer comme débiles mentaux 34 % des jeunes hommes américains (1944, p. 16), ce qui est d'évidence absurde!

Pour Wechsler, la seule façon correcte de solutionner ce problème est d'abandonner la notion d'âge mental. L'hypothèse d'un âge mental constant tout au long de la vie est fausse. Il n'y a donc pas lieu de discuter quel est l'âge mental le plus approprié pour le calcul du QI des adultes. Wechsler argumente son point de vue par les résultats de différentes recherches sur l'évolution des aptitudes à l'âge adulte. Il montre en particulier que les performances à son test décroissent plus ou moins régulièrement avec l'âge.

La méthodologie utilisée par Wechsler pour mettre ce phénomène en évidence a toutefois été critiquée (Schaie & Strother, 1968). Il utilise en effet une méthode transversale, c'est-à-dire qu'il compare les performances de différents groupes d'âge recueillies au même moment. Schaie et Strother font remarquer que cette méthode conduit à accentuer les différences de performances entre les âges car on compare alors des groupes non comparables. Les groupes de sujets les plus jeunes ont en effet un niveau moyen d'instruction beaucoup plus élevé que les groupes de sujets les plus âgés. Par conséquent, les différences observées entre les âges ne peuvent être considérées automatiquement comme étant l'effet du seul vieillissement. Des facteurs éducatifs et culturels jouent également un rôle non négligeable. Schaie et Strother ont démontré le bien fondé de leur critique grâce à une recherche particulièrement bien construite où ils comparent les courbes d'évolution des aptitudes établies suivant une méthode transversale et une méthode longitudinale. Cette seconde méthode met en évidence un fléchissement nettement moins marqué des aptitudes avec l'âge que la méthode transversale. Nous avons confirmé le constat de Schaie et Strother lors d'une analyse des données d'étalonnage de la version française du WAIS-R (Grégoire, 1993). Après avoir éliminé les différences de niveaux scolaires entre les groupes d'âges, nous avons observé un déclin des performances intellectuelles dû au vieillissement à la fois plus modéré et plus tardif que ne le pensait Wechsler. La figure 2 illustre cette différence d'évolution des performances selon que l'on élimine ou non l'influence du niveau scolaire sur le QI moyen de chaque groupe d'âge.

Les résultats que Wechsler avance comme argument contre l'utilisation d'un âge mental fixe à l'âge adulte sont donc à nuancer. Toutefois, le fondement de sa critique reste valable. En effet, quelle que soit la méthode utilisée, on s'aperçoit que le niveau des performances n'est pas stable à l'âge adulte. Le rejet de la notion d'âge mental lorsque l'on évalue un adulte est, par conséquent, justifié.

3.2. Une échelle en points

Comment évaluer l'intelligence si l'on abandonne l'âge mental qui est la composante apparemment indispensable du QI?

Wechsler trouve la solution chez Yerkes qui, en 1915, a publié la première échelle d'intelligence en points («Point Scale»). Dans une échelle en points, l'équivalence des items avec des niveaux d'âge disparaît. À présent, ce sont des points qui sont attribués à chaque réussite. Le nombre de points peut éventuellement être modulé selon la qualité et la vitesse de la réponse.

Dans une échelle en points, les items ne sont plus sélectionnés en fonction de leur sensibilité génétique, mais de leur difficulté. Ils ne visent plus à discriminer des niveaux de développement, mais des niveaux d'aptitude. L'étendue de la difficulté des items sélectionnés doit correspondre à l'étendue des aptitudes que l'on souhaite mesurer. Comme les échelles de Wechsler visent à évaluer des niveaux d'intelligence qui s'étendent du retard mental à l'intelligence supérieure, les items qui les composent doivent présenter une très large gamme de difficultés.

Pour construire son test, Wechsler a suivi les principes définis par Yerkes. Ces principes ont également été respectés pour les échelles développées à la suite du Wechsler-Bellevue de 1939. Dans le WISC-III, les items sont regroupés au sein de 10 épreuves[12]. Pour chaque épreuve, les points obtenus aux items sont additionnés. Cette somme est la note brute de l'épreuve. Celle-ci est ensuite transformée en note standard. La somme des 10 notes standard permet d'obtenir la note totale, laquelle est à son tour transformée en QI standard. Wechsler continue à appeler QI le résultat de cette dernière transformation, bien qu'à proprement parler aucun quotient ne soit plus calculé. L'usage de ce terme lui paraissait en effet déjà bien installé dans la communauté des psychologues. C'est pour la même raison qu'il décide également de maintenir la valeur moyenne du QI à 100 alors que la méthode de construction du test ne l'y obligeait nullement (1944, p. 34).

Nous allons illustrer le principe de la transformation des notes brutes en notes standard puis en QI avec la version française du WISC-III[13].

La transformation des notes brutes en notes standard consiste simplement à modifier les valeurs numériques correspondant à chaque graduation de l'échelle des notes brutes d'une épreuve. Cette transformation se fait séparément pour chaque groupe d'âge. La figure 3 offre une illustration de cette transformation. Le graphique du haut représente la distribution des notes brutes des sujets âgés de 12 ans à 12 ans 3 mois à l'épreuve d'Information. La moyenne de cette distribution est de 17 points et son écart-type est de 3 points. Les notes de trois sujets au sein de cette distribution sont indiquées par une flèche. Le graphique du bas représente la distribution des mêmes résultats exprimés en notes standard. La valeur de la moyenne est à présent fixée de manière arbi-

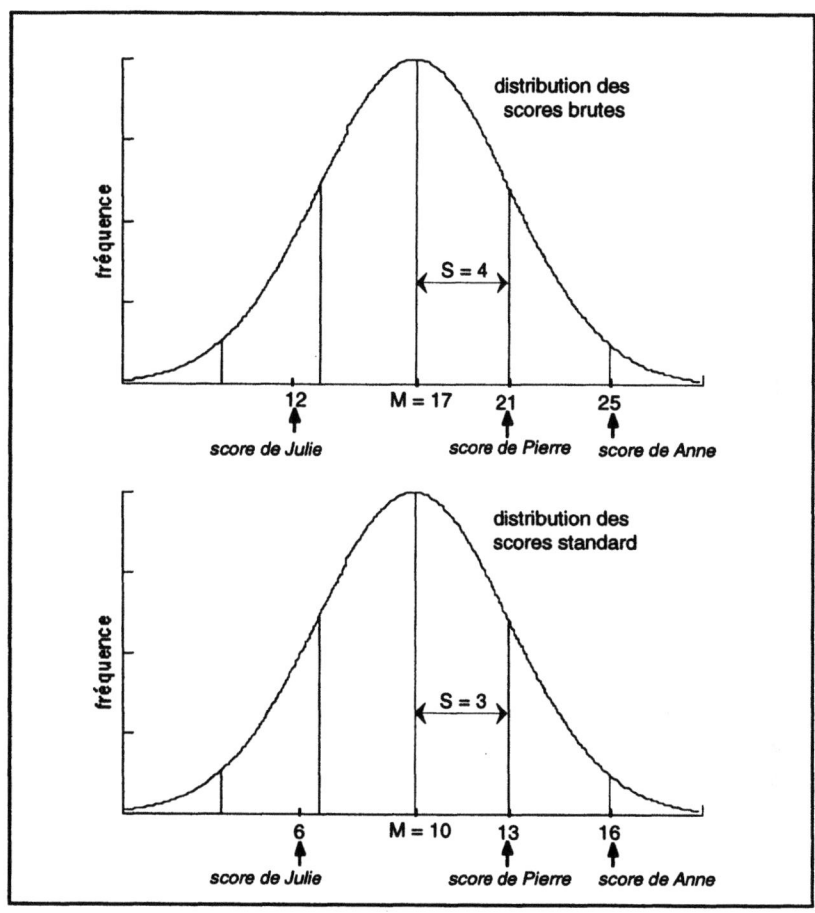

Figure 3 — Notes brutes et notes standard de trois sujets de 12 ans à l'épreuve d'information.

traire à 10 points et celle de l'écart-type à 3 points. Les notes des trois mêmes sujets au sein de cette distribution transformée sont indiquées par une flèche. On peut constater que si la valeur numérique des notes a changé, la position des sujets et la distance qui les sépare sont restées identiques.

Certaines nuances doivent cependant être apportées à cet exemple. En fait, dans les échelles de Wechsler, la transformation des notes brutes en notes standard n'est pas parfaitement linéaire. Comme l'étendue des notes standard est limitée à l'intervalle de 1 et 19 points, plusieurs notes brutes peuvent correspondre à une même note standard. Par ailleurs, la distribution des notes standard a été normalisée, c'est-à-dire que, même lorsque la distribution des notes brutes n'est pas parfaitement gaussienne, la transformation en notes standard lui donne une forme normale. Cette procédure est légitime lorsque la distribution des notes brutes est vraisemblablement normale dans la population, mais ne l'est pas dans l'échantillon d'étalonnage du fait de la taille réduite de ce dernier. Il s'en suit qu'au WISC-III, la transformation en notes standard ne respecte pas parfaitement la forme de la distribution originale des notes brutes.

Une fois les notes standard obtenues, trois sommes sont calculées : celle des cinq épreuves verbales, celle des cinq notes de performance et celle de l'ensemble de ces dix notes. Chaque somme est ensuite transformée en QI standard. Les moyennes et les écarts types des trois sommes étant très proches dans tous les groupes d'âge, la transformation en QI est réalisée sur l'ensemble de l'échantillon (et non plus par groupe d'âges comme pour la transformation en notes standard). Wechsler a choisi de donner à chaque échelle de QI une même moyenne de 100 et un même écart-type de 15. La transformation en QI standard est réalisée selon la même procédure que la transformation en notes standard.

La méthode de transformation des notes choisie par Wechsler présente plusieurs avantages. Le premier est de permettre des comparaisons entre les différentes épreuves ainsi qu'entre les trois QI. Toutes les épreuves ayant une même moyenne et un même écart-type, il est en effet aisé de repérer les forces et les faiblesses d'un sujet au sein de son profil de notes standard. Par ailleurs, il est facile d'apprécier l'écart qui sépare la note standard obtenue à une épreuve de la moyenne des notes des sujets du même âge. Par exemple, si un sujet obtient une note standard de 7 en Vocabulaire et de 13 en Cubes, nous savons qu'il se situe à un écart-type sous la moyenne dans le premier cas et à un écart-type au-dessus de la moyenne dans le second cas. Une interprétation similaire peut être faite à propos des trois QI.

Le second avantage est que le QI définit simplement la position relative du sujet par rapport à son groupe d'âge. La stabilité du QI découle dès lors du maintien de cette position relative au cours du temps. Le principe d'une stabilité du QI peut ainsi être défendu sans devoir recourir, comme on le faisait pour les échelles de développement, à l'hypothèse très discutable d'une relation linéaire entre l'âge mental et l'âge chronologique. Aux échelles de Wechsler, un sujet de 28 ans qui a un QI de 85 se situe à un écart-type sous la moyenne des sujets du groupe 25-

34 ans. Cette position a tendance à rester stable au cours du temps (Bayley, 1970; McCall *et al.*, 1972). Lorsque le même sujet sera âgé de 68 ans, il y a de fortes chances que son niveau intellectuel se situe toujours à un écart-type sous la moyenne de son groupe d'âge. À ce moment, ses performances seront inférieures à ce qu'elles étaient à 25 ans, mais son QI sera identique puisque sa position dans la distribution des QI des personnes de son âge n'aura pas changé. Les échelles de Wechsler sont des échelles ordinales qui nous informent uniquement de la place d'un sujet au sein d'une distribution. Elles ne possèdent pas de zéro absolu. Il est par conséquent incorrect d'affirmer qu'une personne dont le QI est de 140 est deux fois plus intelligente qu'une autre personne dont le QI est de 70.

4. UNE BRÈVE HISTOIRE DES ÉCHELLES DE WECHSLER

Mort en 1981 à l'âge de 85 ans, David Wechsler a profondément marqué la pratique de l'examen psychologique depuis plus d'un demi-siècle. La première échelle publiée par Wechsler, le *Wechsler-Bellevue*, date de 1939. Nous avons vu plus haut que la structure de cette échelle et les modalités de calcul du QI trouvent leurs racines dans l'expérience accumulée par Wechsler comme psychologue de l'armée américaine lors de la première guerre mondiale. Selon Matarazzo, Wechsler constate alors la supériorité de l'évaluation individuelle par rapport à l'évaluation collective. En effet, lorsqu'un sujet échouait tant à l'Army Alpha qu'à l'Army Beta, il était testé individuellement au moyen du Standford-Binet et des échelles de performance Yerkes et Army. Très vite, Wechsler se rend compte que cette seconde évaluation est plus appropriée que la première car elle permet de situer le sujet à un niveau beaucoup plus en accord avec son adaptation socio-professionnelle effective. C'est de cette expérience sur le terrain que provient l'attitude pragmatique de Wechsler. Il veut répondre aux problèmes d'évaluation que rencontre quotidiennement le psychologue, et non entrer dans des débats théoriques qui lui semblent bien loin de la vie réelle.

L'expérience clinique acquise à l'hôpital psychiatrique Bellevue à partir de 1932[14] a également joué un grand rôle dans la genèse du Wechsler-Bellevue. Le choix des items a été largement opéré sur base de cette expérience. Wechsler a d'ailleurs toujours considéré son échelle comme étant avant tout un instrument clinique dont les résultats demandent à être interprétés par un psychologue expérimenté (Kaufman, 1994). Il s'agit d'un simple outil qui prend sa réelle valeur dans le cadre d'une relation clinique.

La justesse des intuitions de Wechsler et la qualité de construction de sa première échelle ont rapidement fait vaciller le quasi-monopole dont jouissait le Stanford-Binet aux USA. Les éditions du WISC, du WAIS puis du WPPSI ont ensuite confirmé la domination des échelles de Wechsler dans le domaine des tests cliniques d'intelligence. Le tableau 1 offre une présentation synthétique des dates de publication des différentes échelles de Wechsler aux USA et en France. L'étendue des âges d'application de ces échelles est à chaque fois mentionnée.

Tableau 1 — Date d'édition des différentes versions des échelles de Wechsler aux USA et en France.

Test	Sigle	Etendue	Ed. US	Ed. FR
Wechsler-Bellevue Intelligence Scale		7 à 69 ans	1939	1956
Wechsler Intelligence Scale for Children	WISC	5 à 15 ans	1949	1958
Wechsler Adult Intelligence Scale	WAIS	16 à 64 ans	1955	1968
Wechsler Preschool and Primary Scale of Intelligence	WPPSI	4 à 6 ans	1967	1972
Wechsler Intelligence Scale for Children - Revised	WISC-R	6 à 16 ans	1974	1981
Wechsler Adult Intelligence Scale - Revised	WAIS-R	16 à 79 ans	1981	1989
Wechsler Preschool and Primary Scale of Intelligence - Revised	WPPSI-R	3 à 7 ans	1989	1995
Wechsler Intelligence Scale for Children - 3rd ed.	WISC-III	6 à 16 ans	1991	1996
Wechsler Adult Intelligence Scale - 3rd ed.	WAIS-III	16 à 89 ans	1997	(2000)

Note : Les âges limites d'application des différentes échelles ont été arrondis à l'année.

La figure 4 situe les trois échelles de Wechsler les plus récentes sur la ligne des âges. On peut constater que ces échelles permettent d'évaluer

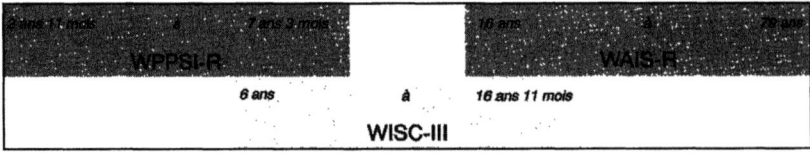

Figure 4 — Etendue d'âges couvertes par les différentes échelles de Wechsler.

l'intelligence entre 2 ans 11 mois et 79 ans. On peut également observer les périodes de recouvrement entre les trois échelles.

CONCLUSION

Nous avons constaté tout au long de ce chapitre combien Wechsler est pragmatique. Cette qualité déplaît à beaucoup de psychologues qui considèrent ses échelles comme peu fondées du point de vue théorique. En réalité, Wechsler n'est pas ignorant des théories de son époque. Il a d'ailleurs eu l'occasion d'étudier en Angleterre où il a suivi l'enseignement de Spearman et de Pearson puis, durant deux ans, à Paris où il a pu suivre les cours d'Henri Piéron. Par la suite, les éditions successives de *The measurement of adult intelligence* en témoignent, il s'est toujours tenu au courant de l'évolution des théories de l'intelligence. Pourtant, après 1939, les principes de base de son test n'ont plus changé. Toutes ses échelles ont été construites pour évaluer l'intelligence générale au moyen d'un QI standard. Toutes permettent d'apprécier les deux dimensions fondamentales de l'intelligence générale que sont l'intelligence verbale et l'intelligence de performance. Toutes, enfin, font appel quasi au même échantillon de conduites intellectuelles au travers d'une douzaine d'épreuves distinctes. Pourquoi cette fidélité à ces grands principes ? Tout simplement parce que Wechsler ne leur a jamais trouvé d'alternative valable. Il a en effet toujours considéré que son test permettait d'atteindre valablement son objectif essentiel : évaluer la capacité globale d'un individu de se comporter avec intelligence. Pour quelle raison, dès lors, le modifier si ce n'est pas pour améliorer la qualité du résultat ?

Le peu d'appétence de Wechsler pour le changement s'explique également par sa compréhension de l'intelligence comme un concept abstrait et non comme une réalité matérielle (1958, p. 4). Selon lui, la question de la véritable nature de l'intelligence est insoluble. Nous devons donc nous contenter d'une définition conventionnelle à son propos. Par conséquent, l'ambition des tests intellectuels n'est pas de mesurer l'intelligence en elle-même, mais uniquement ses effets qui seuls nous sont connus. Les tests ne nous permettent que de nous faire une idée de l'intelligence par l'intermédiaire d'un échantillon de ses manifestations. Nous comprenons ainsi pourquoi les multiples définitions de l'intelligence proposées depuis 1939 n'ont jamais conduit Wechsler à transformer son test. Aucune ne pouvait remettre en cause sa conception de la mesure de l'intelligence.

NOTES

[1] Il existe une cinquième édition de cet ouvrage. Elle n'a pas été réalisée par Wechsler lui-même mais par Matarazzo (1972) qui a repris tels quels plusieurs chapitres de l'édition précédente et en a réécrit les autres. Cette cinquième édition date de 1972 et est actuellement épuisée. En français, l'ouvrage de Wechsler a été traduit sur base de la 3e édition américaine (1944). Il en existe quatre éditions qui ne sont en fait que des réimpressions. La dernière édition date de 1973 et est à présent épuisée.

[2] La définition que nous citons ici n'a guère varié dans les ouvrages successifs de Wechsler. Dans la quatrième édition de *The measurement and appraisal of adult intelligence* (1958), le chapitre sur la nature de l'intelligence a été refondu, mais la définition a été reprise textuellement (p. 7).

[3] Wechsler cite les travaux de Kölher mais uniquement à propos de l'intelligence animale (1958, p. 6).

[4] «Nous sommes plutôt hésitant à qualifier une personne de génie sur base du seul résultat au test d'intelligence» (1944, p. 44).

[5] Ainsi, Binet écrit en 1908 : «Nous avons cherché [...] à étudier l'intelligence naturelle de l'enfant, et non pas son degré de culture, son instruction» (p. 74). Plus loin, il ajoute : «La faculté intellectuelle nous paraît être indépendante, non seulement de l'instruction, mais aussi de ce que l'on pourrait appeler la faculté scolaire, c'est-à-dire la faculté d'apprendre à l'école» (p. 75). Et il précise : «Il nous semble que l'aptitude scolaire comporte autre chose que l'intelligence ; pour réussir ses études, il faut des qualités qui dépendent surtout de l'attention, de la volonté, du caractère» (p. 75).

[6] «Toutes les branches de l'activité intellectuelle ont en commun une fonction fondamentale (ou un groupe de fonctions), tandis que les éléments restants ou spécifiques semblent, dans tous les cas, être totalement différents d'une activité à l'autre» (Spearman, 1904, p. 202).

[7] Dans *The abilities of man* (1927), Spearman, après avoir passé en revue les différents sens du mot intelligence, conclut : «Même la meilleure de ces définitions de l'intelligence présente cependant un inconvénient majeur. C'est que les termes d'adaptation, d'abstraction et d'autres encore font référence à des opérations mentales globales ; tandis que notre g, comme nous l'avons vu, mesure seulement un facteur qui apparaît dans n'importe quelle opération mais qui n'est pas l'entièreté de celle-ci» (p. 88).

[8] Le pragmatisme, comme nous avons déjà pu le constater, est le trait essentiel de la démarche utilisée par Wechsler pour construire son test. Comme il le dit lui-même : «L'idée que nous avons fait ressortir est que tous les tests doivent être mis à l'épreuve d'une vérification expérimentale effective ou d'un critère concret de validation. Ce principe pragmatique de validation pratique semble avoir été trop peu pris en compte par les constructeurs de tests. D'une façon générale, de trop nombreux items, utilisés dans la plupart des échelles d'intelligence, y ont été inclus sur base de considérations purement statistiques et a prioristes. [...] La seule façon de savoir si un item d'un test est vraiment une "bonne" mesure de l'intelligence, c'est en fait de l'essayer» (1944, p. 75).

[9] Information, Compréhension, Arithmétique et Similitudes faisaient partie de l'Army Alpha. Code et Complètement d'Images faisaient, eux, partie de l'Army Beta. Wechsler a, de plus, repris l'épreuve d'Arrangement d'Images de l'Army Performance Scale.

[10] Certains items sont cependant identiques à ceux des Army tests, comme par exemple certaines images à compléter.

[11] Dans une échelle de développement, un bon item est celui qui permet une discrimination fine entre les âges. En d'autres mots, il s'agit d'un item qui possède une bonne sensibilité génétique.

[12] Au WISC-III, seules 10 épreuves parmi les 13 de l'échelle interviennent dans le calcul du QI. Les trois épreuves restantes sont optionnelles.

[13] La procédure est identique pour le WPPSI-R. Par contre, pour le WAIS-R, la transformation des notes brutes en notes standard est faite en référence aux résultats du groupe « 20-34 ans ». Cette façon de faire est regrettable car elle complexifie l'interprétation du profil des notes standard, en particulier pour les sujets dont l'âge se situe hors du groupe de référence. De plus, pour les utilisateurs habituels du WISC-III et du WPPSI-R, le risque de confusions n'est pas négligeable.

[14] Wechsler est resté psychologue en chef de cet hôpital jusqu'en 1967. Durant cette période, il a également enseigné au *New York University College of Medecine*.

Chapitre 2
Les échelles de Wechsler dans l'histoire des théories de l'intelligence

Régulièrement, des auteurs s'étonnent de la permanence des échelles de Wechsler. Frank (1983, p. 126), par exemple, n'hésite pas à les qualifier de dinosaures et il ajoute « comme les dinosaures, il est temps que les échelles de Wechsler s'éteignent ». Il est vrai que, depuis la publication du Wechsler-Bellevue en 1939, les caractéristiques essentielles de ces échelles n'ont pas changé, alors que les théories de l'intelligence évoluaient et que de nouveaux tests apparaissaient sur le marché. Pourtant, le succès des échelles de Wechsler ne se dément pas et leurs mises à jour se succèdent régulièrement. Pour comprendre ce succès persistant, il est nécessaire de replacer les échelles de Wechsler au sein de l'histoire des théories de l'intelligence et de confronter le modèle global de l'intelligence à des modèles alternatifs. Dans ce chapitre, nous allons examiner trois groupes de théories de l'intelligence : les théories basées sur l'analyse factorielle, la théorie piagétienne et les théories cognitivistes. A chaque fois, les échelles de Wechsler seront mises en relation avec ces théories et, lorsqu'elles existent, les données empiriques seront examinées et discutées.

1. LES THÉORIES FACTORIELLES

1.1. Les théories multifactorielles non hiérarchiques

Les modèles de Thurstone et Guilford

En développant, au début des années 30, une nouvelle méthode d'analyse factorielle, Thurstone va remettre en question la notion d'intelligence générale et, par conséquent, la mesure qui la représente, c'est-à-dire le QI. Dans *The Vectors of Mind* (1935), Thurstone utilise, comme Spearman, des axes factoriels orthogonaux et donc indépendants les uns des autres. Cependant, plutôt que de maintenir ces axes de façon à ce que le premier facteur explique la plus grande partie de la variance et que les autres n'en expliquent que le résidu, Thurstone a l'idée d'effectuer une rotation des axes afin d'améliorer le degré d'ajustement entre les données et la structure factorielle. Il recherche ainsi la structure la plus simple et identifie celle-ci à l'aide de critères mathématiques dont le plus connu est le critère Varimax, selon lequel la variance doit être maximale sur chacun des axes factoriels. Cette méthode aboutit à ce que chacun des facteurs explique un groupe de résultats et rien que celui-là. En d'autres termes, il n'y a plus un facteur dominant qui explique la plus grande partie des corrélations mais une multiplicité de facteurs qui, chacun, explique un ensemble plus ou moins restreint de corrélations. Ainsi, la méthode de Thurstone balaie le modèle hiérarchique créé par Spearman au profit d'un modèle multifactoriel d'où le facteur g est exclu (figure 5). Dans ce dernier modèle, tous les facteurs sont indépendants et sont sur pied d'égalité.

Dans *Primary Mental Abilities* (1938), Thurstone utilise sa méthode pour étudier les aptitudes humaines. Son but est de mettre en évidence ce qu'il appelle les *Aptitudes Mentales Primaires* (PMA). Les PMA sont à la cognition ce que l'atome est à la matière : ce sont ses composantes élémentaires. Les performances observables ne sont dès lors que des combinaisons, plus ou moins complexes, de ces PMA. Chaque performance, pense Thurstone, devrait pouvoir être décrite comme une fonction linéaire des PMA (1938, p. 2-3). Mais pour pouvoir en arriver là, il est d'abord nécessaire d'isoler les aptitudes fondamentales et de décrire leur nature. Thurstone s'attelle donc à cette tâche et analyse les performances de multiples groupes de sujets à un grand nombre de tests. De l'ensemble des PMA mises en évidence dans ses recherches, il extrait les plus significatives pour construire, en 1947, un test appelé tout simplement *Primary Mental Abilities*. Dans celui-ci, cinq facteurs sont évalués, chacun par une seule épreuve : le facteur verbal (V), le facteur spatial (S), le facteur numérique (N), le facteur de fluidité verbale (W) et le facteur de raisonnement (R). Les épreuves ont été créées afin de permettre des mesures les plus pures possibles des différentes PMA[1].

Dans le modèle de Thurstone, non seulement le facteur g est éliminé, mais la notion même d'intelligence disparaît. Celle-ci n'a en effet plus aucune légitimité théorique puisque les aptitudes sont indépendantes et autonomes. Aucune aptitude d'ordre plus général n'est postulée pour les

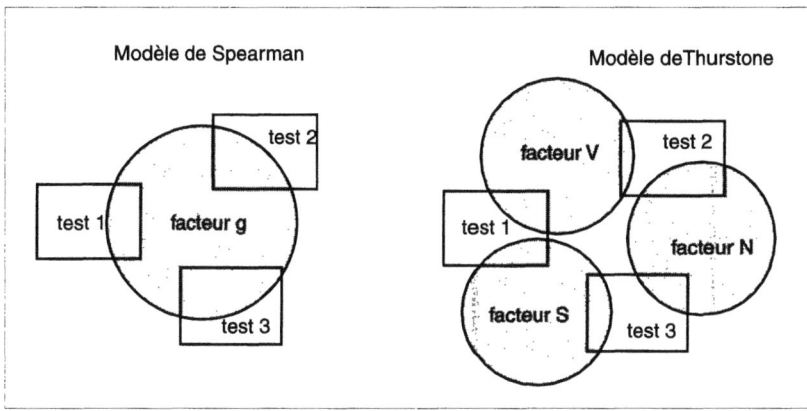

Figure 5 — Les modèles factoriels de Spearman et de Thurstone.

coordonner. Par conséquent, dans un test comme le *Primary Mental Abilities*, le calcul d'une note globale perd de son intérêt au profit d'une analyse du profil. Des pronostics, par exemple scolaires ou professionnels, peuvent être réalisé au moyen d'équations linéaires qui combinent les facteurs en les pondérant.

Bien que ses positions aient été assez tranchées à l'égard du facteur g (1938, p. VII), Thurstone réintroduit par la suite un facteur d'ordre plus général. En effet, toujours pour rechercher la structure factorielle la plus simple, il a l'idée d'utiliser, non plus des axes factoriels orthogonaux, mais des axes obliques. Par conséquent, les facteurs ne sont plus indépendants. Il existe à présent une certaine corrélation entre eux et il est possible, par une factorisation des facteurs eux-mêmes, d'extraire un facteur de second ordre qui explique ces corrélations. Thurstone est dès lors obligé de reconnaître l'existence d'un facteur général (1947), mais sa position à propos de la mesure des aptitudes ne s'en trouve pas modifiée pour autant. En effet, s'il admet l'existence du facteur g, il ne lui donne pas pour autant une place de choix. Dans le modèle hiérarchique de Spearman, le facteur g est toujours placé de façon à expliquer la plus grande partie de la variance. Ce n'est pas ici le cas. Les aptitudes mentales primaires restent à l'avant-plan et le facteur général n'explique qu'une part résiduelle de la variance. Pour Thurstone, lors d'une évaluation, toute l'attention doit continuer à se porter sur les PMA qui restent la base de tout acte cognitif. Ainsi, admettre l'existence du facteur g ne conduit pas *ipso facto* à admettre le modèle du fonctionnement intellectuel proposé par Spearman.

A la suite de Thurstone, Guilford est le chercheur qui a le plus développé le modèle multifactoriel. Il propose un modèle tridimentionnel de la *Structure de l'Intellect* (1967) qui permet d'organiser de façon systématique l'ensemble des facteurs intervenant dans la cognition. La première dimension représente les cinq opérations pouvant intervenir dans un acte cognitif (l'évaluation, la production convergente, la production divergente, la mémoire et la connaissance). La seconde dimension représente les quatre contenus sur lesquels peuvent porter les opérations (sémantique, symbolique, figural et comportemental). Enfin, la troisième dimension décrit les six produits des opérations (les unités, les classes, les relations, les systèmes, les transformations et les implications). Ce modèle permet ainsi de décrire 120 facteurs possibles (5 opérations x 4 contenus x 6 produits)[2]. Il est une sorte de tableau de Mendeliev des facteurs de l'Intellect, chacun déterminant un comportement cognitif élémentaire. Les facteurs décrits par le modèle n'ont pas tous été mis en évidence; un grand nombre sont seulement postulés. La tâche de Guilford a consisté, durant de nombreuses années, à tenter de démontrer l'existence de chaque facteur postulé par le modèle. En 1971, il affirmait avoir pu prouver l'existence de 98 facteurs (Guilford et Hoepfner, 1971).

Soulignons que, comme pour Thurstone, les facteurs extraits par Guilford sont supposés être indépendants les uns des autres. Tout comportement intellectuel peut être décrit comme une combinaison, plus ou moins complexe, de ces facteurs. Pour Guilford, l'avenir de l'évaluation intellectuelle va en ce sens. Il ne rejette pas pour autant les tests d'intelligence globale comme le Stanford-Binet et les échelles de Wechsler. Mais il affirme que «pour les utiliser de façon plus avisée et pour retirer de leurs résultats la plus grande quantité d'information possible, l'explication de ces résultats en termes de facteurs connus est une des plus importantes améliorations qui puissent être faites» (1956, p. 291). Ainsi, dans ce mode d'interprétation, le QI, et donc toute évaluation globale de l'intelligence, est écarté[3] au profit des facteurs fondamentaux. Mais ce mode d'analyse n'est qu'un pis-aller dans l'attente d'un test véritablement multifactoriel. Comme le dit Guilford (1956, p. 291) : «Pour la prédiction différentielle, et ceci inclut la tâche de guidance vocationnelle, seuls les résultats de facteurs indépendants permettront une complète justice dans la description des individus».

Même si le test PMA et les tests dérivés du modèle de Guilford, tel le SOI de Meeker (1969), n'ont pas connu le succès espéré, il est frappant de voir combien le modèle multifactoriel, et plus largement le principe d'indépendance des aptitudes, a séduit les chercheurs. Sans doute comble-t-il la tendance naturelle de ces derniers à l'analyse et au rejet de l'approche pragmatique des questions psychologiques ? C'est en effet une constante que nous retrouvons dans les critiques des échelles d'intelligence générale, et en particulier des échelles de Wechsler. Les chercheurs récusent généralement toute mesure globale de l'intelligence au profit d'une analyse des aptitudes. Ainsi, Perron-Borelli et Perron (1986, p. 66) affirment que « la création du Binet-Simon, et la faveur dont a joui de ce fait la notion de niveau mental global, ont éclipsé pendant quelque temps la démarche analytique ». Ces auteurs considèrent que cette dernière démarche doit être préférée à la mesure globale de l'intelligence : « Il y a tout avantage à comparer entre eux, plutôt qu'à les confondre en une "moyenne" de principe contestable, des résultats obtenus à des tests différents ou à des parties distinctes d'un même test. Ainsi, au WISC, on peut comparer le QI Verbal et le QI de Performance, mais on peut aussi comparer les dix sous-tests constitutifs de l'échelle "globale" » (p. 65).

Mise en question des modèles multifactoriels non hiérarchiques

Suite à la publication de *Primary Mental Abilities* et au constat de la disparition du facteur g, Spearman réagit (1939). Il reconnaît d'emblée la qualité des travaux de Thurstone. Mais il souligne qu'un même ensemble de corrélations peut être factorisé d'une infinité de manières. La qualité d'une analyse factorielle doit être évaluée selon deux principes : sa simplicité et sa signification psychologique. Or, de ces deux points de vue, Thurstone n'est pas à l'abri des critiques. En effet, Spearman fait remarquer que l'introduction d'une multitude de facteurs n'empêche pas qu'un important facteur général puisse être présent. Mais, « le partage de celui-ci entre chacun des facteurs distingués fait qu'il tend à devenir indécelable. Statistiquement, il est alors "insignifiant". [...] Ce facteur cesse seulement d'être visible car il est divisé en très petites parties qui sont noyées dans des erreurs de plus grande dimension » (1939, p. 82). Par conséquent, la structure factorielle proposée par Thurstone est faussement simple puisqu'elle masque le facteur *g* en distribuant ses « parties » entre les différents facteurs de groupe. Psychologiquement, les résultats de Thurstone peuvent être également discutés. Spearman trouve en effet que Thurstone extrait trop de facteurs et que tous n'ont pas de signification psychologique claire. Selon lui, l'ensemble des corrélations peut être expliqué aussi correctement avec moins de facteurs que ne l'affirme Thurstone qui, lui, en propose 12.

De son côté, Wechsler ne nie pas l'intérêt de l'étude des aptitudes. Mais il tient à distinguer nettement sa conception de la mesure intellectuelle de celle de Thurstone. Selon ce dernier, nous l'avons vu plus haut, toute performance peut être décrite comme la combinaison linéaire d'aptitudes primaires. Pour Wechsler (1958, p. 16), par contre, le résultat global à son test n'est pas une fonction linéaire des facteurs qui le déterminent. Il est plutôt la résultante de l'interaction complexe des différents facteurs, sans qu'il soit possible de décrire avec précision comment ceux-ci interagissent et quel est leur poids respectif. L'intelligence générale que veut évaluer Wechsler est une qualité émergente et non le résultat d'une simple somme d'aptitudes. De plus, elle n'est pas une entité isolée. Elle fait partie d'un tout qui est la personnalité globale.

Le modèle de Guilford, héritier direct de celui de Thurstone, a lui aussi fait l'objet de nombreuses critiques. Ainsi, Horn et Knapp (1973) reprochent à Guilford d'avancer des résultats d'analyse factorielle comme arguments en faveur de la théorie de la Structure de l'Intellect, alors que la méthode d'analyse qu'il utilise ne laisse quasi aucune possibilité de rejeter ses hypothèses de départ. Ils affirment que la méthode de rotation Procrustéenne utilisée par Guilford est subjective et qu'en fin de compte, elle ne procure aucune preuve décisive[4].

Horn et Knapp ont voulu prouver que cette méthode ne permet pas de valider la théorie de la Structure de l'Intellect. Pour ce faire, ils ont repris les données de trois études de Guilford et de ses collaborateurs et les ont soumises à une analyse factorielle selon la méthode Procrustéenne. Cependant, plutôt que de construire une matrice cible à partir de la théorie de la Structure de l'Intellect, ils en ont construit deux sur bases d'hypothèses théoriques déterminées selon des procédés aléatoires. Ils se sont aperçus que la méthode Procrustéenne permettait de valider ces hypothèses, conçues aléatoirement, aussi bien que les hypothèses de Guilford. Horn et Knapp en concluent que les résultats obtenus par Guilford avec cette méthode ne sont pas des arguments valables en faveur de sa théorie. Ils soulignent cependant que : « Rien dans la présente recherche n'infirme la théorie. Elle est peut-être une bonne théorie. Tout ce que nous pouvons dire, c'est que les arguments et les résultats d'analyses factorielles présentés pour valider la théorie ne sont tout simplement pas convaincants » (1973, p. 42).

Dans un article de synthèse des critiques adressées au modèle de Guilford, Undheim et Horn (1977) soulignent que pour établir valablement que chaque aptitude postulée par Guilford est bien indépendante, il faudrait vérifier qu'elle se distingue bien des 119 autres. Un moyen logique de le prouver, et de valider du même coup l'ensemble des 120 facteurs, est de mener une vaste recherche à l'aide de l'analyse factorielle. Mais, sachant qu'un minimum de 4 tests est nécessaire par facteur, la batterie à administrer à chaque sujet ne comprendrait pas moins de 480 tests. De plus, si l'on veut respecter les critères méthodologiques d'une analyse factorielle correcte, 96.000 sujets devraient être testés. Autant dire qu'une recherche aussi gigantesque est quasi impossible. Undheim et Horn examinent alors d'autres plans de recherche pour valider correctement les 120 facteurs postulés par Guilford. Mais les différentes recherches imaginées se révèlent toutes plus imposantes et plus irréalisables les unes que les autres.

Les mêmes auteurs font remarquer que des problèmes méthodologiques surgissent dès le départ des recherches, au moment de choisir les tests supposés mettre en évidence les différentes aptitudes. En effet, lorsque l'on demande à des psychologues, qui possèdent une bonne connaissance du modèle de la Structure de l'Intellect, de classer des tests suivant les trois dimensions de ce modèle, on constate que leur degré d'accord est généralement faible.

L'ensemble des problèmes méthodologiques posés par le modèle de la Structure de l'Intellect conduit Undheim et Horn à conclure qu'«il y a très peu de bases pour affirmer que 98 des facteurs du modèle ont été prouvés» (1977, p. 75). Selon eux, le modèle de la Structure de l'Intellect est surtout une taxonomie des fonctions intellectuelles. Mais, comme ils le soulignent, une taxonomie n'est pas une fin en soi. Ce n'est qu'une première étape dans l'appréhension des phénomènes, qui doit ouvrir la voie à une théorie explicative et intégrative. Et, de ce point de vue, la théorie de Guilford apparaît comme peu satisfaisante. Ainsi, elle ne nous permet pas de comprendre les étapes du développement cognitif. De même, elle ne nous procure pas d'information pour comprendre comment un sujet organise et articule l'ensemble de ses aptitudes. On peut d'ailleurs se demander si une telle multiplication des aptitudes est finalement source de lumière ou, au contraire, d'obscurité. Certains auteurs doutent de la nécessité d'une approche aussi analytique qui aboutit à un fractionnement virtuellement infini des aptitudes. C'est ce qu'expriment avec pertinence Huteau et Lautrey (1978, p. 126) : «Nous ne croyons pas que la qualité de la connaissance soit fonction du degré d'analyse et que l'idéal soit de réduire un processus complexe en des processus toujours plus élémentaires. Il existe des niveaux de comportement ayant chacun leur unité. On n'est pas plus précis en passant d'un niveau relativement global à un niveau plus analytique. Mais on parle d'autre chose en ayant perdu la possibilité de rendre compte de l'unité de niveau antérieur. Il existe un optimum dans le niveau d'analyse».

De ce qui précède, nous pouvons conclure que le modèle multifactoriel défendu par Thurstone et Guilford est discutable de deux points de vue. Le premier est méthodologique. Contrairement à ce que ces auteurs prétendent, leurs résultats d'analyse factorielle ne prouvent rien. Ces résultats restent relatifs aux épreuves choisies, à la technique d'analyse utilisée et aux critères de factorisation retenus. Nous avons vu, en particulier à propos de la méthode Procrustéenne de rotation, qu'avec les mêmes données, des structures factorielles différentes et tout aussi satisfaisantes les unes que les autres peuvent être mises en évidence. Mais la mise en question de la validation factorielle des modèles de Thurstone et Guilford n'entraîne pas *ipso facto* que ces modèles soient faux. D'un point de vue strictement mathématique, ils restent cohérents. Nous pouvons seulement dire que ce ne sont que des modèles parmi d'autres et que l'analyse factorielle ne nous permet pas d'identifier le meilleur d'entre eux de manière indiscutable.

Mais la véritable faiblesse des modèles multifactoriels apparaît sur le plan psychologique. Ils n'offrent en effet pas de cadre conceptuel pour comprendre le développement cognitif de l'enfance à l'âge adulte. Et surtout, ils n'expliquent pas la nécessaire intégration des aptitudes qui apparaît dans tout acte cognitif. Comment les aptitudes s'articulent-elles et interagissent-elles ? Sur base des théories de Thurstone et Guilford, nous n'en avons pas la moindre idée. Lorsqu'avec un test comme le PMA nous combinons différentes aptitudes pour prédire les performances d'un sujet, nous pouvons certes faire un bon pronostic. Mais, ceci n'implique pas que l'équation linéaire établie avec les notes du test soit le reflet de ce qui se passe au niveau intrapsychique. Wechsler (1958) le souligne avec force lorsqu'il rappelle que, si le poids des différentes épreuves d'un test s'exprime habituellement par une simple somme, cela ne signifie pas que les aptitudes qui sous-tendent les différentes performances se combinent de cette façon. Il est, au contraire, plus vraisemblable que l'interaction des facteurs soit une fonction complexe dont la forme exacte nous est inconnue.

En fait, Thurstone et Guilford pêchent par excès de simplification. Les recherches les plus récentes sur le fonctionnement cognitif vont toutes dans le sens de modèles hiérarchiques complexes où l'accent est mis plus sur les processus de liaison et de contrôle que sur les aptitudes élémentaires. C'est ce que constate, par exemple, Juhel (1989, p. 64) dans une revue des travaux sur les aptitudes intellectuelles : «Bien que l'intégration de ces diverses théories des aptitudes en un tout ordonné faisant l'unanimité soit délicate à réaliser, l'idée la plus généralement admise est celle d'une organisation hiérarchique des aptitudes». Cette même constatation est faite par Reuchlin et Bacher (1989, p. 81) : « L'évolution des modèles factoriels, d'une part, celle des modèles cognitivistes, d'autre part, se sont produites indépendamment vers des conceptions de même forme. L'une et l'autre conduisent à admettre l'intervention simultanée de processus adaptatifs à champ large et à champ étroit ». Par ailleurs, l'imposante recherche réalisée par Carroll (1993a) apporte un soutien empirique solide aux modèles hiérarchiques de l'intelligence. Cet auteur a réanalysé 460 bases de données constituées au cours des septante dernières années par des chercheurs comme Thurstone, Verson ou Cattell. Carroll constate que toutes ces données sont compatibles avec un modèle hiérarchique en trois niveaux : à la base, les nombreux facteurs de 1er ordre, au niveau intermédiaire une dizaine de facteurs de 2e ordre, et au sommet un facteur général.

Ainsi, après avoir occupé une place de choix en psychologie différentielle durant une quarantaine d'années, les modèles multifactoriels non hiérarchiques n'apparaissent plus aujourd'hui comme des représentations satisfaisantes de l'organisation cognitive. De cette évolution, les échelles de Wechsler ont gagné en force. En effet, malgré le pragmatisme qui a guidé la construction de ses tests, Wechsler n'a jamais cessé d'insister sur le fait que l'intelligence est une fonction complexe, fruit de l'organisation hiérarchisée des aptitudes. Les théories actuelles de l'intelligence semblent lui donner raison.

Les échelles de Wechsler à la lumière du modèle SOI

Nous avons vu que, comme taxonomie, le modèle de la Structure de l'Intellect (SOI) de Guilford ne manque pas d'intérêt. Il peut, en particulier, servir de référence pour décrire les aptitudes intervenant dans les différents items des tests d'intelligence. Déjà en 1956, Guilford proposait d'utiliser le modèle SOI pour extraire des profils d'aptitudes du WISC et du Stanford-Binet.

Meeker (1969) a réalisé cet objectif en publiant des masques de saisie à poser sur les protocoles du WISC. Des masques de saisie similaires ont été publiés par la suite pour le WISC-R (1975). Grâce à ces grilles de cotation, il est possible de faire correspondre à chaque note brute du WISC-R une note factorielle dans le modèle SOI. Les différentes notes factorielles sont ensuite comparées à des normes présentées par épreuve et par âge. Par exemple, la note brute à l'épreuve de Compréhension correspond à une note SOI en Evaluation d'Implication Sémantique (EMI). Du fait des similitudes entre les épreuves du WISC-R et celles du WISC-III, les correspondances avec les facteurs SOI proposées par Mecker restent intéressantes.

Tableau 2 — **Facteurs du modèle SOI mesurés par les épreuves du WISC-R.**

Epreuves du WISC-R	Facteurs du modèle SOI
Information	MMU, MMR, MMS, MMI, MSS, MFS, CMU, EMR, NMU, NMR, NMI
Compréhension	EMI
Arithmétique	MSI, CMS
Similitudes	CSR, CMR, CMT
Vocabulaire	CMU
Mémoire	MSU, MSS
Complètement d'images	MSS, CFU, EFS
Cubes	EMR, NMS
Assemblage d'objets	CFR, EFR
Code A	CFS, CFT, EFR
Code B	EFU, NFU
Labyrinthes	ESU, NSI, NSI
	CFI

Note : La première lettre désigne l'opération (le processus intellectuel) : (M) mémoire; (E) évaluation; (C) cognition; (N) production convergente. La seconde lettre désigne le contenu (la nature des stimuli) : (F) figural; (S) symbolique; (M) sémantique. La troisième lettre désigne le produit (la manière dont les stimuli sont organisés) : (U) unité; (R) relation; (S) système; (T) transformation; (I) implication. D'après Meeker, 1975.

La validation de la transformation des notes au WISC-R en notes SOI a été réalisée par une analyse logique des items à partir d'un système de questions dont les réponses sont *oui* ou *non*. Par exemple, la première question est : «l'item demande-t-il de simplement répéter l'information présentée?». Si la réponse est *oui*, on en déduit que l'item fait appel à la mémoire. Si la réponse est *non*, on passe à la question suivante. Et ainsi de suite jusqu'au moment où l'item est entièrement décrit du point de vue des trois dimensions du modèle SOI, c'est-à-dire les opérations, les contenus et les produits. Dans la pratique, beaucoup d'items faisant appel à des aptitudes complexes, un seul facteur ne suffit pas à les décrire. Plusieurs analyses successives doivent donc être réalisées avec ces items. Dans le tableau 2, nous avons repris, en regard de chaque épreuve du WISC-R, le ou les facteurs du modèle SOI qu'elle est réputée mesurer. Sur base de l'analyse de Meeker, certaines épreuves n'évaluent qu'un seul facteur. D'autres, par contre, mesurent parfois un nombre important de facteurs. Dans ce cas, un facteur peut être évalué par un seul item de l'épreuve ou, au contraire, par tous les items de l'épreuve en question.

Que penser de cette analyse du WISC-R selon le modèle SOI? Tout d'abord, nous devons constater qu'un certain nombre d'informations psychométriques font défaut. Nous ne connaissons en effet pas la fiabilité des notes SOI extraites des protocoles de WISC. Il est fort probable que, dans plusieurs cas, la fiabilité de ces notes soit faible car elles ne s'appuient que sur les résultats à un très petit nombre d'items. Il s'agit principalement des notes factorielles extraites de l'épreuve d'Information. Par contre, plusieurs notes SOI s'appuient sur les résultats de suffisamment d'items pour que nous puissions *a priori* les considérer comme fiables.

Nous nous interrogeons ensuite, et surtout, sur la valeur de l'analyse rationnelle des épreuves du WISC-R. En d'autres mots, nous nous demandons si la correspondance des notes brutes au test avec les notes SOI est aussi valide que le pense Meeker. Il faut reconnaître que, sous des dehors rigoureux, la méthode de validation utilisée par celle-ci reste subjective. Elle ne garantit nullement que le facteur correspondant à une épreuve est le bon facteur ni qu'il est le seul facteur. Par exemple, Meeker considère que l'épreuve de Mémoire de Chiffres évalue les facteurs *mémoire d'unité symbolique* et *mémoire de système symbolique*. Cette correspondance est assez évidente et logique. Pourtant, la mémoire inversée des chiffres fait appel à d'autres processus mentaux que la seule mémorisation d'information à court terme (Grégoire & Van Der Linden, 1997). Le changement d'ordre dans les chiffres implique en effet une réorganisation mentale des stimuli en même temps que le maintien en mémoire à court terme de la suite des chiffres donnés par le psychologue. Cet aspect de l'épreuve n'est pas pris en compte par l'analyse selon le modèle SOI. D'autres exemples pourraient être présentés, mais celui-ci est suffisant pour montrer les limites de l'analyse de Meeker qui ne nous donne pas une description complète et indiscutable des épreuves du WISC-R du point de vue du modèle SOI.

En conclusion, l'analyse du WISC-R selon le modèle SOI permet de prendre conscience de certaines aptitudes impliquées dans chacune des épreuves. Toutefois, l'analyse que nous propose Meeker a ses limites. Primo, la fiabilité des notes SOI ne nous est pas connue. Secundo, la validité des correspondances entre facteurs SOI et épreuves du WISC reste subjective et donc discutable. Mais, même si les lacunes psychométriques étaient comblées, le modèle SOI resterait insuffisant pour comprendre les épreuves du WISC. Il s'agit en effet d'un modèle statique : il décrit les aptitudes mais pas les relations entre elles. Or, selon nous, les problèmes cognitifs ne proviennent pas seulement de déficits au niveau des aptitudes élémentaires. Ils découlent également de difficultés à mettre en œuvre différentes aptitudes dans un acte cognitif complexe. Cette interaction des aptitudes, le modèle SOI ne peut en rendre compte.

1.2. La théorie de l'intelligence fluide et cristallisée

Les notions d'intelligence fluide et d'intelligence cristallisée

Le modèle hiérarchique de l'intelligence développé par R.B. Cattell ébranle « la solidité monolithique du g de Spearman » (Cattell, 1967, p. 136). Cattell propose en effet de scinder celui-ci en deux entités distinctes bien qu'étroitement corrélées : l'intelligence fluide (Gf) et l'intelligence cristallisée (Gc). La première s'occupe de résoudre des problèmes dont la clef est la capacité d'adaptation et la flexibilité face à des stimuli non familiers. La seconde, par contre, s'applique à des tâches qui supposent un apprentissage antérieur et donc l'influence de l'éducation et de la culture.

Selon Cattell (1963), la scission de *g* en Gf et Gc n'a été rendue possible que par les progrès de l'analyse factorielle. D'une part, de meilleurs tests statistiques ont permis de déterminer avec plus de précision le nombre de facteurs à extraire. D'autre part, la nécessité est apparue d'étudier les aptitudes sur un fond de variables qui ne soient pas elles-mêmes des aptitudes. Ces variables permettent de constituer ce que Cattell appelle « l'étoffe de l'hyperplan » (1963, p. 11). Il s'agit du fond de comportements devant lequel va se dessiner la structure des aptitudes étudiées. Cattell reproche aux factorialistes qui l'ont précédé de n'avoir étudié les aptitudes qu'à partir des résultats de tests dont avaient été soigneusement éliminées les variables de personnalité. Or, une telle méthode d'investigation empêche de mettre en évidence certains phénomènes importants au niveau de l'organisation cognitive. Nous verrons plus bas que l'utilisation par Cattell de variables de personnalité dans sa batterie de tests a permis de révéler certaines connexions intéressantes entre l'intelligence et la personnalité, et surtout de distinguer clairement l'intelligence fluide de l'intelligence cristallisée.

L'intelligence fluide apparaît comme l'intelligence originaire, en grande partie héréditaire (Cattell, 1963, p. 5). Ceci n'empêche pas qu'elle puisse être également déterminée par les conditions du milieu. En effet, cette intelligence évolue de la naissance jusque 14-15 ans et, durant cette période de gestation, l'environnement peut favoriser ou non l'éclosion du potentiel cognitif. L'impact du milieu sur Gf ne doit pas être identifié à l'apprentissage de type scolaire mais doit plutôt être conçu comme l'expérience que le sujet fait de son environnement comme stimulation et source de problèmes nouveaux. Selon Cattell, l'intelligence fluide commence à décliner dès 20 ans. Elle semble donc sensible au vieillissement physiologique et, d'une façon générale, à toute atteinte neurologique. Dans ce cas, Gf est affaibli dans son ensemble, c'est-à-dire que toutes les conduites cognitives qu'il détermine sont également affectées (Cattell, 1963, p. 4).

Concrètement, «l'intelligence fluide représente les processus de raisonnement qui se manifestent dans les tâches requérant abstraction, formation de concepts et acquisition, ainsi que dans celles faisant appel à la perception et à l'éduction des relations. Elle est mesurée avec le plus de pureté lorsque le matériel de la tâche est "culture fair"» (Horn et Cattell, 1966, p. 255). Cattell désigne par cette dernière expression les tests qui sont équitables du point de vue culturel, c'est-à-dire qui offrent une égale opportunité de réussite à tous les individus quelles que soient leur classe sociale ou leur origine ethnique. Un test *culture fair* ne doit donc pas faire appel à des apprentissages culturels qui défavoriseraient les individus qui n'ont pu en bénéficier. Un tel test doit au contraire présenter des problèmes également nouveaux pour tous les sujets ou faisant intervenir des acquisitions que tous ont eu l'occasion d'intégrer. Dans ce dernier cas, les acquis étant les mêmes pour tous les sujets, les différences de performances enregistrées entre eux au moyen du test sont la manifestation de différences au niveau de l'intelligence fluide.

L'intelligence cristallisée, quant à elle, peut être comprise comme une fonction de l'intelligence fluide. En effet, «le facteur d'aptitude générale cristallisée est un produit de l'aptitude fluide agissant pendant les années de développement sur des groupes de capacités scolaires et culturelles» (Cattell, 1967, p. 150). Au départ, Gc apparaît donc plus comme un groupe de corrélations que comme un véritable facteur. Mais progressivement, il va atteindre le statut d'un facteur général, c'est-à-dire d'un déterminant global de l'activité cognitive. Les capacités que l'enfant va acquérir ont en effet des propriétés auto-génératrices. Selon un processus cumulatif, les acquisitions antérieures permettent de nouvelles acquisitions, lesquelles viendront s'intégrer dans un ensemble de plus en plus vaste et de plus en plus organisé. Ainsi, Gc, au départ déterminé par Gf, prend petit à petit une certaine autonomie par rapport à celui-ci et devient lui aussi un déterminant à large spectre. Il influence non seulement les apprentissages eux-mêmes mais aussi divers événements de la vie du sujet comme son orientation professionnelle ou ses goûts intellectuels.

L'intelligence cristallisée n'est pas seulement une fonction de l'intelligence fluide mais également une fonction de facteurs de personnalité comme l'intérêt ou l'extraversion. En effet, Gc se développe dans la mesure où ces derniers facteurs permettent une application efficace et durable de Gf dans les situations d'apprentissage. Par conséquent, l'analyse factorielle met habituellement en évidence de nombreuses associations entre l'intelligence cristallisée et les variables de personnalité, alors que de telles associations n'apparaissent pas avec l'intelligence fluide. L'intelligence cristallisée se développe plus tardivement que l'intelligence fluide. Elle culmine vers vingt ans, et même plus tard, puis reste assez stable jusqu'à 65 ans. Elle est donc beaucoup moins sensible que l'intelligence fluide aux effets du vieillissement physiologique. De même, les altérations cérébrales n'entraînent qu'un affaiblissement localisé de Gc alors que Gf est atteint dans son ensemble. En effet, un seul type d'activité déterminé par Gc est alors perturbé, celui correspondant à la localisation de l'atteinte cérébrale. Les autres activités déterminées par Gc continuent quant à elles de fonctionner normalement.

Alors que les meilleures mesures de Gf sont, selon Cattell, *culture fair*, celles de Gc sont au contraire intimement liées à la culture. Il s'agit, par exemple, des épreuves de vocabulaire ou de calcul, bref de toutes les épreuves qui requièrent un apprentissage culturel et scolaire préalable. Par conséquent, les mesures de Gc ne sont pas utilisables pour comparer les intelligences de cultures différentes. Elles ne sont en effet pas équitables pour tous puisque tous les sujets n'ayant pas eu les mêmes opportunités d'apprentissage, elles seront objectivement plus difficiles pour certains et plus faciles pour d'autres.

L'intelligence fluide et l'intelligence cristallisée sont étroitement corrélées. En effet, Gf et Gc que nous mesurons aujourd'hui sont tous deux déterminés par Gf d'hier. Si nous admettons que la maturation progresse chez tous les sujets selon la même courbe, il est évident que Gf passé est à l'origine de Gf présent. De même, le niveau antérieur de Gf, dans les années de formation, explique en partie la rapidité et la qualité de l'apprentissage, et donc le niveau actuel de Gc. Cattell évalue la corrélation entre Gf et Gc à 0,60 chez les enfants et 0,30 chez les adultes (Cattell, 1967, p. 137). Cette évolution de la liaison entre les deux variables s'explique aisément dans la mesure où les enfants d'âge scolaire sont soumis à des conditions d'apprentissage assez homogènes. Dans les tests d'intelligence, la part de variance de *g* due à Gf est alors plus importante qu'elle ne l'est à l'âge adulte. A ce moment, les individus qui auront quitté l'école à des âges fort divers et qui auront été soumis à des conditions environnementales très variables se distingueront plus en fonction de Gc. L'intelligence cristallisée apparaîtra alors comme plus autonome par rapport à l'intelligence fluide et les corrélations entre les deux seront plus faibles.

Dans un article de 1966, Horn et Cattell affinent quelque peu la théorie de l'intelligence fluide et cristallisée. Les facteurs Gf et Gc restent dominants mais, au même niveau, viennent s'ajouter trois autres facteurs généraux : la Visualisation Générale (Gv), la Facilité Générale (F) et la Vitesse Générale (Gs). Le facteur Gv intervient dans toutes les tâches dont le contenu est figural. Il se manifeste particulièrement dans les épreuves de visualisation, de souplesse de structuration visuelle (*flexibility of closure*), de vitesse de structuration visuelle (*speed of closure*) et d'orientation spatiale. Le facteur F représente la capacité générale à se rappeler et à reconnaître avec facilité et vitesse différents termes, sans que ceux-ci soient nécessairement bien compris. Ce facteur apparaît dans les épreuves de facilité associative et de facilité verbale. Quant au facteur Gs, il intervient dans toutes les performances faisant appel à la vitesse. Il se manifeste clairement dans des épreuves assez simples comme celles de vitesse perceptive ou de facilité numérique.

Cette dernière version de la théorie de Cattell a inspiré une intéressante tentative d'articulation du modèle de Vernon (1952) et du modèle de Cattell par Gustafsson (1984). Ce dernier auteur souligne la similitude entre ces deux modèles. Tout deux présentent en effet une structure hiérarchique. De plus, le facteur *v:ed* de Vernon semble correspondre au facteur Gc et le facteur *k:m* paraît correspondre au facteur Gv. Quant au facteur Gf, on peut émettre l'hypothèse qu'il correspond plus ou moins au facteur *g* du modèle de Vernon. En effet, les épreuves qui mesurent le mieux Gf sont identiques à celles désignées par Vernon comme les meilleures mesures de *g*. Selon Gustafsson, « si un troisième niveau, représentant le facteur g, est ajouté au modèle de Cattell et Horn, le point de divergence le plus important entre ces deux modèles hiérarchiques majeurs pourrait être surmonté » (1984, p. 184).

Pour vérifier ses hypothèses, Gustafsson a utilisé la méthode LISREL (LInear Structural RELations) créée par Jöreskog pour tester des modèles relatifs à la structure d'un ensemble de variables. Il a constitué une batterie de 13 tests d'aptitudes et de 3 tests d'acquis scolaires de façon à pouvoir identifier Gv, Gf et Gc au niveau des facteurs de second ordre.

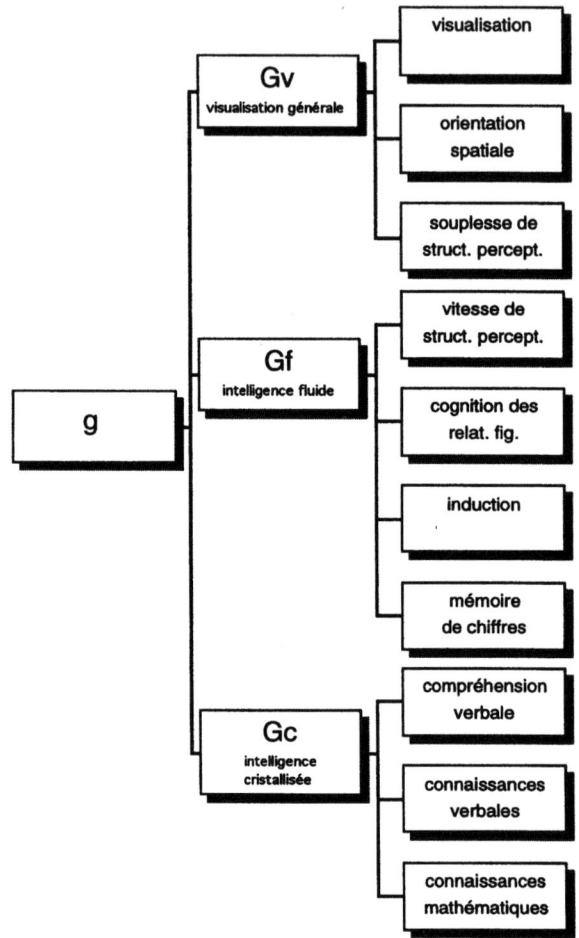

Figure 6 — Modèle hiérarchique de l'intelligence selon Gustafsson (1984).

Un groupe de 981 élèves de 6ᵉ primaire a passé l'ensemble de cette batterie.

L'analyse des résultats confirme les hypothèses de départ. En particulier, l'hypothèse de l'identité de Gf et de g trouve ici un support important car la saturation de Gf par g est égale à 1,00. On peut également observer que les facteurs Gv et Gc forment deux entités bien distinctes. Sur base de ces résultats, Gustafsson propose un modèle structural de l'organisation des aptitudes qu'il considère comme une synthèse des modèles antérieurs. Gustafsson suggère de nommer ce modèle HILI (HIerarchical, LIsrel based model). L'organisation hiérarchique des différents facteurs dans ce modèle est décrite dans la figure 6. Dans le modèle HILI, nous trouvons au premier niveau les facteurs primaires décrits par Thurstone. Au second niveau, nous trouvons deux facteurs à large spectre, l'un verbal (Gc) et l'autre figural (Gv). Et enfin, au troisième niveau, nous trouvons le facteur g, identifié à Gf. Gustafsson fait remarquer que le modèle HILI est très proche de celui de Vernon puisque g est inclus dans les deux modèles et que, d'une part, v:ed correspond à Gc et, d'autre part, k:m correspond à Gv. Il suppose que cette partition des aptitudes en deux grands domaines reflète l'existence de processus différents pour traiter les informations verbales et figurales. Il est vraisemblable que ces processus correspondent à des hémisphères cérébraux différents. En effet, l'hémisphère gauche est le lieu de processus analytiques, linéaires et successifs, responsables du traitement de l'information verbale. Par contre, l'hémisphère droit est le lieu de processus globaux, parallèles et simultanés, responsables du traitement de l'information figurale.

Implications de la théorie de Cattell pour l'évaluation de l'intelligence

Cattell a placé beaucoup d'espoir dans les tests créés spécialement pour mesurer Gf. Selon lui, ces tests doivent permettre de mesurer l'intelligence indépendamment de la culture des sujets. Pour être une bonne mesure de Gf, et donc être *culture fair*, un test doit faire appel à l'éduction de relations complexes sur un matériel qui doit être complètement neuf ou suffisamment familier pour toutes les personnes évaluées. Cattell pense que des perceptions spatiales simples, comme celles de traits ou d'espacements, sont suffisamment apprises dans toutes les cultures pour servir de matériel dans les tests *culture fair*. Par conséquent, des tests comme les Matrices de Raven ou le Culture Free Test (Cattell, 1960) lui semblent être de bons instruments pour mesurer Gf. Cattell affirme que «les tests saturés en facteur d'aptitude fluide le sont également dans différentes cultures et des cultures largement différentes peuvent ne donner lieu à aucune différence du niveau des notes brutes à de tels tests» (1967, p. 152). Les instruments *culture fair* sont donc particulièrement intéressants puisqu'ils doivent nous permettre d'éviter les biais sociaux et culturels liés aux tests d'intelligence cristallisée. Des comparaisons inter-culturelles concernant l'intelligence sont dès lors possibles. Un autre usage possible des tests *culture fair* est l'évaluation de l'intelligence des sujets qui n'ont pu bénéficier d'un apprentissage adéquat. C'est le cas de sujets n'ayant été que faiblement ou pas du tout scolarisés et qui, pour cette raison, obtiennent des résultats modestes aux tests intellectuels fortement saturés par Gc. L'évaluation de ces sujets au moyen de tests *culture fair*, fortement saturés en Gf, devrait mettre évidence leur véritable aptitude intellectuelle, c'est-à-dire leur potentiel inexploité.

Cattell ne pense cependant pas que les tests d'intelligence très saturés en Gc, en l'occurrence la plupart des tests d'intelligence globale comme le Binet-Simon ou les échelles de Wechsler, doivent être rejetés au profit des tests *culture fair*. Chaque type de test a en effet sa fonction. Les tests d'intelligence cristallisée ont l'avantage d'être de bons prédicteurs de la réussite scolaire. Par conséquent, Cattell affirme être partisan de l'emploi, en psychologie appliquée, du double QI, l'un fondé sur Gf et l'autre sur Gc (Cattell, 1967, p. 153). Si tant est que des catégories de tests aussi tranchées puissent être mises en évidence.

De nombreux auteurs expriment leur scepticisme quant à la possibilité de construire des tests réellement *culture fair* et encore moins *culture free*. Sternberg (1985), par exemple, considère comme un abus de langage le fait de parler de test *culture free*, car un certain degré d'imprégnation par la culture est toujours nécessaire à la résolution de tels tests. Il n'existe en effet aucune intelligence en dehors d'une culture et il ne peut donc y avoir de test qui prétende mesurer une intelligence sans culture. Comme l'exprime Bruner (1974, p. 364) de manière lapidaire : «Culture free means intelligence free». Seuls sont concevables des tests *culture fair*, c'est-à-dire donnant aux sujets des chances égales de réussite quelle que soit leur culture d'origine. Nous avons vu plus haut qu'un test est *culture fair* s'il présente des problèmes entièrement neufs pour tous les sujets ou s'il fait appel à des processus également appris par tous les sujets. Sternberg doute qu'un test puisse être véritablement équitable pour toutes les cultures. Les faits ne vont en tout cas pas dans ce sens et, contrairement à ce qu'affirme Cattell, les items *culture fair* «tendent à montrer une plus grande dispersion au travers des groupes culturels que ne le font les tests verbaux» (Sternberg, 1985, p. 77). Vraisemblablement, ces résultats s'expliquent par le fait que les tests *culture fair* ne mesurent pas la même chose dans toutes les cultures. Dans certaines, ils évaluent l'aptitude à résoudre des problèmes neufs (Gf) et dans d'autres la capacité d'utiliser des processus appris (Gc).

Plusieurs auteurs ont tenté d'éclairer la nature des épreuves des échelles de Wechsler à l'aide des notions d'intelligence fluide et d'intelligence cristallisée. Ainsi, Kaufman (1979, p. 28-30) a rapproché les notions d'intelligence fluide et d'intelligence cristallisée de la distinction faite dans les échelles de Wechsler entre le QI Verbal et le QI de Performance. Il reconnaît que le recouvrement n'est pas parfait et qu'il n'est pas correct d'affirmer que le QI Verbal est une mesure de Gc et le QI de Performance une mesure de Gf. Mais une équivalence approximative n'est pas absurde. Nous devons en effet reconnaître que, si l'on exclut l'épreuve de Mémoire de Chiffres, les 5 épreuves qui composent l'échelle Verbale sont plus saturées par Gc que par Gf. Il ne s'agit bien entendu pas de mesures pures de Gc. Une épreuve comme Similitudes fait, par exemple, indubitablement appel à Gf. Mais, globalement, Gc paraît dominer les 5 épreuves Verbales. Quant à l'échelle de Performance, son cas est plus complexe car, si les épreuves qui la composent font clairement appel à l'intelligence fluide, la capacité de visualisation et d'autres aptitudes moins importantes jouent également un rôle non négligeable dans leur résolution. De plus, certaines épreuves de Performance font aussi intervenir l'intelligence cristallisée. C'est le cas de l'épreuve d'Assemblage d'Objets qui suppose que le sujet se rappelle de la forme qu'il doit reconstituer. Ainsi, le rapprochement entre Gf et Gc, d'une part, et QI Verbal et QI de Performance, d'autre part, ne conduit pas à une interprétation automatique des résultats en termes d'intelligence fluide et cristallisée. Kaufman recommande donc la prudence et, éventuellement, l'utilisation d'autres instruments d'évaluation pour aider au diagnostic différentiel. Par exemple, la passation des Matrices de Raven, qui est une mesure relativement pure de Gf, peut nous permettre de vérifier si un QI de Performance supérieur au QI Verbal est, oui ou non, la manifestation de Gf>Gc.

La recherche conduite par Gustafsson (1984), déjà décrite plus haut, se révèle ici particulièrement éclairante. Elle nous permet en effet de défendre certaines des hypothèses de Kaufman et d'en nuancer d'autres. Ainsi, le rapprochement entre le facteur Gc et l'échelle Verbale (hormis Mémoire de Chiffres) est confirmé par les résultats de Gustafsson. En effet, celui-ci constate que le facteur Gc est pratiquement identique au facteur $v{:}ed$ de Vernon. Or, l'analyse factorielle hiérarchique des données d'étalonnage du WISC-R (Wallbrown *et al.*, 1975; Grégoire, 1992) et du WISC-III (Blaha et Wallbrown, 1996) a permis de mettre en évidence une saturation des épreuves de l'échelle Verbale par le facteur $v{:}ed$. Il est donc légitime de considérer les cinq épreuves verbales comme des mesures de l'intelligence cristallisée. Les réticences de Kaufman à considérer le QI de Performance comme une mesure spécifique de Gf apparaissent également fondées. En effet, nous avons vu que Gustafsson considère que le facteur $k{:}m$, qui sature les épreuves de l'échelle de Performance, correspond non pas au facteur g mais au facteur Gv (Visualisation Générale). Quant au facteur Gf, dans la mesure où il est identifié par Gustafsson avec le facteur *g*, nous devons admettre qu'il est mesuré, à des degrés divers, par toutes les épreuves du WISC-III. Par conséquent, il nous faut reconnaître qu'aucune des épreuves du WISC-III n'est une mesure pure de Gc, de Gv et de Gf (Carroll, 1993b). Toutes évaluent à la fois Gc et Gf ou Gv et Gf.

2. LA THÉORIE PIAGÉTIENNE

Application de la théorie piagétienne à l'évaluation de l'intelligence

Inhelder semble avoir été la première, au début des années 40, à utiliser les épreuves piagétiennes dans le but d'évaluer les troubles du fonctionnement cognitif. Le point de départ de ses recherches n'est pas sans similitudes avec celui de Binet une quarantaine d'années plus tôt. C'est en effet pour améliorer le dépistage et le diagnostic des enfants souffrant de handicap mental qu'elle imagine d'appliquer certaines des épreuves qu'elle a mise au point avec Piaget (1941) lors de leur étude du développement des quantités physiques. Elle considère que les tests classiques de développement global, utilisés jusque-là pour diagnostiquer le handicap mental, sont des instruments insatisfaisants car, dit-elle, ils « mesurent davantage le rendement qu'ils n'analysent les processus eux-mêmes » (Inhelder, 1943, p. 6). Le modèle génétique développé par Piaget lui paraît être un cadre de référence beaucoup plus informatif et plus fiable pour établir un diagnostic de débilité mentale. Elle émet l'hypothèse que la débilité de raisonnement se caractériserait par des arrêts et des fixations dans le cours des stades opératoires.

Les recherches de Inhelder ont donné une importante impulsion à l'application des épreuves piagétiennes en psychologie clinique. En observant que les débiles mentaux suivaient les mêmes étapes du développement cognitif que les sujets normaux mais s'arrêtaient en cours de route et n'achevaient pas la construction de leurs structures logiques, elle a en effet montré que le modèle piagétien était universel, valable pour tous les individus quel que soit leur retard intellectuel. Elle ouvrait ainsi la voie à l'utilisation des épreuves de Piaget et, partant de sa théorie, pour l'examen de sujets souffrant de pathologie cognitive. Au travers des travaux dans ce domaine, qui dès lors se sont succédés, nous pouvons trouver un certain nombre d'arguments en faveur de cette application. Nous allons brièvement les passer en revue.

Un premier argument, parmi les plus cités, provient de la déception des psychologues par rapport aux tests psychométriques classiques. A ces derniers, il est principalement reproché leur vacuité théorique.

Comme nous l'avons vu dans le chapitre 1, les tests d'intelligence générale comme le Binet-Simon ou les échelles de Wechsler ont été construits de façon essentiellement empirique. Les items ont le plus souvent été choisis en fonction de leur caractère discriminant, plutôt que sur base de leur relation avec une théorie élaborée du fonctionnement cognitif. Le but des premiers psychométriciens était d'ailleurs d'évaluer le niveau intellectuel global des sujets et non de mettre en évidence des processus ou des opérations. Pour atteindre cet objectif, il fallait que les tests incluent une grande diversité d'items et que cette multiplicité fasse masse. C'est pour cette raison que Binet (1911, p. 20) a été jusqu'à proclamer : «Peu importe les tests pourvu qu'ils soient nombreux». Cette conception de l'évaluation heurte de nombreux psychologues qui veulent comprendre et non seulement quantifier. Comme le disent Ajuriaguerra et Tissot (1966, p. 333) : «En clinique, il est presque toujours plus important de saisir la structure d'un raisonnement ou d'une conduite que d'en mesurer les résultats». Les épreuves piagétiennes apparaissent dès lors comme LA réponse à ce souhait. Elles s'appuient sur un modèle global du fonctionnement cognitif qui permet de donner sens à toutes les conduites observées. Celles-ci sont référées à des stades qui, en lieu et place des coupures arbitraires des tests psychométriques, représentent les articulations naturelles du développement cognitif.

La théorie opératoire, grâce à l'isomorphisme qu'elle postule entre toutes les conduites intellectuelles d'un même niveau, représente également un progrès par rapport au modèle multifactoriel de l'intelligence. Ce modèle, dont la forme la plus ambitieuse nous est donnée par Guilford (1967), aboutit à découper les performances des sujets en une multitude d'aptitudes que rien ne vient unifier. Il nous permet tout au plus d'obtenir un profil cognitif qui est plus une juxtaposition de résultats qu'une réelle structuration d'ensemble. Au contraire, en postulant une unité structurale entre toutes les conduites d'un stade donné, la théorie piagétienne nous permet de décrire le fonctionnement cognitif comme une organisation globale et cohérente. Les performances à différentes épreuves ne sont, dès lors, que des manifestations particulières de cette organisation.

Le support de la théorie piagétienne, très séduisante pour l'esprit, a conduit certains cliniciens à un réel enthousiasme («En matière de pathologie des fonctions cognitives, les épreuves de la psychologie génétique sont incontestablement les meilleures dont nous disposons» [Ajuriaguerra et Tissot, 1966, p. 333]) et à beaucoup d'optimisme («On peut, en effet, espérer échapper par cette voie à l'empirisme qui a tant marqué la psychologie classique» [Perron-Borelli et Perron, 1986, p. 74]). D'autres se sont montrés plus modérés. Ainsi, Huteau et Lautrey (1978), tout en reconnaissant que les épreuves de Piaget échappent à un certain nombre de critiques adressées aux tests classiques, soulignent qu'elles ne sont pas sans poser des problèmes d'application et d'interprétation. Mal utilisées, elles peuvent ne représenter aucun progrès. C'est ce qui se passe lorsque l'on se contente d'additionner les notes aux épreuves réussies et de faire correspondre un stade au total. «La notion de stade, utilisée ainsi, fait rentrer par la fenêtre les inconvénients du QI que l'on croyait avoir chassés par la porte en utilisant une épreuve opératoire» (1978, p. 133).

Un second argument en faveur de l'utilisation des épreuves piagétiennes dans le champ des troubles cognitifs tient à la *méthode clinique* créée par Piaget. Cette méthode «vise à saisir ce qui se dissimule derrière l'apparence immédiate des choses» (Claparède, cité par Anthony, 1966, p. 341). Pour ce faire, le psychologue va construire une relation dynamique avec le sujet qu'il veut évaluer et, par une sorte d'empathie avec sa pensée, va tenter de saisir son mode de raisonnement. Ce n'est que de cette façon qu'il pourra atteindre les véritables capacités du sujet. On est loin de l'enregistrement neutre des performances, caractéristique des tests classiques. Ici, un véritable dialogue se crée entre l'examinateur et l'enfant qui, en confrontant ce dernier aux questions et aux contradictions, permet de comprendre véritablement son fonctionnement intellectuel.

Enfin, un troisième argument en faveur des épreuves piagétiennes est la possibilité qu'offre la théorie de Piaget d'articuler le fonctionnement cognitif avec le fonctionnement global de la personnalité. Cette possibilité n'a pas été voulue explicitement par Piaget. Ce n'était pas son objet d'étude. Mais il ne s'est jamais opposé à ce que d'autres jettent des ponts entre ses propres théories et diverses théories de la personnalité. Ainsi, la notion piagétienne d'égocentrisme a pu être rapprochée du concept freudien de narcissisme (Anthony, 1966, p. 350). Mais ce sont surtout les notions d'accommodation et d'assimilation qui ont permis de créer des liens avec la psychologie dynamique. Par exemple, Bettelheim (1969), lorsqu'il présente le cas célèbre de Marsia, décrit les stéréotypies autistiques suivantes : elle agitait les doigts à hauteur du menton et, dès qu'on lui mettait en mains un nouvel objet (balle, pâte à modeler...), elle l'agitait de la sorte de façon compulsive. Bettelheim (1969, p. 551) conclut de cette observation que «l'enfant autistique ne s'accommode pas». L'enfant autiste intègre toutes nouvelles situations dans un schème assimilateur figé et non approprié, ce qui empêche l'évolution des structures cognitives. Gibello (1984) a développé cette idée en mettant en relation les problèmes d'accommodation avec la prédominance, au niveau de la personnalité, des mécanismes d'identification projective. Nous pouvons voir, au travers de ces brefs exemples, combien la théorie piagétienne peut être riche d'explications pour la psychopathologie et peut s'intégrer harmonieusement dans une description globale du fonctionnement de la personnalité.

Epreuves piagétiennes et tests psychométriques d'intelligence

Les épreuves créées par Piaget et les tests d'intelligence traditionnels mesurent-ils une réalité différente ? Cette question importante a reçu des réponses très diverses. Certaines sont des affirmations *a priori*, reflétant les préjugés de leurs auteurs. D'autres s'appuient sur une expérience clinique souvent riche et intéressante mais ne répondant pas aux exigences d'une recherche véritablement scientifique. Enfin, un certain nombre de réponses sont le fruit d'études empiriques plus rigoureuses. Celles-ci sont malheureusement assez hétérogènes du point de vue des tests et des épreuves utilisées comme du point de vue de leurs méthodes d'interprétation des données. Les comparaisons entre les résultats des différentes recherches se révèlent par conséquent très délicates[5].

Plusieurs chercheurs constatent une liaison assez étroite entre les performances aux épreuves de Piaget et aux tests intellectuels traditionnels. C'est le cas de Freyberg (1966), de Dudeck *et al.* (1969), de Little (1972), de Rubin *et al.* (1978), de Kingma et Koops (1983) et de Tock Keng Lim (1988).

D'autres chercheurs arrivent par contre à des conclusions diamétralement opposées. C'est le cas de Stephen *et al.* (1972), de DeVries (1974) et de DeVries et Kohlberg (1977). Pour ces auteurs, «les épreuves piagétiennes paraissent mesurer une intelligence différente et des acquis différents de ceux mesurés par les tests psychométriques» (DeVries, 1974, p. 753).

Comment comprendre les divergences de résultats entre les recherches que nous venons de citer ? Selon Humphreys et Parsons (1979), les différents travaux qui aboutissent à une opposition entre épreuves piagétiennes et tests d'intelligence traditionnels souffrent tous de sérieux problèmes méthodologiques qui invalident totalement leurs conclusions. Cette analyse de Humphreys et Parsons a eu d'importantes répercussions puisqu'elle a été à l'origine d'un débat assez houleux dans la revue *Intelligence* puis d'un symposium organisé en 1981 à Boston par la *Society for Research in Child Development* sur les questions de méthodologie de la recherche (Carroll *et al.*, 1984). Il faut reconnaître que les critiques faites par Humphreys et Parsons sont en grande partie fondées. En respectant une méthodologie rigoureuse, ces auteurs ont d'ailleurs réanalysé les données de Stephen *et al.* (1972) et ont pu mettre en évidence un recouvrement important de la réalité mesurée par les épreuves piagétiennes et par les tests d'intelligence traditionnels. Carroll *et al.* (1984) aboutissent à des résultats similaires, avec quelques nuances cependant, en réanalysant les données de DeVries (1974) et de DeVries et Kohlberg (1977).

Ainsi, l'existence d'une liaison relativement étroite entre les épreuves piagétiennes et les tests traditionnels d'intelligence est un fait incontournable qu'il nous faut comprendre. Peu d'auteurs ont réellement tenté une élaboration théorique de cette liaison. Les travaux de Elkind (1969, 1981) méritent d'être mentionnés à ce propos. Cet auteur a en effet tenté un rapprochement théorique entre les conceptions piagétiennes et les conceptions psychométriques de l'intelligence. Selon Elkind, il existe une unité profonde entre ces deux approches de l'intelligence. Les seules différences «découlent uniquement de la manière dont les psychométriciens et Piaget abordent et regardent l'intelligence et non de divergences fondamentales touchant à la nature de l'intelligence elle-même» (1969, p. 323). Et plus loin, il ajoute : «ces différences (...) ne sont pas contradictoires mais plutôt complémentaires» (1969, p. 330). La position de Elkind n'est donc pas réductionniste. Unité ne veut pas dire pour lui identité. Au contraire, les deux approches, s'appuyant sur une base commune, nous donnent chacune un point de vue spécifique sur l'intelligence. Elkind se montre d'ailleurs très critique face à toute tentative de psychométrisation de l'approche piagétienne.

Elkind (1981) propose d'élargir le concept d'intelligence globale afin de pouvoir y inclure les aspects du fonctionnement mental spécifiques de chacune des deux approches. Il souhaite ainsi mettre en évidence les liens existants entre celles-ci tout en respectant leur originalité. Il rappelle que la théorie piagétienne et la psychométrie se distinguent par les postulats qui sous-tendent leur démarche. Piaget postule que l'intelligence est organisée comme un tout gouverné par des règles. Cette organisation mentale évolue avec l'âge. Le but des épreuves que crée Piaget est donc de distinguer les formes d'organisation caractéristiques de chaque âge. L'objectif spécifique de l'évaluation piagétienne est, par conséquent, de mettre en évidence une «forme». Le postulat sur lequel s'appuie la psychométrie est, lui, que l'intelligence existe comme une quantité qui peut être mesurée. Cet aspect de l'intelligence, nous pouvons l'appeler «trait». Celui-ci semble être une caractéristique assez stable de l'individu tout au long de sa vie. Le but de l'évaluation psychométrique est de quantifier ce trait en comparant les performances du sujet avec celles d'un échantillon représentatif de la population à laquelle il appartient. La spécificité de l'approche psychométrique est donc de s'intéresser à l'intelligence comme quantité alors que la spécificité de l'approche piagétienne est de s'intéresser à l'intelligence comme qualité. La conception élargie de g doit ainsi englober deux composantes essentielles : une composante «trait» (gt), relativement stable, et une composante «forme» (gf) qui, elle, varie au cours de l'évolution du sujet. Cette redéfinition de g a des conséquences pratiques. Une évaluation correcte de l'intelligence doit mentionner non seulement un score (gt) mais aussi une description de sa forme (gf).

Cela signifie-t-il que tout examen de l'intelligence devrait à la fois inclure un test psychométrique et des épreuves piagétiennes? Les choses ne sont pas si simples car ces deux instruments ne sont pas des mesures pures de chacune des composantes de g. Elkind souligne en effet que la conception développementale de l'intelligence de Piaget contient implicitement une notion de trait. Assimilation, accommodation et équilibration sont des fonctions invariantes au travers des changements structuraux. Ces fonctions constituent la composante «trait» dans la théorie piagétienne car elles permettent d'apprécier des différences inter-individuelles[6]. C'est, entre autres, parce que leurs capacités d'assimilation, d'accommodation et d'équilibration ne sont pas les mêmes que les individus progressent différemment aux travers des stades. Elkind (1981, p. 107) rappelle à ce propos les observations de Inhelder : les sujets les plus brillants intellectuellement étendent leurs opérations à une plus large gamme de contenus et ceci à un âge plus avancé que les sujets moins doués. C'est parce que la théorie de Piaget contient une composante «trait» que des corrélations positives entre les épreuves piagétiennes et les tests psychométriques sont observées. Inversement, la conception psychométrique contient implicitement une notion de «forme». Les différences d'âge mental ne sont en effet pas seulement des différences de vitesse de développement. Ce sont aussi des différences de qualité de raisonnement.

Les échelles de Wechsler à la lumière de la théorie piagétienne

L'élaboration théorique de Elkind est particulièrement intéressante pour le praticien. Elle implique en effet la possibilité d'analyser les différentes épreuves du WISC-III en termes piagétiens. Quelle opération suppose la résolution de telle épreuve et, à un niveau plus élémentaire, de tel item? En 1981, Elkind a entrepris de répondre à cette question en analysant certains sous-tests du WISC-R en termes d'opérations mises en jeu.

Elkind a fait passer à 60 enfants l'épreuve de Similitudes, le Goldschmid-Bentler (test piagétien évaluant l'acquisition des conservations) et diverses épreuves de créativité. Selon Elkind, sur base des corrélations entre les trois tests, on peut affirmer que l'épreuve de Similitudes n'est pas homogène quant à la réalité effectivement mesurée. « Une partie des items de Similitudes ont des corrélations significatives avec des mesures de pré-opérations, une autre partie avec des mesures d'opérations concrètes et une troisième partie avec une mesure de créativité » (Elkind, 1981, p. 116). Par exemple, la question « Quelle est la ressemblance entre une roue et une balle ? » fait surtout appel à une connaissance figurative pré-opératoire. Par contre, la question « Quelle est la ressemblance entre un piano et une guitare ? » demande clairement un raisonnement opératoire concret. Quant à la question « Quelle est la ressemblance entre l'eau et le sel ? », elle paraît faire essentiellement appel à la pensée divergente.

Elkind souligne également le manque d'homogénéité des items au sein d'autres épreuves du WISC-R. Selon lui, la Mémoire de Chiffres en ordre direct est du niveau pré-opératoire alors que la Mémoire de Chiffres en ordre inverse est, elle, du niveau opératoire concret. De même, l'épreuve de Vocabulaire est composée d'items significativement corrélés soit avec des épreuves pré-opératoires, soit avec des épreuves demandant une maîtrise des opérations concrètes. Les épreuves de Cubes et de Code semblent, quant à elles, être plus homogènes, leurs items étant tous corrélés avec des mesures opératoires concrètes.

L'idée d'utiliser le WISC-R et le WISC-III pour évaluer le développement opératoire se révèle particulièrement intéressante. Malheureusement, les quelques résultats que nous venons de décrire sont les seuls qu'ait publiés Elkind. Et comme aucun chercheur ne semble avoir pris le relais, ce type d'étude est resté en friche jusqu'à ce jour.

3. LES THÉORIES COGNITIVISTES

3.1. La théorie de Das/Luria

Les notions de processus simultanés et de processus successifs

La distinction entre les processus simultanés et les processus successifs, proposée par Luria dans les années soixante, a été reprise et développée aux Etats-Unis par Das et ses collaborateurs. Ceux-ci ont intégré cette distinction dans un modèle global du traitement de l'information où l'accent est mis plus sur les processus que sur les aptitudes. Celles-ci représentent les structures neurologiques de base qui permettent les performances cognitives mais n'expliquent nullement la plupart des différences inter-individuelles observées à ce niveau. Deux sujets peuvent posséder une même aptitude mais se différencier quant à leurs performances du fait de la mise en œuvre de processus différents. Par conséquent, un modèle du fonctionnement cognitif tenant compte des différents processus possibles face à une même tâche est susceptible de réellement rendre compte des différences de performances cognitives entre les individus.

Dans le modèle de traitement de l'information proposé par Das (Das, 1973; Das, Kirby et Jarman, 1975), l'information peut être intégrée selon deux processus fondamentaux. L'intégration simultanée réalise la synthèse d'éléments séparés au sein d'un ensemble. Souvent, mais pas obligatoirement, cet ensemble est de nature spatiale. C'est, par exemple, ce que nous réalisons lorsque nous intégrons différentes perceptions visuelles d'une même réalité en une forme globale. L'intégration successive, quant à elle, traite l'information selon un ordre séquentiel. Dans ce cas, il n'est pas possible d'avoir un aperçu général des processus à un moment du temps puisque l'intégration successive suppose obligatoirement un déroulement temporel. L'exemple le plus évident de traitement successif de l'information est donné par le discours humain.

«Les deux modes de traitement de l'information sont disponibles au sujet en fonction de la demande de la tâche et du mode habituel de résolution des problèmes utilisé par le sujet. Il n'existe aucune hiérarchie entre les deux modes» (Das et Molloy, 1975, p. 213). Il est donc erroné de croire qu'un type de processus serait meilleur et plus efficace que l'autre. Dans les faits, tous les individus utilisent les deux types de processus, choisissant l'un ou l'autre selon les circonstances. Parfois, pour une même tâche, les deux modes d'intégration de l'information sont possibles. Le choix est alors une question de préférence individuelle, souvent déterminée par l'éducation et la culture (Das, 1973, p. 108).

L'intervention des processus simultanés et successifs se produit aux différents niveaux du traitement de l'information. Il peut s'agir de la perception, de la réflexion, de la mémorisation et de la réalisation. Le type de processus utilisé n'est pas automatiquement déterminé par la nature des stimuli. Ainsi, des stimuli visuels peuvent être traités de façon successive et des stimuli auditifs peuvent être traités de façon simultanée; même si les processus inverses sont habituellement de mise avec ces stimuli. Nous devons donc nous méfier des simplifications à ce propos. En particulier, s'il est exact que les stimuli non verbaux sont essentiellement traités par des processus simultanés et les stimuli verbaux par des processus successifs, nous devons reconnaître que la compréhension du matériel verbal fait indubitablement intervenir des processus simultanés (Das et al., 1975, p. 99). Inversement, l'information imagée et non verbale peut être traitée tant par des processus simultanés que par des processus successifs. Par conséquent, une correspondance stricte entre matériel verbal et processus successifs, d'une part, et matériel non-verbal et processus simultanés, d'autre part, apparaît comme une caricature de la réalité.

Das et ses collaborateurs présentent leur modèle du fonctionnement cognitif comme une alternative face aux modèles hiérarchiques d'organisation des aptitudes. Dans leur modèle, aucune hiérarchie n'est suggérée entre les deux processus de traitement de l'information. En effet, ces processus peuvent également intervenir quelles que soient la complexité de la tâche et la nature des stimuli. Cette absence de hiérarchie entre les processus est démontrée par le fait qu'une même tâche puisse être résolue de plusieurs manières (Das et al., 1975, p. 98). Cette observation a pu être faite à plusieurs reprises au cours des recherches menées sur les processus simultanés et successifs dans différentes cultures (Das, 1973) et à différents niveaux d'âge (Das et Molloy, 1975).

Implications du modèle Das/Luria pour l'évaluation de l'intelligence

Développé au début des années 80, le Kaufman Assessment Battery for Children (K-ABC) a été construit sur base du modèle de traitement de l'information de Luria et Das. Les auteurs ont en effet voulu procurer aux cliniciens un instrument permettant d'évaluer les processus séquentiels et simultanés chez les enfants de 2 ans 1/2 à 12 ans 1/2 (Kaufman et Kaufman, 1983). La Batterie K-ABC est ainsi composée d'une échelle Processus Séquentiels et d'une échelle Processus Simultanés, qui permettent d'obtenir une note standard pour chaque processus ainsi qu'une note composite (*Mental Processing Composite*) égale à la somme des notes aux deux échelles. A côté de ces deux échelles, les auteurs ont inclus une échelle de Connaissances qui évalue une réalité explicitement rapprochée de l'intelligence cristallisée; la note composite des processus mentaux évaluant, quant à elle, une réalité proche de l'intelligence fluide (Kaufman et Kamphaus, 1984, p. 631). Comme plusieurs auteurs l'ont souligné (Anastasi, 1988, p. 269; Sattler, 1988, p. 302), la dénomination de l'échelle de Connaissances est d'évidence mal choisie. Elle ne mesure en effet pas des connaissances scolaires factuelles comme on pourrait le penser au premier abord. Au contraire, les épreuves de cette échelle sont assez proches de celles des tests traditionnels d'intelligence. En ce sens, elles font autant appel aux processus de traitement de l'information que les épreuves des deux premières échelles citées. Avec cette différence que les connaissances acquises dans le milieu éducatif jouent ici un rôle nettement plus important que dans les échelles centrées sur les processus.

Malgré l'ambiguïté de la dénomination de ses différentes échelles, le K-ABC est un test bien construit dont les qualités métrologiques et diagnostiques sont indubitables. Le succès qu'il rencontre actuellement aux Etats-Unis et dans plusieurs pays européens en est d'ailleurs la conséquence. Les recherches concernant sa validité sont particulièrement nombreuses. La validité conceptuelle du K-ABC a notamment fait l'objet de plusieurs analyses factorielles à partir de résultats de sujets normaux et de sujets souffrant de troubles d'apprentissage. Ainsi, Kaufman et Kamphaus (1984) ont analysé les résultats des 2000 sujets de l'échantillon d'étalonnage du K-ABC. La solution avec trois facteurs est apparue comme la meilleure. Les épreuves Séquentielles et les épreuves Simultanées sont chacune saturées à un niveau élevé par un facteur bien distinct. Les épreuves Séquentielles sont toutes saturées par un même facteur que Kaufman et Kamphaus appellent, par conséquent, Séquentiel. Quant aux épreuves Simultanées, elles sont toutes saturées par un second facteur logiquement nommé Simultané. Il est à noter que, si les saturations les plus élevées (toutes supérieures à 0,40) tracent une nette distinction entre le facteur Séquentiel et le facteur Simultané, des saturations plus modestes (généralement proches de 0,25) existent, pour toutes les épreuves, par le facteur opposé. Par exemple, l'épreuve de Mouvements des Mains, qui fait partie de l'échelle Séquentielle, est principalement saturée par le facteur Séquentiel (0,46) mais est également saturée par le facteur Simultané (0,31) de façon non négligeable. De tels résultats indiquent clairement la difficulté de construire des épreuves évaluant un et un seul processus de traitement de l'information. Quant aux épreuves de l'échelle de Connaissances, si elles sont toutes saturées de façon très marquée par un troisième facteur, elles sont également saturées par les facteurs Séquentiel et Simultané de manière significative. Par exemple, l'épreuve de Vocabulaire Expressif présente une saturation de 0,77 par le facteur Connaissances, de 0,61 par le facteur Simultané et de 0,25 par le facteur Séquentiel. Ces résultats soulignent la nature ambiguë de l'échelle de Connaissances et le caractère quelque peu artificiel de la distinction entre une mesure des processus et une mesure des connaissances. Des observations similaires ont été faites sur base des données d'étalonnage de la version française du K-ABC (Kaufman et Kaufman, 1993).

Les analyses factorielles conjointes menées à partir des résultats des mêmes sujets au K-ABC et aux échelles de Wechsler sont particulièrement intéressantes car elles nous permettent d'évaluer l'importance des processus séquentiels et simultanés dans la résolution des épreuves des échelles de Wechsler. Elles mettent également en évidence les points communs et les divergences entre ces deux types de tests. La plupart des chercheurs ont analysé les résultats obtenus conjointement au K-ABC et au WISC-R. A ce jour, aucune analyse factorielle conjointe n'a été réalisée avec le WISC-III. Une telle analyse pourrait se révéler intéressante du fait de l'introduction de la nouvelle épreuve de Symboles. Mais, pour l'instant, seuls les résultats obtenus avec le WISC-R nous apportent un éclairage indirect sur les processus en jeu dans les épreuves du WISC-III.

Kaufman et McLean (1987) ont fait passer le K-ABC et le WISC-R à un échantillon de 212 enfants normaux. Leur hypothèse est que les trois facteurs mis en évidence lors de l'analyse de l'échantillon d'étalonnage du K-ABC (Kaufman et Kamphaus, 1984) correspondent aux trois facteurs extraits lors de l'analyse factorielle des données d'étalonnage du WISC-R (Kaufman, 1975). Ils supposent que le facteur Séquentiel correspond au facteur Attention/Concentration, que le facteur Simultané correspond au facteur Organisation Perceptive et que le facteur Acquisition correspond au facteur Compréhension Verbale[7]. L'analyse factorielle séparée des résultats de chaque test fait apparaître les trois facteurs attendus pour chacune des matrices de corrélations. Les corrélations entre les résultats factoriels des sujets au K-ABC et au WISC-R sont de 0,74 entre les facteurs Acquisition et Compréhension Verbale, de 0,55 entre les facteurs Processus Simultanés et Organisation Perceptive et de 0,52 entre les facteurs Processus Séquentiels et Attention/Concentration. L'analyse factorielle de l'ensemble des résultats au K-ABC et au WISC-R fait apparaître, comme prévu, trois facteurs. Cette solution tri-factorielle se révèle la meilleure de toutes celles testées. Le premier facteur sature fortement les épreuves de l'échelle Acquisition au K-ABC et les épreuves du WISC-R faisant partie de l'ensemble Compréhension Verbale. Le second facteur sature nettement les épreuves de l'échelle Processus Simultanés au K-ABC et les épreuves du WISC-R faisant partie de l'ensemble Organisation Perceptive. Quant au troisième facteur, il sature les épreuves de l'échelle Processus Séquentiels au K-ABC et les épreuves du WISC-R faisant partie de l'ensemble Attention/Concentration, à l'exclusion de l'épreuve de Code. Cette dernière épreuve est, en effet, saturée modérément par le second facteur (0,31) et par le troisième facteur (0,30). Cette observation peut surprendre car, *a priori*, l'épreuve de Code semble faire appel essentiellement aux processus séquentiels. C'est d'ailleurs l'avis de Bannatyne (1974) qui range cette épreuve dans la catégorie séquentielle avec les épreuves d'Arithmétique et de Mémoire de Chiffres[8]. Mais sans doute sommes-nous abusés par l'organisation des stimuli présentés aux sujets, laquelle est clairement séquentielle, alors que les processus de résolution impliqués dans cette épreuve sont, pour une part, simultanés. Rappelons à ce propos que, selon Das (1975), la nature des stimuli ne détermine pas automatiquement la nature des processus utilisés par les sujets pour traiter cette information.

Les mêmes auteurs (Kaufman et McLean, 1986) ont également réalisé l'analyse factorielle conjointe des résultats au K-ABC et au WISC-R de 198 enfants souffrant de troubles d'apprentissage. L'analyse factorielle distincte des deux ensembles de résultats permet de mettre en évidence l'organisation factorielle attendue pour les deux instruments de mesure. Elle est très proche de celle constatée chez les sujets normaux (Kaufman et McLean, 1987). Toutefois, l'épreuve de Code n'est ici que très modérément saturée par le facteur Attention/Concentration et n'est quasi pas saturée par les deux autres facteurs extraits par l'analyse. Les corrélations entre les résultats factoriels de ces enfants sont : de 0,45 entre le facteur Acquisition et le facteur Compréhension Verbale, de 0,66 entre le facteur Processus Simultanés et le facteur Organisation Perceptive, et de 0,39 entre le facteur Processus Séquentiels et le facteur Attention/Concentration. L'analyse factorielle conjointe des résultats au WISC-R et au K-ABC conduit à la mise en évidence d'une structure de trois ou quatre facteurs, ces deux solutions étant également défendables. La solution tri-factorielle fait apparaître trois facteurs qui saturent les épreuves des deux tests de la même façon que chez les enfants normaux (Kaufman et McLean, 1987). Un premier facteur sature fortement les épreuves de l'échelle d'Acquisition et celles de l'ensemble Compréhension Verbale. Un second facteur sature tout aussi fortement les épreuves de l'échelle Processus Simultanés et celles de l'ensemble Organisation Perceptive. Et, enfin, un troisième facteur sature à un degré élevé les épreuves de l'échelle Processus Séquentiels et, dans le WISC-R, l'épreuve de Mémoire de Chiffres. Par contre, les deux autres épreuves du WISC-R appartenant à l'ensemble Attention/Concentration ne sont saturées que modérément (Arithmétique) ou pas du tout (Code) par ce troisième facteur. L'épreuve de Code n'est significativement saturée que par le second facteur qui détermine les épreuves dominées par le traitement simultané de l'information. Cette observation souligne à nouveau la difficulté de cerner la véritable nature des processus intervenant dans cette épreuve. La solution avec quatre facteurs conduit à scinder en deux le premier facteur (Acquisition/Compréhension Verbale) et à permettre l'apparition d'un facteur, appelé Aptitude à la Lecture, qui sature surtout les épreuves de l'échelle Acquisition du K-ABC et, dans le WISC-R, les épreuves d'Information et d'Arithmétique. Quant au second facteur (Processus Simultanés/Organisation Perceptive) et au troisième facteur (Processus Séquentiel/Attention), ils restent quasi inchangés dans cette seconde analyse factorielle.

Les deux recherches que nous venons de présenter (Kaufman et McLean, 1986; Kaufman et McLean, 1987) nous permettent d'éclairer les processus mis en jeu dans les épreuves du WISC-R. Les épreuves de l'échelle de Performance, à l'exclusion de l'épreuve de Code, sont nettement dominées par les processus simultanés. Les processus séquentiels sont, eux, surtout actifs dans l'épreuve de Mémoire de Chiffres et, dans une moindre mesure, dans l'épreuve d'Arithmétique. Le rôle modéré des processus séquentiels dans l'épreuve d'Arithmétique est surtout vrai chez les enfants souffrant de troubles d'apprentissage et dont les lacunes scolaires entravent fortement les performances dans ce domaine. Par contre, chez les sujets normaux, les acquis scolaires permettent de résoudre les items d'Arithmétique, ce qui entraîne la mise en œuvre de processus séquentiels. La nature des processus impliqués dans l'épreuve de Code est plus obscure. Il est vraisemblable que des processus tant simultanés que séquentiels interviennent dans la résolution de cette épreuve. Mais des variations sensibles semblent exister entre les sujets quant au poids respectif de ces processus. Ainsi, des modes différents de résolution de cette épreuve seraient possibles et le choix d'un de ces modes dépendrait de préférences personnelles et, peut-être, de mécanismes compensatoires. Par exemple, les enfants souffrant de troubles d'apprentissage, chez lesquels une faiblesse des processus séquentiels a souvent été décrite, pourraient compenser cette faiblesse en utilisant une stratégie de résolution dominée par les processus simultanés.

Les épreuves faisant partie de l'ensemble Compréhension Verbale font, quant à elles, appel tant aux processus séquentiels qu'aux processus simultanés. Ni l'un ni l'autre de ces processus n'apparaît comme dominant. Une première hypothèse plausible est que ces épreuves impliquent l'intervention des deux types de processus à différentes étapes du traitement de l'information. Cette hypothèse peut d'ailleurs être généralisée à toutes les épreuves du WISC-R, même celles qui sont largement déterminées par un des deux processus. Ces dernières sont en effet toujours modérément saturées par le facteur opposé. Mais une seconde hypothèse est également vraisemblable. Il est en effet possible que la saturation des épreuves tant par le facteur Processus Séquentiels que par le facteur Processus Simultanés ne fasse que refléter l'existence de deux sous-groupes au sein des échantillons d'enfants. Face à une même tâche, certains choisiraient de préférence une stratégie de résolution qui impliquerait davantage les processus simultanés, alors que les autres utiliseraient préférentiellement un traitement séquentiel de l'information pour résoudre le problème posé. Malheureusement, les données actuelles ne nous permettent pas de trancher entre les deux hypothèses proposées.

Les rares recherches comparatives entre les résultats obtenus au K-ABC et au WISC-III (Wechsler, 1996 ; Rust et Yates, 1997) ont été réalisées avec de trop petits groupes de sujets pour rendre possible une analyse factorielle. Elles permettent cependant d'observer des corrélations relativement élevées entre, d'une part, le QI Verbal et le QI de Performance et, d'autre part, les scores aux échelles Séquentielle, Simultanée et de Connaissances. Quant à la corrélation entre le QI Total et le score Processus Mentaux Composites, elle varie de 0,61 (Rust et Yates, 1997) à 0,77 (Wechsler, 1996). Ces résultats indiquent un recouvrement partiel des épreuves du WISC-III et du K-ABC, qui conservent cependant une certaine spécificité.

3.2. Les théories de la vitesse de traitement

L'observation de la matrice de corrélations entre les épreuves du WISC-III révèle que toutes ces épreuves sont corrélées positivement entre elles. Ce phénomène mérite de retenir l'attention. Pourquoi un sujet qui possède un vocabulaire étendu est-t-il généralement capable d'assembler rapidement les pièces d'un puzzle et de répéter en ordre inverse une longue série de chiffres? *A priori*, il n'y a aucune raison pour que ces différentes capacités soient liées entre elles. De telles observations ne sont pas nouvelles. Elles sont d'ailleurs à l'origine du concept de facteur *g*, proposé par Spearman au début de ce siècle pour tenter de les expliquer.

Le concept de facteur *g* est longtemps resté une coquille vide. Les psychométriciens l'utilisaient comme un joker pour expliquer les corrélations observées entre des tâches cognitives. Ce faisant, ils n'expliquaient pas grand-chose car la nature du facteur *g* restait vague et confuse. A partir du début des années 80, des auteurs comme Jensen (1982) et Vernon (1981) ont voulu comprendre ce que recouvrait effectivement le facteur *g*. Ils avancent l'hypothèse que ce facteur représente une propriété fondamentale du système nerveux : la vitesse de traitement de l'information. Selon ces auteurs, les différences d'intelligence reflètent une différence de rapidité et d'efficacité du traitement des opérations. Les modèles récents de la mémoire de travail confirment le caractère crucial de la vitesse de traitement (Jensen, 1992). L'espace disponible dans la mémoire de travail pour traiter l'information est limité. Une grande vitesse de traitement rend possible une meilleure utilisation de cet espace réduit. Un traitement rapide permet en effet de réaliser un plus grand nombre d'opérations mentales (p.e. encoder, inférer, répéter...) par unité de temps et évite de surcharger le système cognitif. L'avantage d'un traitement rapide augmente en fonction de la complexité de la tâche et de la quantité totale d'informations à gérer.

Pour vérifier l'hypothèse d'une relation entre l'intelligence et la vitesse de traitement, il est nécessaire de pouvoir évaluer cette dernière. Une mesure directe est malheureusement impossible. Les chercheurs ont, par conséquent, mis au point des tâches de laboratoire qui permettent une mesure indirecte de la vitesse de traitement via la vitesse de réalisation de performances simples. Ces mesures de laboratoires peuvent être rangées en deux grandes catégories : la mesure du temps de réaction et la mesure du temps d'inspection.

La mesure du temps de réaction utilise le paradigme de Hick (1952), adapté par Jensen (1982). Le sujet est placé devant une console au centre de laquelle se trouve un bouton. Le sujet est invité à maintenir son doigt appuyé sur ce bouton (figure 7). En arc de cercle autour du bouton central se trouvent huit autres boutons, chacun surmonté d'une petite lampe. Une des huit lampes est allumée au hasard. Le sujet doit alors lâcher le bouton central et pousser le plus rapidement possible sur le bouton correspondant à la lampe allumée. Le *temps de réaction* est la durée qui s'écoule entre le moment où la lampe s'allume et le moment où le sujet retire son doigt du bouton central. Le *temps de mouvement* correspond, lui, à la durée qui s'écoule entre le retrait du doigt du bouton central et son appui sur le bouton correspondant à la lampe allumée.

Dans la figure 7, le sujet est confronté à huit possibilités. Ce nombre de possibilités influence le temps de réaction qui est une fonction linéaire du logarithme en base deux du nombre d'alternatives (Hick, 1952). On observe que les différences inter-individuelles de temps de réaction sont corrélées négativement avec les différences de QI. Plus celui-ci est élevé, plus le temps de réaction est court, et réciproquement. Lorsque le sujet est confronté à huit alternatives, la corrélation moyenne entre le temps de réaction et le QI est de $-0,23$ (Jensen, 1987).

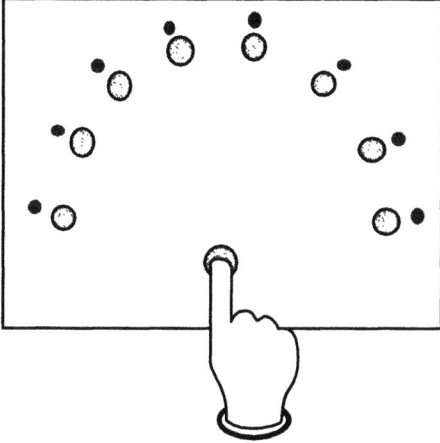

Figure 7 — Console utilisée par Jensen pour mesurer le temps de réaction.

Les études du temps de réaction ont fait l'objet de nombreuses critiques qui ont mis en question la validité des corrélations observées avec le QI. Longstreth (1984), en particulier, souligne plusieurs faiblesses méthodologiques dans les travaux de Jensen. Celui-ci confond, par exemple, le facteur de complexité et le facteur d'entraînement. Jensen fait en effet toujours varier le nombre d'alternatives en ordre ascendant. Il est dès lors possible que les différences entre sujets soient dues à leur capacité de développer des stratégies de réaction plus efficaces à l'occasion des situations expérimentales les plus simples. Longstreth fait également remarquer que l'augmentation du nombre d'alternatives va de pair avec un élargissement du champ perceptif visuel. En effet, plus il y a de lampes à surveiller, plus le champ visuel doit s'ouvrir. Interviennent alors des stratégies de contrôle visuel et de gestion de l'attention de plus en plus sophistiquées. La situation expérimentale utilisée par Jensen se révèle par conséquent beaucoup moins simple qu'il n'y paraît au premier abord. Le temps de réaction masque en fait un traitement de l'information relativement complexe. Les différences entre les sujets ne seraient pas dues aux propriétés de leur système nerveux mais à leurs capacités intellectuelles. «La corrélation entre le temps de réaction et le QI est créée par un usage intelligent de processus cognitifs communs aux tâches de temps de réaction et aux tests d'intelligence» (Anderson, 1992, p. 43).

La *mesure du temps d'inspection* a été proposée comme une alternative à la mesure du temps de réaction (Deary & Stough, 1996). Elle ne paraît pas faire intervenir les stratégies cognitives qui ont mis en question la pertinence de la mesure du temps de réaction. La situation expérimentale consiste à présenter brièvement au sujet une figure en forme de U renversé dont une des branches est plus longue que l'autre (figure 8). Après avoir observé cette figure, le sujet doit simplement dire si la branche la plus longue était à gauche ou à droite. La durée de présentation peut varier de moins de 10 millisecondes à quelques centaines de millisecondes. Le sujet répond à son rythme ; son temps de réaction n'est pas mesuré. La seule durée mesurée est le temps d'exposition de la figure. Cette durée est progressivement réduite jusqu'à ce que le sujet atteigne un seuil de réussite fixé (par exemple, 85 % de réponses correctes). Les sujets se différencient selon le temps d'exposition nécessaire pour pouvoir émettre un jugement correct. Ces différences de temps d'inspection se sont révélées corrélées avec le QI.

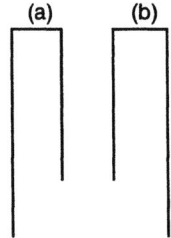

Figure 8 — Les deux stimuli utilisés pour mesurer le temps d'inspection.

Kranzler et Jensen (1989) ont réalisé une méta-analyse des travaux portant sur la relation entre le temps d'inspection et le QI. Cette méta-analyse comprend 31 études incluant 1.120 sujets au total. Kranzler et Jensen constatent qu'en moyenne, la corrélation entre le temps d'inspection et le QI est de −0,55. Cela signifie que plus le temps d'inspection nécessaire à un sujet est court, plus son QI a tendance à être élevé, et réciproquement. Plusieurs recherches ont mis en relation le temps d'inspection et les résultats au WAIS et au WAIS-R. Ainsi, Deary (1993) a analysé les résultats de 87 adultes au WAIS-R. Il observe une corrélation de −0,19 entre le temps d'inspection et le score total à l'échelle Verbale et de −0,42 entre le temps d'inspection et le score total à l'échelle de Performance.

L'observation de corrélations entre le temps d'inspection et le QI n'est pas en soi une explication. Cette liaison doit encore être interprétée.

Nous ne pouvons pas affirmer d'emblée que le temps d'inspection est une mesure de la vitesse de traitement qui, elle-même, représente le facteur g. Mackintosh (1998) exprime son scepticisme à l'égard de cette explication. Mettant en parallèle les résultats de Deary (1993) avec la saturation des différents subtests du WAIS-R par le facteur g (tableau 3), il constate en effet que les épreuves les mieux corrélées avec le temps d'inspection ne sont pas les plus saturées par le facteur g, et inversement. Selon Mackintosh (1998, p. 254) : « Si une corrélation étonnement élevée apparaît entre les tâches de temps d'inspection et les scores de QI, ce n'est pas parce que le temps d'inspection est une bonne mesure du facteur général commun à tous les tests de QI mais, probablement, parce qu'il mesure une composante particulière du QI, en l'occurrence la vitesse de perception ».

Tableau 3 — Corrélations des épreuves du WAIS-R avec le temps d'inspection et le facteur g (d'après Mackintosh, 1998).

	Temps d'inspection		Facteur g	
	corrélation	ordre	saturation	ordre
Information	-0,17	7	0,82	2
Vocabulaire	-0,22	5	0,86	1
Arithmétique	-0,15	8	0,78	5
Compréhension	-0,18	6	0,80	4
Similitudes	-0,14	9	0,81	3
Complètement d'images	-0,31	2	0,72	7
Cubes	-0,30	3	0,74	6
Assemblage d'objets	-0,26	4	0,64	8
Mémoires de chiffres	-0,33	1	0,64	8

L'interprétation de Mackintosh permet de rendre compte de corrélations du temps d'inspection nettement plus élevées avec les épreuves de l'échelle de Performance qu'avec les épreuves de l'échelle Verbal. Les résultats de Crawford, Deary, Allan et Gustafsson (1998) sont récemment venus confirmer cette interprétation. Ces auteurs ont fait passer le WAIS-R et la tâche classique de temps d'inspection à un échantillon de 134 sujets normaux. Ils observent une corrélation du temps d'inspection de –0,18 avec le score à l'échelle Verbale, de –0,35 avec le score à l'échelle de Performance et de –0,28 avec le score à l'échelle Totale. Quant aux corrélations entre le temps d'inspection et les scores aux différents subtests, elles sont similaires à celles observées par Deary (1993). Utilisant un modèle structural d'équations, Crawford *et al.* constatent que le temps d'inspection est fortement associé au facteur Organisation Perceptive, mais qu'il n'est que modestement lié au facteur *g*. Ils font toutefois remarquer que le facteur *g* mis en évidence avec le WAIS-R est biaisé en faveur des tâches verbales. L'utilisation d'autres batteries de tests pourrait donner des résultats sensiblement différents.

Que pouvons-nous conclure de ce rapide passage en revue des travaux sur le temps de réaction et le temps d'inspection ? Il est évident que les recherches menées depuis une vingtaine d'années pour tenter de démontrer que le facteur *g* peut être assimilé à la vitesse de traitement n'ont pas, à ce jour, été couronnées de succès. Les corrélations observées entre, d'une part, le QI et, d'autre part, le temps de réaction et le temps d'inspection peuvent en effet être expliqués par d'autres variables que la vitesse de traitement. Certains auteurs considèrent dès lors que les théories qui ont voulu identifier le facteur *g* à une propriété du système nerveux sont aujourd'hui dans une impasse. Ainsi, Lautrey (1996, p. 32) considère que « l'origine des différences individuelles dans les tests d'intelligence est bien d'avantage à chercher du côté des propriétés du système que forment un ensemble de processus en interaction dans le fonctionnement cognitif que dans les propriétés d'hypothétiques "Quarks" de l'intelligence ».

D'autres auteurs ne tirent toutefois pas la même conclusion. Dans les recherches sur le temps de réaction et le temps d'inspection, c'est en effet la validité des tâches utilisées qui a été mise en question, et non l'assimilation du facteur *g* à une qualité du système nerveux. Comme nous l'avons souligné plus haut, ces tâches ne sont que des mesures indirectes de propriétés élémentaires du système nerveux. Nous ne pouvons pas exclure la possibilité de trouver à l'avenir des mesures plus valides de ces propriétés élémentaires. Malgré les faiblesses des données empiriques actuelles, un auteur comme Anderson (1992) continue, par conséquent, à défendre fermement l'hypothèse selon laquelle des processus de bas niveau sous-tendraient la pensée intelligente et le phénomène psychométrique du facteur *g*. Partant de cette hypothèse, Anderson a élaboré un modèle du développement de l'intelligence dans lequel il postule l'existence d'un *mécanisme de traitement de base*, dont la vitesse diffère d'un individu à l'autre. Cette vitesse de traitement serait une caractéristique stable de l'individu tout au long de son développement. Anderson considère que le mécanisme de traitement de base est responsable de l'implémentation de la pensée, laquelle génère ensuite la connaissance. Solidement argumenté, le modèle développemental d'Anderson pourrait offrir un fondement théorique aux échelles de Wechsler. Toutefois, plusieurs de ses hypothèses demandent encore à être confirmées par des données empiriques.

CONCLUSION

Le passage en revue des théories de l'intelligence réalisé dans ce chapitre est loin d'être exhaustif. Nous n'avons pas, par exemple, abordé la théorie triarchique de l'intelligence (Sternberg, 1985) ni la théorie des intelligences multiples (Gardner, 1984). Pourtant, ces dernières théories ont fait couler beaucoup d'encre. Malheureusement, leurs implications pratiques sont restées très limitées. Aucune n'a donné le jour à de nouveaux tests d'intelligence réellement applicables; aucune n'est utilisée au quotidien par les praticiens pour analyser les performances cognitives de leurs patients. Nous avons dès lors choisi de concentrer notre propos sur des théories qui nous permettent de mieux comprendre le fondement des échelles de Wechsler et d'exploiter au mieux les informations qu'elles permettent de récolter.

A l'issue de ce tour d'horizon théorique, nous pouvons constater que, malgré leur âge, les échelles de Wechsler restent des instruments actuels. Ce constat peut surprendre. Dans un article d'évaluation du WISC-III, intitulé de manière provocante «Rocky est de retour», Sternberg (1993, p. 163) reconnaît pourtant que «les vieux tests ne sont finalement pas si mauvais. [...] Dans la mesure où l'on souhaite mesurer l'intelligence telle qu'elle est traditionnellement définie par la théorie psychométrique, le nouveau WISC est excellent. Si j'avais besoin d'une telle mesure, j'utiliserais moi-même le WISC-III». Cette reconnaissance peut étonner venant d'un auteur connu pour ses tentatives de renouvellement de la théorie de l'intelligence. Selon Sternberg, le succès constant des échelles de Wechsler peut s'expliquer, d'une part, par leur facilité d'application et d'interprétation et, d'autre part, par leurs excellentes qualités métriques. Il néglige toutefois une troisième raison de leur succès : l'incapacité des autres théories de l'intelligence de générer des tests viables sur le terrain professionnel (Huteau et Lautrey, 1999).

Pour Lautrey (1998), le secret de la longévité de tests classiques comme les échelles de Wechsler tient à la démarche pragmatique de leurs auteurs. Construits sans modèle précis du fonctionnement cognitif, ces tests ont été élaborés sur base d'une fréquentation assidue du terrain clinique. Leurs auteurs ont ainsi pu sélectionner les meilleures épreuves qui permettent d'évaluer une capacité d'adaptation cognitive générale.

Par la suite, les premiers tests d'intelligence n'ont jamais été réellement remis en question par les théories du fonctionnement cognitif qui se sont succédées sur le devant de la scène. Au contraire, les corrélations élevées régulièrement observées entre les échelles de Wechsler et des tests basés sur d'autres théories de l'intelligence nous ont progressivement permis de mieux comprendre ce que ces échelles mesurent effectivement. «S'il est exact que les premiers tests d'intelligence n'avaient pas de fondements théoriques très assurés, ils ont reçu depuis une sorte de validation théorique *a posteriori*. Ils ont permis d'établir un ensemble de faits assez robustes, dont toute théorie de l'intelligence semble dorénavant devoir être capable de rendre compte» (Lautrey, 1998, p. 88).

NOTES

[1] Ce test a été traduit en français en 1964 sur base de la troisième édition américaine (1958).
[2] Plus récemment, Guilford (1982) a augmenté à 150 le nombre de facteurs possibles en scindant le contenu figural en un contenu visuel et un contenu auditif. Il affirme avoir démontré l'existence de 105 de ces facteurs.
[3] «Le terme "intelligence" n'a jamais été défini de façon univoque et satisfaisante. L'analyse factorielle a clairement démontré qu'il n'est pas un phénomène univoque. [...] Les méthodes d'analyse multifactorielle [...] n'ont pas trouvé de facteur psychologique général au niveau des facteurs de premier ordre, et n'ont pas découvert de facteurs de second ordre qui puisse véritablement se réclamer du titre d'intelligence...» (Guilford, 1956, p. 290).
[4] La méthode Procrustéenne consiste à créer une matrice cible, de même ordre que la matrice des coefficients factoriels avant rotation. Dans cette matrice cible, les coefficients représentent des hypothèses au sujet de la relation entre variables et facteurs. Une fois construite la matrice cible, on réalise la rotation de la matrice des coefficients factoriels en veillant à minimiser la moyenne des carrés des différences entre chaque coefficient de la matrice cible et le coefficient qui lui correspond dans la nouvelle matrice des coefficients factoriels.
[5] Pour une analyse critique détaillée de ces recherches, le lecteur peut se reporter à notre article : Grégoire, J. (1991), «Les épreuves piagétiennes et les tests d'intelligence traditionnels évaluent-ils une même réalité? Revue de la littérature et tentative d'articulation», *Psychologie et de Psychométrie, 12*, 30-50.
[6] Ne s'intéressant pas aux différences inter-individuelles, Piaget n'est guère explicite sur les facteurs responsables des différences. Il parle bien des facteurs déterminant le développement cognitif mais il les envisage d'un point de vue général de psychologue généticien et non du point de vue de la psychologie différentielle. Pourtant, nous croyons que les hypothèses d'Elkind ne déforment pas sa pensée mais la prolongent de façon cohérente. En effet, on peut raisonnablement supposer que les sujets se différencient par leur capacité innée et assez stable d'adapter et d'organiser leur pensée; sans que l'adaptation et l'organisation soient les seuls facteurs de différenciation puisque, selon Piaget, le déve-

loppement de la pensée dépend également des échanges sociaux et de l'expérience (Piaget et Inhelder, 1941, p. XXV).

[7] Rappelons que, suivant l'analyse de Kaufman (1975), le facteur Attention/Concentration détermine essentiellement les épreuves d'Arithmétique, de Mémoire de Chiffres et de Code. Le facteur Organisation Perceptive détermine, lui, les épreuves de l'échelle Performance (hormis Code). Et, enfin, le facteur Compréhension Verbale détermine surtout les épreuves de l'échelle Verbale (hormis Arithmétique et Mémoire de Chiffres).

[8] Nous parlerons plus longuement des catégories de Bannatyne lorsque nous discuterons de l'utilisation du WISC-III pour le diagnostic de la dyslexie.

Chapitre 3
Les différences intergroupes et les biais socio-culturels au WISC-III

Comme pour la plupart des tests, les normes du WISC-III ont été déterminées pour l'ensemble de la population au sein de laquelle l'échelle est destinée à être appliquée. Cette manière de concevoir les normes peut laisser penser que la distribution des performances au WISC-III est identique dans tous les groupes qui composent la population d'étalonnage. En fait, ce postulat ne va pas de soi et des différences sensibles peuvent exister entre certains groupes. Des différences de grande ampleur peuvent d'ailleurs conduire les concepteurs de tests à proposer des normes spécifiques pour certains groupes.

Dans le présent chapitre, les différences intergroupes au WISC-III sont analysées en fonction du sexe et de la catégorie socio-économique. A chaque fois, les différences observées au sein de l'échantillon d'étalonnage français sont présentées et suivies d'une tentative d'interprétation. La première section est consacrée à l'analyse des performances au WISC-III en fonction de la catégorie socio-économique du chef de famille. Les différences de performance en fonction du sexe sont abordées dans la section suivante. Dans la troisième section, les différences intergroupes sont envisagées en termes de biais. Après avoir défini le concept de biais, les résultats des recherches américaines sur la validité différentielle du WISC-R et du WISC-III sont présentés de manière synthétique. La seule étude sur le fonctionnement différentiel des items de la version française du WISC-III est ensuite détaillée. Le chapitre se clôture par l'analyse critique d'une tentative de surmonter les éventuelles iniquités aux échelles de Wechsler par l'usage de normes modifiées en fonction du groupe d'appartenance des sujets testés.

1. LES DIFFÉRENCES DE QI SELON LA CATÉGORIE SOCIO-ÉCONOMIQUE

Des différences de QI en fonction de la classe sociale d'appartenance des sujets ont été observées de manière récurrente aux échelles de Wechsler et aux autres tests d'intelligence. Dans la présente section, nous analysons les différences observées dans l'échantillon d'étalonnage du WISC-III. Nous tentons ensuite de comprendre la signification de ces différences et nous en discutons les implications pour les praticiens.

Tableau 4 — Moyennes et écarts types des trois QI selon la variable Catégorie Socio-professionnelle.

Catégories socio-prof.	N	QI Total		QI Verbal		QI Performance	
		Moyenne	Ecart-type	Moyenne	Ecart-type	Moyenne	Ecart-type
1	34	99,53	13,53	98,24	14,20	101,26	14,46
2	103	97,88	14,74	97,43	15,09	98,81	14,70
3	154	109,62	15,21	110,51	14,29	106,13	16,20
4	199	104,70	14,16	104,14	14,56	104,13	13,90
5	140	99,26	14,41	100,06	14,11	98,59	14,38
6	445	96,12	13,97	96,05	14,03	97,26	14,11
7	8	89,63	13,24	97,38	15,15	84,25	14,40
8	37	93,03	11,71	91,78	11,99	95,95	12,26

Note : Les catégories socio-professionnelles sont : (1) agriculteurs exploitants; (2) artisans, commerçants, chefs d'entreprise; (3) cadres et professions intelectuelles supérieures; (4) professions intermédiaires; (5) employés; (6) ouvriers; (7) retraités; (8) autres sans activité professionnelle.

Le tableau 4 présente les moyennes et les écarts-types des QI en fonction de la catégorie socio-professionnelle du chef de famille. Si nous négligeons la catégorie 7 (retraités), dont les effectifs sont trop faibles, et la catégorie 8 (autres sans activités professionnelles), dont la composition est trop hétérogène, nous pouvons constater que ce sont les enfants d'ouvriers qui, en moyenne, obtiennent le QI Total le plus faible (96,12). Ils sont immédiatement suivis par les enfants d'artisans et de commerçants (97,88). Les enfants de cadres supérieurs obtiennent, eux, le QI Total le plus élevé (109,62). Ils sont suivis, à une certaine distance, par les enfants de cadres moyens (104,70). L'écart entre le niveau moyen le plus élevé et le niveau moyen le plus faible est donc de 13,50 points, ce qui correspond à un peu moins d'un écart-type dans la distribution des QI. Toutefois, cette différence doit être relativisée. En effet, le groupe le plus faible n'est pas très loin du QI moyen de l'ensemble de la population[1] puisqu'il ne s'en écarte que d'environ 4 points. Par contre, le groupe le plus performant se situe, en moyenne, à près de 10 points de la moyenne de la population. En fait, les groupes 1, 2, 5 et 6 ne se différencient pas entre eux de manière statistiquement significative. Par contre, le groupe 3 est significativement plus performant que tous les autres groupes au niveau du QI Total et du QI Verbal. Au niveau du QI de Performance, le score moyen du groupe 3 est significativement supérieur à celui des groupes 1, 2, 5 et 6. Par ailleurs, le groupe 4 présente, en moyenne, un QI de Performance significativement supérieur à celui des groupes 1, 2, 5 et 6, et un QI Total significativement supérieur à celui du groupe 6.

La différence entre le QI Verbal et le QI de Performance n'est statistiquement significative que dans un seul cas, celui des enfants de cadres supérieurs dont le QI Verbal est nettement supérieur au QI de Performance. Cette constatation n'est guère étonnante car un niveau verbal plus élevé que la moyenne a été fréquemment vérifié chez les enfants des classes sociales aisées (Mercy et Steelman, 1982). Par contre, pour toutes les autres catégories socio-professionnelles, la différence entre le QI Verbal et le QI de Performance est non significative.

Les QI observés au WISC-III en fonction des catégories socio-professionnelles ont une physionomie semblable à celle observée au WISC-R (Grégoire, 1992). Les QI moyens présentés par chacune des catégories socio-professionnelle et les différences entre ces QI sont, à peu de chose près, identiques. Les quelques différences entre les observations faites au WISC-III et au WISC-R sont vraisemblablement des effets d'échantillonnage.

Les différences de performance intellectuelle liées à la classe sociale ont fait couler beaucoup d'encre et sont à l'origine de nombreuses polémiques dont le caractère scientifique est souvent douteux. Il est important de souligner que les différences de QI liées au statut socio-professionnel du chef de famille ne sont que des différences relatives. Nous avons pu constater que le QI moyen des enfants d'ouvriers est proche de 100 et ne constitue certainement pas un handicap adaptatif. Par ailleurs, l'étendue de la distribution des QI est semblable chez les enfants de cadres supérieurs et chez ceux d'ouvriers. Chez les premiers, le QI le plus faible est de 62 et le plus élevé de 147. Chez les seconds, le QI le plus faible est de 48 et le plus élevé de 149. En d'autres termes, un enfant peut présenter un QI très faible ou très élevé, quelle que soit sa classe sociale.

Il n'est reste pas moins que les enfants d'ouvriers obtiennent, en moyenne, un QI inférieur de près d'un écart-type à celui des enfants de cadres supérieurs. Comment peut-on expliquer cette différence de performance intellectuelle ?

Une première explication fait référence au mode de construction des tests d'intelligence. Le contenu des tests d'intelligence reflèterait les valeurs de la classe moyenne à laquelle appartiennent les constructeurs de tests. Ils défavoriseraient par conséquent les enfants de milieu ouvrier car le contenu des items leur serait moins familier. Ces items devraient être considérés comme biaisés pour les enfants d'ouvriers. En fait, l'évaluation du biais socio-culturel des items sur base de leur contenu apparent est généralement peu valide. Les items considérés comme inéquitables sur base de l'examen de leur contenu se révèlent le plus souvent équitables sur base des analyses empiriques. Par ailleurs, il est difficile de considérer que toutes les épreuves d'un test comme le WISC-III sont marquées par les valeurs de la classe moyenne. Le contenu d'épreuves comme Cubes ou Code n'est d'évidence pas typique d'une classe sociale particulière.

Une autre explication des faibles performances de certains groupes a été récemment proposée par les psychologues sociaux. Selon Steele et Aronson (1995), lorsqu'une personne se trouve dans une situation où elle pense que son comportement risque de confirmer un stéréotype associé à son groupe d'appartenance, elle éprouve ce que ces auteurs appellent la *menace du stéréotype*. Cette menace perçue peut avoir une influence sur les pensées et les comportements de cette personne. En particulier, elle peut perturber le fonctionnement cognitif et pousser le sujet à protéger son estime de lui-même en évitant ou n'investissant pas les domaines où la menace de stéréotype est présente. Croizet et Claire (1998) ont étudié l'impact de la menace du stéréotype sur les performances intellectuelles d'étudiants en fonction de leur milieu social d'origine. Ils ont demandé à des étudiants issus soit de milieu modeste (parents ouvriers), soit de milieu favorisé (parents cadres) de répondre à un test de logique verbale. Cette épreuve était présentée soit comme un test relatif à la mémoire lexicale, soit comme un test d'intelligence verbale. Dans la première condition, les performances des étudiants issus des deux groupes sociaux se sont révélées équivalentes. Par contre, dans la seconde condition, les étudiants de milieu modeste ont produit des performances inférieures à celles des étudiants de milieu favorisé. Les étudiants de milieu modeste semblent avoir perçu une menace de réalisation du stéréotype selon lequel les enfants d'ouvriers sont moins intelligents que les autres. La perception de cette menace a vraisemblablement entraîné un parasitage du fonctionnement cognitif de ces étudiants et une dégradation de leur performance au test d'intelligence.

La menace du stéréotype peut certainement expliquer les moindres performances intellectuelles de certains sujets. Mais elle peut difficilement rendre compte de toutes les différences de QI liées à la classe sociale. La menace du stéréotype n'a sans doute pas le même impact chez les jeunes enfants que chez les étudiants. Par ailleurs, ce mécanisme peut difficilement expliquer les performances inférieures à la moyenne des enfants de commerçants et d'artisans. Il n'existe en effet pas de stéréotypes relatifs à l'intelligence des enfants issus de ces catégories socio-professionnelles.

Une autre explication possible fait référence au patrimoine génétique des sujets des différentes classes sociales. Ainsi, Herrnstein et Murray (1994) considèrent que le QI est le reflet de capacités mentales dont l'origine est en grande partie héréditaire. Ces capacités intellectuelles détermineraient la réussite professionnelle et sociale. Selon cette thèse, les enfants d'ouvriers auraient un QI inférieur à celui des enfants de cadres supérieurs parce qu'ils auraient un patrimoine génétique moins favorable. Cette différence de bagage génétique expliquerait les différences de capacité intellectuelle qui, elles-mêmes, détermineraient les différences de statut socio-économique. Le statut socio-économique serait ainsi un effet des différences intellectuelles et non la cause de celles-ci.

La thèse de Herrnstein et Murray a suscité de violentes polémiques dans les médias. D'un point de vue scientifique, que peut-on en penser ? Plusieurs recherches sur l'intelligence d'enfants adoptés apportent d'importantes nuances à cette thèse. Dumaret et Stewart (1985) ont comparé les résultats obtenus au WISC par 32 enfants nés de mères de classe ouvrière et adoptés par des parents de classe moyenne, à ceux de leurs frères ou sœurs restés avec leur mère biologique. Ils constatent que le QI Verbal moyen des premiers est de 20 points supérieur à celui des seconds (106 contre 86). Il en va de même pour le QI de Performance qui est supérieur de 8 points (111 contre 103). Ces résultats mettent en évidence une influence non négligeable des conditions éducatives, liées à la classe sociale, sur l'évolution des performances intellectuelles des enfants.

Capron et Duyme (1991) ont testé avec le WISC-R l'intelligence de 38 adolescents, âgés en moyenne de 14 ans, qui avaient tous été adoptés avant l'âge de 6 mois. Ces adolescents ont été sélectionnés avec soin pour entrer dans une des quatre catégories suivantes : (1) parents biologiques de faible statut socio-économique *versus* parents adoptifs de faible statut socio-économique ; (2) parents biologiques de faible statut socio-économique *versus* parents adoptifs de statut socio-économique élevé ; (3) parents biologiques de statut socio-économique élevé *versus* parents adoptifs de faible statut socio-économique ; (4) parents biologiques de statut socio-économique élevé *versus* parents adoptifs de statut socio-économique élevé. Chaque catégorie comprend 10 sujets, sauf la catégorie (3) qui n'en comprend que 8. Le statut socio-économique des parents est défini par leur nombre d'années d'études et par leur profession. Le tableau 5 présente le QI Total moyen observé dans chacun des quatre groupes constitués sur base du statut socio-économique des parents adoptifs et des parents biologiques.

Le plan d'adoption croisée utilisé par Capron et Duyme permet de tester l'impact du statut socio-économique des parents biologiques et de celui des parents adoptifs sur le QI d'enfants adoptés. L'influence des parents adoptifs peut être interprétée comme un effet de l'environnement sur le développement intellectuel des sujets. L'interprétation de l'influence des parents biologiques prête plus à discussion. L'explication la plus plausible est qu'il s'agit de l'impact de l'hérédité sur l'intelligence. Les analyses statistiques des résultats mettent en évidence un effet significatif tant des parents adoptifs que des parents biologiques sur le QI mesuré à l'âge de 14 ans. Ces deux effets sont indépendants. Ils se retrouvent également au niveau du QI Verbal et du QI de Performance.

Tableau 5 — QI moyen d'adolescents selon le statut socio-économique (SES) de leurs parents biologiques et de leurs parents adoptifs (Capron & Duyme, 1991, p. 334).

		Parents adoptifs	
		SES élevé	*SES faible*
Parents biologiques	*SES élevé*	119,6	107,5
	SES faible	100,6	92,4

Les résultats obtenus par Capron et Duyme démontrent clairement qu'il y a une influence des conditions socio-économiques d'éducation sur le QI mesuré à l'adolescence. Toutefois, ce constat n'exclut pas l'influence de facteurs génétiques. Sur base des données disponibles, les auteurs ne peuvent distinguer l'effet du génotype et celui des facteurs périnataux. Toutefois, il est peu probable que ces derniers facteurs puissent expliquer la totalité des différences de QI liées aux parents biologiques.

2. LES DIFFÉRENCES DE QI SELON LE SEXE

Les versions antérieures des échelles de Wechsler ont mis en évidence une légère supériorité intellectuelle des hommes par rapport aux femmes. Au WISC-R américain, les garçons obtiennent un QI Total de 1,8 point supérieur à celui des filles (Kaufman et Doppelt, 1976). Au WISC-R français, cette différence atteint 2,7 points (Grégoire, 1992). Des différences de même amplitude sont observées au WAIS-R américain (Reynolds *et al.*, 1987) et au WAIS-R français (Grégoire, non publié).

Tableau 6 — Différences de QI et d'Indices Factoriels entre garçons et filles.

		Garçons (N = 548)	Filles (N = 572)	Différence	d
QI Total	Moyenne	101,08	98,99	2,09*	0,14
	Ecart-type	14,59	15,43		
QI Verbal	Moyenne	101,40	98,73	2,67**	0,18
	Ecart-type	14,86	15,26		
QI Performance	Moyenne	100,49	99,52	0,97	0,07
	Ecart-type	14,36	15,31		
I. Compréhension verbale	Moyenne	101,24	98,89	2,35**	0,16
	Ecart-type	14,71	15,21		
I. Organisation perceptive	Moyenne	101,54	98,58	2,96**	0,20
	Ecart-type	14,65	15,10		
I. Vitesse de traitement	Moyenne	97,67	102,36	-4,69**	0,31
	Ecart-type	14,39	15,24		

Note : * = $p<.05$ et ** = $p<.01$

Comment pouvons-nous comprendre ces différences à l'avantage des hommes ? Pour donner sens à ces observations, nous devons entrer dans le détail des épreuves qui composent les échelles de Wechsler et vérifier si les différences entre hommes et femmes apparaissent dans toutes les épreuves ou seulement dans certaines de celles-ci. De nombreuses recherches ont montré que les femmes sont généralement meilleures que les hommes dans les épreuves verbales (Hyde et Lynn, 1988), alors que l'inverse est habituellement vrai pour les épreuves spatiales (Voyer *et al.*, 1995). Nous devrions, par conséquent, nous attendre à ce que les filles obtiennent un QI Verbal supérieur à celui des garçons et que les garçons obtiennent un QI de Performance supérieur à celui des filles. Lors de notre analyse des données d'étalonnage du WISC-R français (Grégoire, 1992), nous avons infirmé la première de ces deux hypothèses, les garçons se révélant significativement meilleurs que les filles du point de vue du QI Verbal (+2,1 points) comme du point de vue du QI de Performance (+2,4 points). Au WISC-III français, les résultats se révèlent encore plus étonnants (tableau 6). Les garçons ont en effet un QI Verbal significativement supérieur à celui des filles (+2,7 points); par contre, leur QI de Performance n'est pas significativement différent de celui des filles.

Comment pouvons-nous interpréter cette absence de différence significative entre les garçons et les filles au niveau du QI de Performance? Si nous regardons les différences entre garçons et filles à chacune des épreuves qui composent l'échelle de Performance (tableau 7), nous constatons que des écarts significatifs existent à toutes les épreuves. Ils sont à l'avantage des garçons dans cinq épreuves et à l'avantage des filles dans deux épreuves. Dans le premier cas, les différences, bien que significatives, sont assez réduites puisqu'elles n'excèdent pas un cinquième d'écart-type (valeur de d^2). Par contre, dans le second cas, les différences sont plus prononcées et dépassent un tiers d'écart-type dans le cas de l'épreuve de Code. Lors du calcul du QI de Performance, les différences favorables aux garçons (en Complètement d'images, Arrangement d'images, Cubes et Assemblage d'objets) sont annulées par la différence en faveur des filles à l'épreuve de Code. Le QI de Performance masque donc l'avantage des garçons par rapport aux filles dans les quatre épreuves qui font le plus appel aux aptitudes spatiales. Cet avantage apparaît par contre clairement à l'Indice Organisation Perceptive (tableau 7) qui est calculé sur base des seuls résultats à ces quatre épreuves. Nous pouvons en effet constater que le score moyen des garçons à l'indice Organisation Perceptive est significativement supérieur à celui des filles. La différence est toutefois assez faible puisqu'elle n'est que d'1/5 d'écart-type. Cette observation va dans le sens du constat de Voyer *et al.* (1995) qui remarquent dans les recherches récentes une décroissance

Tableau 7 — Différences de notes standard entre garçons et filles.

		Garçons (N = 548)	Filles (N = 572)	Différence	d
Echelle Verbale					
Information	Moyenne	10,37	9,69	0,68**	0,23
	Ecart-type	2,87	2,96		
Similitudes	Moyenne	10,08	9,97	0,11	0,04
	Ecart-type	3,03	3,00		
Arithmétique	Moyenne	10,34	9,79	0,55**	0,18
	Ecart-type	2,99	2,86		
Vocabulaire	Moyenne	10,18	9,74	0,44*	0,15
	Ecart-type	2,91	3,03		
Compréhension	Moyenne	10,17	9,81	0,36*	0,12
	Ecart-type	2,98	3,12		
Mémoire	Moyenne	9,93	9,91	0,02	0,00
	Ecart-type	3,02	3,08		
Echelle de Performance					
Compl. d'images	Moyenne	10,37	9,86	0,51**	0,17
	Ecart-type	3,03	3,05		
Code	Moyenne	9,37	10,50	-1,13**	0,38
	Ecart-type	2,97	3,10		
Arrang. d'images	Moyenne	10,21	9,65	0,56**	0,19
	Ecart-type	2,91	3,17		
Cubes	Moyenne	10,25	9,84	0,41*	0,14
	Ecart-type	3,16	3,12		
Ass. d'objets	Moyenne	10,18	9,80	0,38*	0,13
	Ecart-type	3,02	3,15		
Symboles	Moyenne	9,67	10,18	-0,51**	0,17
	Ecart-type	3,01	3,14		
Labyrinthes	Moyenne	10,34	9,67	0,67**	0,22
	Ecart-type	2,85	3,19		

Note : * = p<.05 et ** = p<.01

sensible de la différence entre les hommes et les femmes du point de vue des aptitudes spatiales.

La différence entre les hommes et les femmes est, par contre, nettement plus accentuée dans les deux épreuves, Codes et Symboles, qui constituent l'Indice Vitesse de Traitement. Elle atteint 1/3 d'écart-type à l'avantage des femmes. Les épreuves de Code et de Symboles sont toutes les deux particulièrement sensibles aux problèmes d'attention et de concentration (Schwean *et al.*, 1993). Or dans toutes les recherches sur les troubles attentionnels, ceux-ci apparaissent beaucoup plus fréquemment chez les garçons que chez les filles (American Psychiatric Association, 1994; Arnold, 1996). L'explication de cette différence n'est pas encore très claire. Mais, quoi qu'il en soit, il semble bien que les épreuves qui demandent un degré élevé de concentration favorisent les filles par rapport aux garçons.

Comment pouvons-nous interpréter l'avantage des garçons par rapport aux filles au niveau du QI Verbal? Les travaux sur les différences d'aptitude verbale entre les garçons et les filles ont longtemps montré un avantage sensible de ces dernières. Dans une méta-analyse des recherches sur cette question, Hyde et Linn (1988) chiffre cet avantage à près d'1/4 d'écart-type (d = 0,23) dans les recherches antérieures à 1973. Par contre, les mêmes auteurs constatent que, dans les recherches ultérieures, la différence entre les garçons et les filles n'a cessé de décroître pour devenir quasi nulle aujourd'hui. En toute logique, comme les données d'étalonnage du WISC-III datent de 1996, nous devrions constater une absence de différence entre les garçons et les filles du point de vue de leur QI Verbal. Ce n'est pas ce que nous observons. Toutefois, si nous regardons les résultats de plus près, nous constatons que les différences varient en intensité d'une épreuve à l'autre. La différence est non significative dans le cas de l'épreuve de Similitudes et reste très réduite dans le cas des épreuves de Compréhension (d = 0,12) et de Vocabulaire (d = 0,15). En fait, l'écart entre les garçons et les filles se marque surtout aux épreuves d'Arithmétique (d = 0,18) et d'Information (d = 0,23), qui toute deux font appel à d'autres aptitudes que la seule aptitude verbale. Par conséquent, si une différence significative existe au niveau du QI Verbal entre les garçons et les filles, elle n'est sans doute pas attribuable à une différence d'aptitude verbale. Par ailleurs, nous devons avoir conscience que, d'un point de vue pratique, cette différence n'a guère d'importance car elle est nettement inférieure à l'erreur de mesure du QI Verbal. Il n'y a donc pas lieu d'envisager, comme le proposent certains auteurs (Slater, 1998), d'utiliser des normes distinctes pour les garçons et pour les filles.

3. LES BIAIS SOCIO-CULTURELS AUX ÉCHELLES DE WECHSLER

3.1. L'évaluation intellectuelle face à la justice

Les tests d'intelligence générale, et en particulier les échelles de Wechsler, ont fait l'objet de nombreuses et souvent vives critiques concernant leur incapacité à évaluer correctement et impartialement les capacités intellectuelles des sujets appartenant aux différentes classes sociales et aux différents groupes culturels de la population pour laquelle ces tests ont été étalonnés. Ils sont accusés d'être biaisés et de favoriser certains groupes sociaux et culturels au détriment d'autres de ces groupes. Fréquemment, ces critiques sont émises, non par des spécialistes des tests, mais par des personnes, non familières avec la psychométrie, dont les motivations sont plus politiques que scientifiques. Le débat est, par conséquent, rarement marqué par la pondération et la rigueur méthodologique. Ainsi, Tort (1974), dans un ouvrage sur le QI qui fit un certain bruit au moment de sa parution, ne peut s'empêcher d'émailler son texte de jugements à l'emporte-pièce et d'affirmations idéologiques prises comme des axiomes indiscutables. Malheureusement, la rigueur de la critique n'est pas à hauteur de la violence du discours. Huteau et Lautrey (1975) ont réalisé une analyse détaillée de l'argumentation de Tort et ont souligné son caractère pseudo-scientifique : « interprétation de faits sélectionnés ou déformés, raisonnements faux sur des faits correctement rapportés, assertions invérifiables, etc. » (p. 170). Bref, l'ouvrage de Tort cherche avant tout la polémique et ses répercussions sur le terrain se sont, en fin de compte, révélées assez minces.

Aux Etats-Unis, la question du biais socio-culturel des tests intellectuels a dépassé le simple débat d'idées et a été portée devant les tribunaux. Plusieurs parents ont en effet refusé que leurs enfants soient placés dans l'enseignement pour handicapés mentaux car ils reprochaient aux psychologues d'avoir utilisé des tests biaisés et inadaptés pour évaluer les minorités socio-culturelles. Le cas « Larry P. contre Riles » a, en particulier, fait couler beaucoup d'encre (Scarr, 1978 ; Bersoff, 1984 ; Elliot, 1987 ; Sattler, 1988). Dans cette affaire, les parents de Larry P. attaquèrent le Département de l'Education de l'Etat de Californie dont un des psychologues voulait placer leur fils dans l'enseignement pour handicapés mentaux. Ils argumentèrent qu'étant de race noire, et appartenant par conséquent à une culture différente de celle des Blancs, leur fils avait été incorrectement évalué au moyen de tests intellectuels inadéquats. En octobre 1979[3], le juge R. Peckham donna tort au Département de l'Education de l'Etat de Californie car, selon lui, les tests d'intelligence standardisés « sont racialement et culturellement biaisés, ont un effet discriminatoire à l'encontre des enfants noirs et n'ont pas été validés dans le but de placer de façon quasi permanente des enfants noirs dans des classes d'éducation séparées, sans issues et stigmatisantes pour les enfants appelés handicapés mentaux éducables » (cité par Sattler, 1988, p. 778). Par conséquent, selon le juge Peckham, les tests d'intelligence violent la loi sur l'éducation des enfants handicapés (Public Law 94-142) qui précise que les tests utilisés pour l'évaluation et le placement des enfants handicapés doivent être choisis et administrés de façon à n'être ni racialement ni culturellement discriminatoires. En 1984[4], pour la même affaire, la Cour d'Appel confirma le premier jugement.

Mais tous les cas similaires n'ont pas fait l'objet d'un jugement identique. Ainsi, dans le cas «Parents in Action on Special Education contre J.P.Hannon» (7 juillet 1980)[5], le juge J. Grady, de la cour fédérale de l'Illinois, donna tort aux plaignants considérant que le WISC, le WISC-R et le Standford-Binet n'étaient biaisés ni du point de vue racial ni du point de vue culturel. Il précisa que, lorsque ces instruments sont utilisés avec d'autres critères d'évaluation, il n'y a pas lieu de voir les tests intellectuels comme étant la source de discrimination raciale. Dans le cas «Georgia State Conference of Branches of NAACP contre State of Georgia» (29 octobre 1985)[6], la Cour d'Appel arriva aux mêmes conclusions que dans le jugement précédent. Le juge considéra que les procédures d'évaluation ne représentaient pas une discrimination à l'égard des enfants noirs et que la sur-représentation de ces derniers dans les classes pour retardés mentaux éducables n'était pas un argument pertinent contre les méthodes standardisées d'évaluation.

Ainsi, la question du biais socio-culturel dans les tests intellectuels, liée au respect de l'égalité d'opportunités à laquelle a droit chaque sujet, indépendamment de sa race et de sa culture, n'a pas reçu de réponse juridique claire et définitive. Mais est-ce vraiment aux juristes de répondre à cette question ? Sattler (1988) rapporte plusieurs cas où les juges n'ont pas voulu trancher, considérant que le tribunal n'était pas le lieu approprié pour discuter de la qualité des tests et de la valeur des mesures éducatives prises sur base de leurs résultats. Nous devons en effet reconnaître que le problème du biais des tests n'est pas *stricto sensu* une question juridique mais d'abord une question psychologique. Nous allons donc essayer d'y répondre, tout particulièrement dans le cas des échelles de Wechsler. Mais pour pouvoir atteindre cet objectif, il est d'abord nécessaire de répondre à une question souvent éludée. Qu'est-ce qu'en effet un biais ?

3.2. La notion de biais dans les tests d'intelligence

Comme le constate Flaugher (1978), la définition de ce qu'est un biais dans un test n'est pas unique et définitive. Au contraire, il existe de multiples définitions de la notion de biais émises dans des univers discursifs très différents. Cette multiplicité découle de l'impact social et personnel des tests. En effet, chaque personne est un utilisateur effectif ou potentiel de tests et est susceptible de voir sa vie influencée peu ou prou par les résultats de ceux-ci. Tout individu ou groupe d'individus trouve donc légitime de donner son avis à propos des tests. Il en découle une multitude d'opinions concernant les tests. Certains y voient la source de tous les maux alors que d'autres les considèrent comme des instruments tout puissants. Dans ces conditions, la question de savoir si les tests sont biaisés ou non donne lieu à des réponses souvent confuses et marquées par les *a priori*. La confusion est d'autant plus grande que tous les intervenants ne s'accordent pas sur la définition de ce qu'est un biais.

Un reproche fréquent fait aux tests, et tout particulièrement aux tests d'intelligence, est de mettre en évidence une infériorité moyenne des résultats de certains groupes sexuels, sociaux, culturels ou raciaux par rapport à la moyenne des résultats de l'ensemble de la population dont ces groupes font partie. De cette observation, certains concluent que les tests sont biaisés parce qu'ils ne reconnaissent pas à chacun une égalité de chances. Les tests sont accusés de perpétuer la domination de certains groupes sur d'autres et d'être ainsi des instruments d'injustice sociale et culturelle.

Flaugher (1978) considère que cette critique des tests n'est généralement pas fondée. Elle repose sur le postulat que les tests d'intelligence évaluent une aptitude innée et non une compétence acquise. Les résultats des tests d'intelligence sont alors conçus comme des mesures d'une aptitude inscrite en nous dès notre conception et impossible à modifier. Pourtant, ces mêmes résultats peuvent être vus comme les reflets d'une compétence modelée par notre éducation et nos apprentissages. Si nous pensons qu'un test évalue une aptitude innée, nous adopterons une attitude fataliste face à de faibles résultats. Nous qualifierons de retardé mental le sujet qui les a obtenus et nous considérerons ne pas pouvoir faire grand chose pour cette personne. Nous l'orienterons alors vers une institution, voie de garage où elle sera parquée sans espoir. Si, par contre, nous croyons que le test évalue une compétence acquise, notre attitude sera plus positive. Nous ne considérerons plus que les performances d'un sujet comme une manifestation immuable de ses capacités. Nous les envisagerons comme le résultat d'expériences passées dont les conséquences pour l'avenir ne sont pas négligeables, mais ne sont pas inéluctables. Face à une personne dont les performances intellectuelles sont de faible niveau, nous tenterons par conséquent de modifier ses conditions d'apprentissage en proposant un cadre pédagogique adapté. Il ne s'agit plus ici d'exclure mais de réadapter. Ainsi, selon le sens que nous attribuons aux résultats d'un test intellectuel, notre évaluation du sujet et notre intervention seront fondamentalement différentes.

Comme la plupart des critiques adressées aux tests d'intelligence s'appuient sur le postulat que ces tests mesurent une aptitude innée et stable, elles perdent de leur impact dès que l'on considère les tests d'intelligence comme des instruments permettant de mesurer une compétence acquise. En effet, le constat de différences de performances moyennes entre les groupes ne débouche plus alors sur l'exclusion et l'inégalité des chances. Les différences observées sont, au contraire, comprises comme une inégalité de résultats due aux conditions du milieu, inégalité qui demande à être corrigée par des moyens appropriés. De notre point de vue, ce qui est critiquable, ce n'est pas l'existence de différences de performances entre les groupes qui composent la population, c'est le sens que nous donnons à ces différences et l'utilisation que nous en faisons. Selon nous, l'observation de différences d'efficience est inévitable car elles reflètent les différences d'avantages offerts aux individus par leur milieu. C'est l'absence de différence observée qui devrait poser problème et mettre en doute la qualité d'un test, et non l'inverse. Parce qu'ils nous permettent de mettre en évidence les différences de performances entre les divers groupes qui composent la société, les tests ont une utilité sociale. Grâce à eux, nous pouvons en effet mettre en place des stratégies de remédiation qui tentent de donner à chacun les chances d'épanouissement et de réussite les plus égales possibles. Rejeter les tests intellectuels parce qu'ils soulignent des différences revient à attaquer le messager qui apporte la mauvaise nouvelle ou à casser le thermomètre qui indique la fièvre (Flaugher, 1978, p. 672).

Bien entendu, l'opposition entre l'évaluation d'une aptitude stable et celle d'une compétence acquise est quelque peu caricaturale. Il n'y a pas plus de test d'aptitude pure que de test d'acquis pur. Les performances mesurées par les tests d'intelligence résultent de l'interaction entre des caractéristiques mentales en partie innées et en partie acquises. Nous ignorons le poids de chacune de ces deux composantes. Mais ce dont nous sommes certains, c'est que l'impact du milieu éducatif sur les performances intellectuelles est loin d'être négligeable (Capron et Duyme, 1991). Nous ne pouvons par conséquent jamais utiliser les résultats de tests intellectuels comme les indicateurs d'une pure aptitude innée.

A présent que nous avons dissipé certains malentendus concernant le sens des résultats aux tests intellectuels, nous pouvons aborder la question des biais socio-culturels de façon plus rigoureuse. Selon Reynolds et Nigl (1981, p. 177), «un test doit être considéré comme biaisé du point de vue de sa validité prédictive lorsque les conclusions tirées du résultat de ce test ne sont pas faites avec la plus petite erreur aléatoire possible ou s'il y a une erreur constante dans les inférences ou les prédictions faites à propos des membres d'un groupe particulier». Le biais, tel qu'il est ici défini, a l'avantage de pouvoir être testé. Il n'est plus une question d'opinion mais d'évaluation statistique. Il est en effet possible de déterminer des critères précis nous permettant de vérifier si un test est biaisé ou non.

Un test ne présente pas de biais socio-culturels susceptibles de remettre en cause son utilisation dans tous les groupes de la population si sa validité différentielle est satisfaisante. La validité différentielle fait référence aux différences de validité d'un test dans les divers groupes de la population pour laquelle ce test a été étalonné. Si ces différentes sont statistiquement non significatives, nous pourrons affirmer que le test en question n'est pas biaisé pour les groupes considérés. Pour évaluer si un test est biaisé, nous devons par conséquent vérifier :

1. Que sa validité prédictive est bien identique dans tous les groupes. Pour ce faire, nous vérifions s'il existe une différence significative entre les coefficients de corrélation calculés dans les deux groupes entre les résultats au test et les résultats à un critère. La même comparaison peut être faite en utilisant des droites de régressions. Dans ce cas, on calcule pour chaque groupe la droite de régression entre les résultats au test et au critère puis on compare les deux droites selon leur pente et selon leurs intersections avec les axes.

2. Que sa validité conceptuelle est semblable pour chaque groupe. Autrement dit, on vérifie si le test mesure bien les mêmes aptitudes dans tous les groupes. Pour ce faire, la méthode la plus souvent utilisée est l'analyse factorielle.

3. Que sa validité de contenu est semblable pour chaque groupe. On vérifie ici si tous les items du test sont de bonnes mesures de l'intelligence pour tous les groupes. Cette vérification a l'inconvénient d'être subjective. On se contente généralement de passer en revue tous les items et d'éliminer ceux qui paraissent inadaptés pour certains groupes. La limite de cette méthode est bien exprimée en anglais par l'expression

ironique « armchair validity » (validité en fauteuil) qui la désigne. Pour diminuer l'impact de la subjectivité du psychologue, l'examen des items est parfois réalisé par un groupe de psychologues et l'élimination des items biaisés est alors décidée sur base de l'ensemble des jugements. Mais les résultats ne semblent pas à la hauteur de l'effort fourni car les tests ainsi nettoyés des items biaisés ne donnent pas, le plus souvent, des résultats très différents de ceux obtenus avec les tests originaux (Flaugher, 1978; Sattler, 1988). Pour cette raison, d'autres chercheurs ont utilisé une méthode non subjective et strictement empirique pour analyser les items du point de vue de leur biais culturel. Cette méthode consiste à comparer les statistiques de difficultés de chaque item entre les différents groupes. Si un item se révèle particulièrement difficile dans une groupe mais pas dans les autres groupes, nous pourrons suspecter cet item d'être biaisé. Cela signifie que la difficulté de cet item est vraisemblablement influencée par des variables parasites, sans rapport avec ce que le test veut mesurer. Un tel item devra généralement être écarté.

3.3. Les échelles de Wechsler sont-elles biaisées?

Aux Etats-Unis, la « Public Law 94-142 » et le jugement rendu dans l'affaire « Larry P.contre Riles » ont stimulé de nombreuses recherches à propos des éventuels biais dont souffriraient les échelles de Wechsler. Nous allons passer en revue les résultats des recherches consacrées au WISC-R et au WISC-III, en fonction des trois catégories de validation différentielle décrites ci-dessus. Du fait de la diffusion récente du WISC-III, les études consacrées à la validité différentielle de ce test sont encore très peu nombreuses.

La plupart des études sur la validité différentielle du WISC-R et du WISC-III sont américaines et sont consacrées à la comparaison des performances des enfants blancs et des enfants noirs. Elles analysent beaucoup plus rarement les différences inter-individuelles liées au milieu socio-économique. Quelques études se sont intéressées aux différences de performance en fonction du sexe ou en fonction de l'appartenance à certains groupes ethniques minoritaires au sein de la population américaine, comme les Indiens ou les Mexicains.

Validité de contenu

La validité de contenu a fait l'objet d'intéressantes recherches qui ont clairement montré le danger d'une évaluation subjective du biais socio-culturel des items. Ainsi, Sandoval et Miille (1980) ont comparé la méthode rationnelle (subjective) et la méthode empirique (quantitative) quant à leur capacité d'apprécier les biais socio-culturels de 45 items du WISC-R. Pour ce faire, ils ont demandé à 100 étudiants (38 Noirs, 22 Hispaniques et 40 Blancs) d'évaluer si divers items du WISC-R étaient : (a) plus faciles pour les Noirs et les Hispaniques que pour les Blancs, (b) plus faciles pour les Blancs ou (c) d'égale difficulté pour tous les sujets quelle que soit leur race. Les items ont été sélectionnés sur base d'une analyse multivariée de la variance des données récoltées avec le WISC-R par Mercer et Lewis (1978). Cette analyse a permis de mettre en évidence plusieurs items significativement plus difficiles pour les Noirs que pour les Blancs, et plusieurs autres items significativement plus difficiles pour les Hispaniques que pour les Blancs. Tous les autres items sont apparus d'égale difficulté pour tous les sujets. De chacun de ces trois ensembles d'items, les auteurs ont tiré 15 items, constituant ainsi l'ensemble des items soumis aux jugements des étudiants. Les résultats de l'évaluation rationnelle se sont révélés surprenants. Les jugements des étudiants sont en effet le plus souvent opposés aux résultats de l'évaluation statistique. De plus, l'identité raciale des étudiants n'est pas apparue comme un facteur permettant d'améliorer la qualité de la sélection des items. Les auteurs en concluent que : « Ces résultats réfutent l'affirmation selon laquelle les jugements subjectifs peuvent être utilisés pour déterminer le biais des items sans l'aide d'évidences empiriques » (Sandoval et Miille, 1980, p. 252).

Cette conclusion rejoint une observation similaire faite par Miele (1979, p. 163). L'item du sous-test Compréhension : « Que dois-tu faire si un enfant plus petit que toi commence à se battre avec toi ? » avait été mis en évidence par R. William, dans un documentaire CBS sur « le mythe du QI », comme étant le type même de l'item culturellement biaisé en défaveur des Noirs. Or, constate Miele, cet item apparaît, sur l'ensemble des items du WISC-R, comme le 42e plus facile pour les enfants noirs. Par contre, il n'est que le 47e plus facile pour les enfants blancs. Autrement dit, cet item est relativement plus facile pour les Noirs que pour les Blancs sur base des résultats statistiques, ce qui est en totale opposition avec le jugement subjectif de William.

Sandoval, Zimmerman et Woo-Sam (1983) ont, eux, évalué la difficulté des items de l'échelle Verbale du WISC-R au moyen d'une méthode empirique. Ils ont étudié les résultats de quatre groupes ethniques : Anglo-américains, Noirs, Hispaniques et Bermudiens. L'analyse des résultats de chaque échantillon a été réalisée item par item pour les cinq sous-tests verbaux. Le pourcentage de sujets réussissant un item a été à chaque fois évalué. Les corrélations entre ces pourcentages ont ensuite été calculées entre les différents groupes. Ces corrélations se sont révélées très élevées. Les courbes de difficultés des items de chaque sous-test sont en effet pratiquement identiques pour les enfants blancs, noirs et hispaniques. Les résultats des enfants bermudiens se démarquent quelque peu puisque les corrélations de leurs pourcentages avec ceux des enfants des trois autres groupes oscillent entre 0,88 et 0,98. De leurs résultats, les auteurs concluent qu'« apparemment, l'ensemble des items du WISC-R parvient à faire appel à des expériences semblables et à des bases culturelles communes aux enfants du groupe majoritaire comme aux enfants des groupes minoritaires » (Sandoval et al., 1983, p. 54).

Validité prédictive

La validité prédictive a été étudiée tout particulièrement du point de vue racial. Ainsi, Reynolds et Hartlage (1979) ont comparé les performances d'adolescents blancs et d'adolescents noirs présentant tous des troubles d'apprentissage. Tous les sujets ont passé le WISC-R et les épreuves de lecture et d'arithmétique du Wide Range Achievement Test. Des droites de régression ont été calculées à partir des paires de résultats pour chaque race séparément. Ces droites ont ensuite été comparées avec la formule de Potthoff qui tient compte à la fois de la pente des droites et de leurs intersections avec les axes. Les auteurs constatent que les droites de régression des Blancs et des Noirs ne diffèrent pas significativement. Autrement dit, dans le cas présent, les résultats du WISC-R permettent une prédiction des performances de type scolaire aussi valable pour les sujets blancs que pour les sujets noirs. La validité prédictive du WISC-R est donc équivalente dans les deux groupes ethniques.

Reynolds et Nigl (1981) ont également comparé les résultats d'enfants blancs et d'enfants noirs au WISC-R et au Wide Range Achievement Test (WRAT). Tous leurs sujets présentent un niveau intellectuel normal faible ou limite. Pour chaque groupe, les corrélations ont été calculées entre les trois QI du WISC-R et les épreuves de lecture et de calcul du WRAT. Les auteurs observent qu'au seuil de.05, les 10 corrélations ne se différencient pas de manière significative dans les deux groupes. La comparaison des droites de régression aboutit à la même absence de différence significative. Les auteurs en concluent qu'il ne semble pas y avoir de biais culturel du point de vue de la validité prédictive des tests d'intelligence. « Ces résultats indiquent que les enfants noirs et les enfants blancs qui obtiennent un faible résultat aux tests d'intelligence ont la même probabilité de réussite ou d'échec dans les classes d'enseignement normal » (1981, p. 178).

Deux autres recherches aboutissent à des résultats similaires. Celle d'Oakland et Feigenbaum (1979) compare les prédictions faites à partir des performances au WISC-R d'enfants provenant de trois groupes ethniques (Blancs, Noirs et Hispaniques) et de deux classes sociales (moyenne et défavorisée). Quant à la recherche de Reschly et Reschly (1979), elle compare les prédictions faites sur base des résultats au WISC-R d'enfants de quatre groupes ethniques (Blancs, Noirs, Hispaniques et Indiens). Malheureusement, les conclusions de ces deux recherches doivent être interprétées avec prudence car les auteurs n'ont pas testé la signification statistique des différences observées entre les coefficients de corrélation des différents groupes.

La seule étude, à ce jour, sur la validité différentielle prédictive du WISC-III a été réalisée par Weiss, Prifitera et Roid (1993). Ces auteurs ont utilisé deux échantillons. Le premier était constitués de 700 sujets âgés de 6 à 16 ans représentatifs de la population américaine du point de vue du sexe, de l'origine ethnique et du niveau scolaire des parents. En plus du WISC-III, chaque sujet a passé un test d'acquis scolaire mesurant leur niveau en lecture, en écriture et en mathématiques. Les corrélations entre le QI Total au WISC-III et les scores aux trois mesures d'acquis scolaires sont présentées dans le tableau 8 pour les garçons et les filles et pour les trois groupes ethniques pris en compte. La relation au travers des groupes entre le QI et les scores d'acquis scolaires a été testée à l'aide de la formule de Pothoff. Les auteurs n'observent pas de différence significative entre les garçons et les filles, ni entre chacun des groupes ethniques du point de vue du pouvoir prédictif du QI Total. Celui-ci permet de prédire le niveau des acquis scolaires des sujets de manière équivalente, quels que soient leur sexe ou leur groupe ethnique.

Tableau 8 — **Corrélations entre le QI Total au WISC-III et les scores à trois mesures d'acquis scolaires en fonction de l'appartenance ethnique et du sexe (d'après Weiss *et al.*, 1993).**

	Blancs	*Noirs*	*Hispaniques*	*Garçons*	*Filles*
Test de lecture	0,658	0,707	0,520	0,692	0,670
Test d'écriture	0,474	0,499	0,469	0,493	0,526
Test de math	0,601	0,575	0,566	0,610	0,624

Les mêmes auteurs ont également étudié la validité différentielle prédictive du WISC-III du point de vue des résultats scolaires. Pour ce faire, ils ont utilisé un autre échantillon constitué de 1.000 sujets âgés de 6 à 16 ans. Pour chacun de ces sujets, ils ont demandé à leurs enseignants de leur attribuer une note sur 100 en lecture, en mathématiques et en langue maternelle (en l'occurrence l'anglais). Ils ont ensuite calculé les corrélations entre le QI Total au WISC-III et les notes des enseignants. Ces coefficients de corrélations sont sensiblement plus faibles que ceux calculés avec les scores à des tests d'acquis scolaires standardisés. La variabilité des évaluations réalisées par les enseignants est en effet plus grande. Toutefois, la prédiction des notes des enseignants faite sur base du QI Total au WISC-III ne diffère pas significativement selon le groupe ethnique des sujets. La seule différence qui atteigne le seuil de signification de (p<.01) apparaît entre les garçons et les filles pour les notes en langue maternelle. Par contre, en lecture et en écriture, aucune différence significative de prédiction n'est observée en fonction du sexe des enfants.

Validité conceptuelle

La validité conceptuelle a fait l'objet d'un très grand nombre de recherches utilisant l'analyse factorielle. Ainsi, Reschly (1978) a étudié les résultats au WISC-R d'un échantillon de 1.040 enfants constitué à parts égales de Blancs, de Noirs, d'Hispaniques et d'Indiens. Les matrices de corrélations de chacun de ces groupes ont été analysées selon la même méthode que celle utilisée par Kaufman (1975) pour l'échantillon d'étalonnage du WISC-R. Une analyse en facteur principal a donc été réalisée, suivie d'une rotation Varimax pour les solutions avec 2, 3 et 4 facteurs. La solution avec deux facteurs apparaît comme très semblable dans les quatre groupes. Les coefficients de congruence entre les facteurs des différents groupes sont très élevés puisqu'ils varient de 0,97 à 0,99. Cette solution bi-factorielle recouvre la division du WISC-R en Verbal et Performance, et ceci pour tous les groupes. L'utilisation des deux sous-échelles du test apparaît ainsi comme pertinente pour les différents groupes ethniques. Reschly a également évalué le poids du facteur *g* dans chacun des groupes. Pour ce faire, il a comparé les saturations du premier facteur avant rotation. Il constate que le pourcentage de variance déterminé par ce facteur est quasiment le même dans les quatre groupes. De ces résultats, Reschly conclut que le WISC-R présente une validité conceptuelle semblable quel que soit le groupe ethnique des enfants. D'après lui, cette observation est une condition nécessaire, mais non suffisante, pour que nous puissions considérer le WISC-R comme un test équitable du point de vue ethnique.

Gutkins et Reynolds (1980 et 1981) arrivent aux mêmes conclusions en utilisant les mêmes méthodes d'analyse factorielle et de comparaison de facteurs. Dans une première recherche (1980), ces auteurs comparent les performances de 142 Hispaniques et de 78 Blancs présentant tous des difficultés scolaires. La solution bi-factorielle apparaît comme très proche dans les deux groupes, les coefficients de congruence étant nettement supérieurs à 0,90. Ici aussi, dans les deux groupes ethniques, les deux facteurs coïncident parfaitement avec les échelles Verbale et de Performance. Dans une seconde recherche, Gutkins et Reynolds (1981) analysent les performances des 1.868 Blancs et des 305 Noirs de l'échantillon d'étalonnage du WISC-R. A nouveau, l'analyse factorielle permet d'extraire, dans chacun des groupes, deux facteurs quasi superposables aux échelles Verbale et de Performance. Les coefficients de congruence entre les facteurs extraits dans les deux groupes sont également très élevés.

Vance et Wallbrown (1978) se distinguent des recherches précédentes par l'utilisation d'une méthode d'analyse factorielle différente. Ils ont en effet étudié les performances au WISC-R de 150 enfants noirs souffrant de difficultés scolaires en appliquant la méthode d'analyse hiérarchique mise au point par Wherry. Les résultats mettent en évidence une congruence de la structure factorielle des enfants noirs avec celle de l'échantillon d'étalonnage du WISC-R (Wallbrown *et al.*, 1975). Toutefois, le facteur g détermine ici une moindre part de la variance. A l'opposé, les deux facteurs de groupes, qui correspondent bien aux échelles Verbale et de Performance, ont un poids beaucoup plus important. Les auteurs proposent d'expliquer ce phénomène, soit par la forte homogénéité de leur échantillon, soit par la spécificité du fonctionnement cognitif des enfants de cet échantillon, sans qu'ils puissent trancher entre les deux hypothèses sur base des seuls résultats de leur étude. Il faut toutefois remarquer que les recherches menées avec la même méthode d'analyse factorielle sur des groupes d'enfants souffrant de troubles cognitifs mettent d'habitude en évidence un facteur g plus faible que dans les groupes d'enfants normaux (Blaha et Wallbrown, 1984).

Enfin, il nous faut parler d'une recherche quelque peu excentrique par rapport aux précédentes, qui toutes s'intéressent aux différences ethniques. Dans celle-ci, Carlson, Reynolds et Gutkins (1983) étudient en effet les différences entre les performances d'enfants appartenant à des groupes socio-économiques différents. De l'échantillon d'étalonnage du WISC-R, les auteurs ont sélectionné les enfants dont les parents exercent une profession de statut socio-économique élevé (N = 922) et les enfants dont les parents exercent une profession de faible statut socio-économique (N = 782). Ils ont ainsi formé deux groupes contrastés du point de vue socio-économique dont ils étudient les matrices de corrélations calculées à partir des résultats au WISC-R. L'analyse factorielle met en évidence dans chaque groupe deux facteurs correspondant aux échelles

Verbale et de Performance. Les coefficients de congruence entre les facteurs des deux groupes sont particulièrement élevés puisqu'ils sont tous égaux à 0,99. Les auteurs concluent que «ces données indiquent un haut degré de similitude entre les catégories socio-économiques extrêmes et donnent un nouvel argument en faveur de la division par Wechsler des sous-tests du WISC-R en échelle Verbale et de Performance» (Carlson *et al.*, 1983, p. 322).

Synthèse

Les travaux sur la validité différentielle que nous venons de présenter sont quasi tous américains et concernent essentiellement le WISC-R. Sur base des résultats de ces travaux, nous pouvons considérer que le WISC-R n'est pas un test biaisé pour les principaux groupes qui composent la société américaine. Nous ne pouvons extrapoler au WISC-III les conclusions tirées sur base de recherches menées avec le WISC-R. Toutefois, étant donné la similitude de structure et la présence de nombreux items communs aux deux tests, nous pouvons penser que ce qui vaut pour le WISC-R vaut vraisemblablement pour le WISC-III. Les recherches menées par Weiss *et al.* sur le WISC-III aboutissent à des conclusions qui vont dans ce sens. Toutefois, d'autres recherches sont nécessaires pour confirmer que le WISC-III n'est pas un test biaisé pour certains groupes de la population. Il est important que certaines de ces recherches concernent la version française du WISC-III. En effet, des questions restent posées à propos de la pertinence de l'usage du WISC-III dans certains groupes qui appartiennent à la population française. Dans le point suivant de cette section, nous présentons les résultats de la seule étude relative aux éventuels biais au sein de l'adaptation française du WISC-III. Elle concerne le fonctionnement différentiel des items de l'échelle Verbale entre les sujets belges et français.

3.4. Le fonctionnement différentiel des items entre enfants belges et français

L'adaptation française du WISC-III est destinée à être utilisée non seulement en France mais également en Belgique. Vu les coûts de développement, il n'est en effet pas possible de réaliser une adaptation spécifique pour ce pays. Avant d'utiliser le WISC-III avec des enfants belges, il était nécessaire de vérifier l'absence de fonctionnement différentiel des items entre les enfants belges et français. Ce repérage des items biaisés a été réalisé avec la version expérimentale de l'échelle Verbale du WISC-III afin que les items problématiques soit écartés avant l'étalonnage (Grégoire, Penhouët et Boy, 1996).

La version expérimentale des épreuves verbales du WISC-III a été passée par un échantillon français (N = 220) et un échantillon belge (N = 120). Vu la taille modeste de ces deux échantillons, la méthode de Mantel-Haenszel a été utilisée pour repérer les items biaisés. Cette méthode est en effet la plus adaptée pour analyser le fonctionnement différentiel des items lorsque les échantillons sont relativement petits. Nous ne donnerons ici qu'une brève description de cette méthode. Les lecteurs intéressés en trouveront une présentation plus détaillée dans les articles de Holland et Thayer (1988) et de Grégoire (1995).

La méthode de Mantel-Haenszel consiste à comparer la chance de réussir un item pour les individus de deux groupes qui possèdent un même degré d'aptitude. Un item est considéré comme non biaisé si les sujets de niveau d'aptitude identique ont une chance égale de le réussir, quel que soit leur groupe d'appartenance. La première étape de la méthode de Mantel-Haenszel consiste à déterminer le niveau d'aptitude de chaque individu au sein des deux groupes. L'aptitude en question est celle mesurée par le test dont on étudie les items. Les individus des deux groupes sont ensuite pairés sur base de leur niveau d'aptitude. Dans le cas du WISC-III, les enfants belges et français ont été pairés pour chaque épreuve sur base de leur score total à l'épreuve en question. Une fois le pairage effectué, des tables de contingences ont été construites pour les différents items de l'épreuve analysée. Pour chaque item, autant de tables de contingence ont été construites que de scores possibles à l'épreuve. Par exemple, si le score total à une épreuve pouvait varier de 0 à 20, vingt-et-une tables de contingences ont été construites pour chaque item.

L'hypothèse selon laquelle un item ne présente pas de fonctionnement différentiel correspond à l'hypothèse nulle. Dans ce cas, pour tous les niveaux d'aptitude, les sujets des deux groupes ont des performances identiques à l'item en question. Cette hypothèse peut être testée au moyen du test χ^2 de Mantel-Haenszel. Sous l'hypothèse nulle, celui-ci se distribue approximativement comme χ^2 avec un degré de liberté.

A titre d'exemple, le tableau 9 présente les résultats de l'analyse du fonctionnement différentiel des 40 items de la version expérimentale de l'épreuve d'information. Seuls sont mentionnés les huit items pour lesquels le χ^2 de Mantel-Haenszel est significatif. Quatre sont à l'avantage des Belges et quatre sont à l'avantage des Français. Dans la version finale, qui comporte 30 items, quatre items biaisés ont malgré tout été conservés car d'autres critères psychométriques devaient également être pris en compte pour sélectionner les items. Deux de ces items avantagent les Belges et les deux autres avantagent les Français. Dans ces conditions, l'impact du fonctionnement différentiel de ces items est très limité. Leur influence sur le score total à l'épreuve d'information est négligeable.

Tableau 9 — **Fonctionnement différentiel des items de l'épreuve d'information entre les sujets français (N = 112) et belges (N = 120).**

Contenu	χ^2 de Mantel-Haenszel	Avantage	Décision
D'où provient la farine ?	4,97*	Belges	supprimé
Quel mois a un jour de plus tous les 4 ans ?	4,04*	Belges	conservé
Qui était Picasso ?	11,54**	Français	supprimé
Qui a écrit « Les Misérables » ?	18,18**	Français	conservé
Quel est le symbole de la paix ?	15,20**	Belges	conservé
Quel est le plus haut sommet européen ?	17,70**	Français	conservé
Qu'est-ce qu'un hiéroglyphe ?	11,52**	Français	supprimé
Quelle est la distance entre Dunkerque et Bayonne ? (pour les Belges : Ostende et Arlon)	4,64*	Belges	supprimé

*Note : * = p<.05 et ** = p<.01*

Les mêmes analyses ont été réalisées pour les autres épreuves de l'échelle Verbale. A chaque fois, les résultats ont permis, soit d'éliminer les items biaisés, soit d'effectuer un choix d'items qui limite au maximum l'influence des biais sur le score total à l'épreuve. Par conséquent, nous pouvons considérer que les épreuves de l'échelle Verbale du WISC-III sont non biaisées pour les sujets belges par rapport aux sujets français.

3.5. Comment évaluer l'intelligence des enfants de minorité ethnique ?

Nous terminons notre analyse du problème des biais socio-culturels dans les tests d'intelligence par la présentation et la discussion d'une tentative de réponse au problème de l'évaluation des minorités sociales et culturelles, le « System of Multicultural and Pluralistic Assessment » (SOMPA).

Mercer (1979) a imaginé cette méthode dans le but de répondre aux exigences de la « Public Law 94-142 » dont nous avons déjà parlé plus haut. Cette méthode combine une évaluation selon trois points de vue : le point de vue médical, le point du vue social et le point de vue « pluraliste » (pluralistic). L'évaluation médicale a pour but d'apprécier si l'enfant ne souffre d'aucun trouble organique. L'évaluation sociologique s'intéresse, elle, aux performances et à l'adaptation de l'enfant dans son groupe socio-culturel. Quant à l'évaluation pluraliste, son but est d'apprécier le potentiel d'apprentissage de l'enfant. Ces trois évaluations doivent permettre de prendre des décisions d'éducation et de placement des enfants en évitant au maximum les biais sociaux et culturels.

L'évaluation pluraliste du SOMPA se base sur les performances au WISC-R. Les items et consignes de passation n'ont pas été modifiés. Par contre, les normes sont à présent multiples. En effet, Mercer considère qu'utiliser des normes uniques pour l'ensemble de la population américaine revient à nier l'hétérogénéité de cette population et à évaluer tous les sujets par rapport à la culture dominante. L'utilisation de normes uniques est par conséquent injuste pour les sujets appartenant à des groupes culturellement minoritaires car elle aboutit à évaluer moins leurs capacités que leur conformité à la culture du groupe majoritaire. Pour Mercer, il est nécessaire qu'un enfant soit évalué en référence aux sujets qui vivent dans les mêmes conditions sociales et culturelles que lui. Pour ce faire, le psychologue doit apprécier les caractéristiques socio-culturelles du sujet sur base de la taille et de la structure de sa famille, du statut socio-économique de ses parents et de son acculturation urbaine. Les résultats bruts à ces quatre échelles sont ensuite transformés selon des normes spécifiques pour chaque groupe ethnique, à savoir les Blancs, les Noirs et les Hispaniques. Les notes obtenues sont alors introduites dans une équation de régression multiple qui permet de transformer le QI, calculé selon les normes du WISC-R, en un QI EPL (*Estimated Potential Learning*). Ce dernier QI est sensé, comme son nom l'indique, nous donner l'évaluation la plus exacte possible du véritable potentiel d'apprentissage des sujets. Concrètement, cette transformation du QI initial conduit à augmenter le QI de nombreux sujets et à diminuer, par conséquent, le nombre d'enfants étiquetés comme handicapés mentaux. Sur base des normes multiples du SOMPA, plus un sujet sera marginal par rapport à la culture dominante, plus son QI EPL sera supérieur à son QI calculé suivant les normes classiques du WISC-R.

Certains auteurs (par exemple, Kaufman, 1979, p. 17-18) ont jugé avec bienveillance le SOMPA, le considérant comme un réel progrès dans l'évaluation des minorités socio-culturelles. D'autres, par contre, se sont montrés très critiques à son propos (Johnson et Danley, 1981 ; Jirsa, 1983 ; Sattler, 1988). Ces derniers reprochent au SOMPA de ne pas permettre de meilleures prédictions que le WISC-R utilisé avec les normes classiques. Ils critiquent également le fondement même de la méthode, à savoir la sociologie de la connaissance. Nous allons examiner leurs différents arguments.

Johnson et Danley (1981) ont mené une recherche fort bien construite à propos des qualités prédictives du SOMPA et, plus particulièrement, du QI EPL. Ils ont constitué deux groupes d'enfants dont la moyenne et la dispersion des QI étaient les mêmes, selon les normes classiques du WISC-R. Les deux groupes ont été choisis afin qu'un des deux soit considéré comme socialement défavorisé sur base des échelles socio-culturelles du SOMPA. Par conséquent, les QI EPL des enfants de ce groupe ont été sensiblement augmentés par rapport à leur QI initial. Par contre, vu leur profil sociologique, le QI EPL des enfants de l'autre groupe ne diffère pas de leur QI initial. Si l'hypothèse de Mercer est correcte et que le QI EPL prédit mieux la réussite des apprentissages que ne le fait le QI calculé suivant les normes uniques, nous devrions nous attendre à observer de meilleurs apprentissages chez les enfants ayant les QI EPL les plus élevés. Pour tester cette hypothèse, les auteurs ont présenté aux enfants des deux groupes deux tâches d'apprentissage. Ces tâches ont été choisies de façon à être le moins possible marquées par la culture dominante. Johnson et Danley constatent que le QI EPL et le QI classiques sont tous les deux des prédicteurs imparfaits de la réussite des apprentissages. Les corrélations entre les deux QI et les tâches d'apprentissage sont en effet modérées (de l'ordre de 0,45). Par ailleurs, les corrélations des deux prédicteurs avec les apprentissages sont très semblables. Par conséquent, « l'évidence suggère que le WISC-R est aussi valide que le SOMPA pour prédire des performances de type scolaires évaluées par deux tâches d'apprentissage sélectionnées » (Johnson et Danley, 1981, p. 131). Sattler (1988, p. 354) fait remarquer que si le QI EPL n'est pas un meilleur prédicteur des apprentissages que le QI traditionnel, son utilisation conduit à tromper les élèves et leurs parents sur leurs chances de réussite scolaire. Il peut en découler, pour les enfants, des expériences pénibles et des frustrations dont la responsabilité pourra être imputée au psychologue qui a proposé l'orientation scolaire. Dès lors, pour Sattler, « l'utilisation du SOMPA n'est pas recommandée, étant donné sa validité inadéquate » (1988, p. 354).

Mais la validité du SOMPA n'est pas seule en cause, ses fondements conceptuels eux-mêmes peuvent être discutés. Jirsa (1983) souligne que le projet de Mercer est construit sur une sociologie de la connaissance.

Pour Mercer, en effet, connaître est essentiellement un processus social. Selon ce point de vue, toutes les formes de connaissance ont une égale valeur et sont également appropriées. Par conséquent, la culture dominante n'est dominante que parce qu'elle est celle de la majorité. Dans ces conditions, si nous souhaitons évaluer de manière équitable les compétences cognitives d'un sujet, on ne peut comparer celles-ci qu'aux compétences des sujets qui présentent le même profil socio-culturel.

La sociologie de la connaissance est en fait réductionniste. Elle affirme en effet que le fonctionnement cognitif est entièrement déterminé par les conditions sociales et culturelles d'éducation. Cette conception des fondements de la cognition est discutable. Elle ne rend pas compte de la grande variabilité des résultats aux tests intellectuels des enfants appartenant à une même classe sociale. En effet, si les différentes classes sociales se distinguent par un QI moyen parfois très différent, la variabilité des QI au sein de chaque classe est assez semblable (voir la section 1 du même chapitre).

De plus, la sociologie de la connaissance conduit au relativisme. En effet, comme toutes les conditions sociales et culturelles d'éducation se valent, toutes les formes de fonctionnement cognitif qui en découlent peuvent être considérées comme équivalentes. Or, il est faux de croire que tous les milieux fournissent un bagage d'égale valeur aux enfants qui en font partie. Comme le font remarquer Huteau et Lautrey, « l'intelligence n'est pas qu'une valeur sociale relative mais aussi une fonction psychologique » (1975, p. 186). Autrement dit, nous devons reconnaître que les conditions d'existence n'aboutissent pas à des modes de fonctionnement cognitif d'égale qualité. Certains se révèlent plus efficaces pour s'adapter à la société dans son ensemble. D'autres, par contre, sont efficaces dans un milieu restreint mais se révèlent peu efficients dans la société globale. Nier ces différences conduit à rejeter toute possibilité de remédiation et à accentuer les différences d'efficience entre les individus. En ce sens, le SOMPA apparaît comme une mauvaise solution à un vrai problème. Comme le souligne Jirsa : « Les manipulations statistiques des performances actuelles (le QI au WISC-R) peuvent réussir à éliminer certains enfants des programmes spéciaux d'éducation, mais cela ne change en rien l'enfant du point de vue de son fonctionnement effectif » (1983, p. 19).

NOTES

[1] Rappelons que le QI moyen est, en théorie, de 100 dans l'ensemble de la population. Nous pouvons constater que le QI Total moyen de l'échantillon est très proche de cette valeur théorique puisqu'il est égal à 99,84.
[2] Le d de Cohen (1988) nous renseigne sur l'amplitude d'une différence. La taille de l'effet (d) est égale à la différence entre les deux moyennes divisées par l'écart-type de la distribution de référence. Dans le cas présent, cet écart-type a été fixé à 3 par construction.
[3] Larry P. v. Riles, U.S. District Court of the Nothern District of California, n° C-71-2270, October 11, 1979.
[4] Larry P. v. Riles, Ninth Circuit Court of Appeals, n° 80-4027, January 19, 1984.
[5] Pase v. Joseph P. Hannon, U.S. District Court of the Nothern District of Illinois Eastern Division, n° 74C3586, July 7, 1980.
[6] Georgia State Conference of Branches of NAACP v. State of Georgia, Eleventh Circuit Court of Appeals, n° 84-8771, October 29, 1985.

Chapitre 4
Les propriétés métriques du WISC-III

Dans les chapitres précédents, nous avons examiné la pertinence théorique des échelles de Wechsler. Nous avons constaté que, bien que leurs principes généraux aient été définis il y a plus de 60 ans, ces échelles restent toujours d'actualité. Mais la pertinence théorique d'un test n'est pas un critère suffisant pour permettre son application. Certaines qualités métriques sont également nécessaires. Si celles-ci font défaut, les résultats recueillis au moyen du test ne seront que de peu d'utilité pour les praticiens.

Le présent chapitre est consacré à une évaluation des propriétés métriques de la version française du WISC-III. Malheureusement, les informations sur cette version sont peu nombreuses. Nous en trouvons un certain nombre dans le manuel qui est particulièrement riche de ce point de vue. Mais, en dehors de cette source d'information, les données sont rares. En France, le WISC-III n'a encore généré que peu de recherches. Pour cette raison, nous ferons, à plusieurs reprises dans ce chapitre, référence aux données obtenues avec le WISC-III américain. Nous allons successivement analyser la validité, la fiabilité, la sensibilité et l'étalonnage du WISC-III. Toutes ces informations constituent le fondement de la méthode d'interprétation des résultats au WISC-III que nous détaillons dans les chapitres 5 et 6.

1. LA VALIDITÉ

1.1. Comment évaluer la validité des échelles de Wechsler ?

Contrairement à une idée répandue, la validité n'est pas une propriété du test lui-même, mais se rapporte aux inférences faites à partir des résultats à celui-ci. Il est par conséquent incorrect de parler de la validité d'un test en général. Seules sont valides les inférences en faveur desquelles suffisamment d'arguments et de données empiriques ont pu être rassemblés. Nous ne pouvons donc pas affirmer que le WISC-III soit valide *en général*. Nous pouvons uniquement nous prononcer à propos de la validité de diverses inférences faites à partir des scores à cette échelle comme, par exemple, la prédiction de la réussite scolaire en fonction du QI ou la distinction entre différents niveaux de handicap mental. Suivant cette conception de la validité, la validation d'un test est un processus toujours continu d'accumulation de preuves. Dans la suite de ce chapitre, nous examinerons les résultats de deux types procédures de validation appliquées au WISC-III :

(1) La *validation en référence à un critère externe*. Cette procédure de validation s'appuie sur l'examen des corrélations entre les scores au test et une autre mesure prise comme critère. Ce critère est considéré comme une mesure valide de ce que le test est supposé mesurer. La validation en référence à un critère est prédictive au sens strict lorsqu'il existe un intervalle de temps entre la mesure du test et celle du critère. Mais, le plus souvent, pour des raisons de facilité et d'économie, ces deux mesures se font au même moment. Dans ce cas, nous parlerons plutôt de validation concomitante (Laveault et Grégoire, 1997). Par exemple, nous pouvons comparer les scores au WISC-III et à d'autres tests d'intelligence. Nous pouvons aussi évaluer les corrélations entre les scores au WISC-III et une mesure des performances scolaires.

(2) La *validation en référence à un concept ou un modèle théorique*. Tout instrument de mesure repose sur un concept ou un modèle théorique de la caractéristique psychologique que l'on souhaite évaluer. Ce modèle permet d'interpréter les données recueillies et de leur donner du sens. Par exemple, dans le WISC-III, plusieurs épreuves sont regroupées au sein de l'échelle Verbale. Toutes ces épreuves sont dès lors réputées mesurer une intelligence verbale. Cette interprétation des scores aux épreuves de l'échelle Verbale ne va toutefois pas de soi. Elle demande à être soutenue par des données empiriques, comme celles que nous procure l'analyse factorielle.

1.2. La validité en référence à un critère externe

Avant d'analyser les données disponibles relatives à la validité critérielle du WISC-III, rappelons que leur interprétation doit toujours respecter un principe de base. Selon ce principe, il est *a priori* peu probable d'observer une liaison étroite entre le QI global au WISC-III (et à toute échelle d'intelligence globale) et une mesure cognitive particulière. La qualité d'une prédiction dépend en effet de la correspondance entre le niveau de spécificité du prédicteur et celui du critère, c'est-à-dire le degré de recouvrement des deux caractéristiques mesurées. Les tests d'intelligence générale nous donnent une information très globale à propos des capacités des sujets. Les résultats à de tels tests ne nous permettent donc que des prédictions très générales. Si nous comparons les résultats au WISC-III à des critères de même niveau de généralité (par exemple, d'autres tests d'intelligence générale), nous pouvons nous attendre à observer des corrélations élevées. Si, par contre, nous comparons ces mêmes résultats à des critères beaucoup plus spécifiques (par exemple, un test de lecture ou de calcul), nous obtiendrons vraisemblablement des corrélations nettement plus faibles. Selon ce principe de correspondance, un test d'intelligence générale n'est habituellement pas un très bon prédicteur d'une performance cognitive particulière. Par contre, il nous permet une bonne prédiction de la capacité d'un sujet à faire preuve d'intelligence *en général*.

Données françaises

Nous possédons encore peu d'informations à propos de la validité critérielle du WISC-III français. Le manuel (Wechsler, 1996) mentionne des résultats obtenus sur de petits échantillons avec le K-ABC, le DAT et le TNO. Une synthèse des corrélations entre ces trois tests et le WISC-III est présentée dans le tableau 10.

Le WISC-III et le K-ABC (Kaufman & Kaufman, 1993) ont été administrés à un échantillon de 50 enfants âgés de 6 à 10 ans (âge médian de 8 ans 5 mois). Rappelons que le K-ABC permet de calculer les scores suivants : Processus Séquentiels, Processus Simultanés, Processus Mentaux Composites et Connaissances. Un coefficient de corrélation a été calculé entre, d'une part, chacun de ces scores et, d'autre part, le QI Total, le QI Verbal, le QI de Performance, l'Indice Compréhension Verbale (ICV), l'Indice Organisation Perceptive (IOP) et l'Indice Vitesse de Traitement (IVT).

A la lecture du tableau 10, on peut constater que les corrélations entre les scores au WISC-III et au K-ABC sont, dans l'ensemble, assez élevées. Elles indiquent un recouvrement partiel de ce que mesurent les deux instruments. Elles montrent également que les deux tests ont une certaine spécificité et que chacun mesure aussi des capacités que n'évalue pas l'autre. La corrélation de 0,77 entre le QI Total et le score Processus Mentaux Composites (égal à la somme des scores Processus Séquentiels et Processus Simultanés) est particulièrement élevée. D'évidence, ces deux mesures reflètent des caractéristiques cognitives assez proches.

Tableau 10 — Corrélations entre le WISC-III, le K-ABC, le DAT et le TNO (d'après Wechsler, 1996).

		WISC-III					
		QI T	QI V	QI P	I.C.V.	I.O.P.	I.V.T.
K-ABC							
	Processus séquentiels	0,64	0,66	0,46	0,63	0,51	0,20
	Processus simultanés	0,72	0,68	0,61	0,66	0,69	0,22
	Pr. mentaux composites	0,77	0,74	0,62	0,73	0,69	0,27
	Connaissances	0,72	0,81	0,46	0,79	0,54	0,19
DAT							
	Raisonnement verbal	0,31	0,33	0,25	0,28	0,20	-0,05
	Aptitude numérique	0,54	0,52	0,47	0,46	0,35	0,35
	Raisonnement abstrait	0,53	0,43	0,37	0,37	0,40	-0,23
TNO							
	Grammaire	0,52	0,43	0,51	0,45	0,57	0,20
	Usage	0,47	0,24	0,59	0,22	0,60	0,43

Le WISC-III et le Test Différentiel d'Aptitude (DAT) ont été administrés à un échantillon de 41 enfants âgés de 13 à 16 ans (âge médian de 15 ans 5 mois). Le DAT est constitué de trois épreuves qui évaluent le raisonnement verbal, l'aptitude numérique et le raisonnement abstrait. Le tableau 10 présente les corrélations entre ces trois épreuves et les différentes échelles du WISC-III. Ces corrélations sont modérées. Ceci n'est guère étonnant puisque le DAT évalue des aptitudes ciblées alors que les QI du WISC-III recouvrent une large gamme d'aptitudes. Toutefois, la corrélation entre le QI Verbal et le Raisonnement Verbal apparaît anormalement faible. Sur base du contenu des deux tests, une corrélation supérieure était attendue. Une étude sur un plus grand échantillon se révèle nécessaire pour vérifier la validité du coefficient de corrélation observé.

Le WISC-III et le Test de Niveau d'Orthographe (TNO) ont été administrés à un échantillon de 45 enfants âgés de 8 à 10 ans (âge médian de 9 ans 5 mois). Le TNO permet d'obtenir un score en orthographe grammaticale et un score en orthographe d'usage. Le tableau 10 présente les corrélations entre ces deux scores et les résultats aux différentes échelles du WISC-III. Ces corrélations sont modérées. Elles correspondent à celles généralement observées entre les tests d'acquis scolaires et les tests d'intelligence globale. En effet, les apprentissages scolaires ne sont que partiellement influencés par les capacités intellectuelles. D'autres variables comme la motivation, la qualité de l'enseignement et le milieu socio-culturel jouent un rôle non négligeable dans ces apprentissages.

Données américaines

Si nous souhaitons de plus amples informations à propos de la validité critérielle du WISC-III, nous devons nous reporter aux nombreuses recherches réalisées aux Etats-Unis sur ce sujet. Cette démarche n'est pas sans intérêt dans la mesure où le WISC-III américain et le WISC-III français sont construits selon la même structure et possèdent de nombreux items en commun. Leurs qualités métriques sont également assez semblables, qu'il s'agisse de la sensibilité ou de la fiabilité. Nous pouvons donc supposer que la validité de l'un doit être assez proche de la validité de l'autre. La seule réserve que nous puissions émettre à ce rapprochement concerne les populations françaises et américaines auxquelles sont appliqués les deux instruments. Il n'est pas certain que ces populations possèdent les mêmes caractéristiques du point de vue des apprentissages, du fait de différences sensibles entre les systèmes d'enseignement américains et français. Ceci peut entraîner des différences de corrélations entre les performances au test et aux divers critères. Les résultats que nous allons présenter sont donc à utiliser avec prudence.

Nous avons fait une brève recension des résultats de validation concomitante du WISC-III américain. La majorité de ces données proviennent du manuel américain. Elles sont présentées dans le tableau 11. Nous pouvons constater que les coefficients de corrélations entre le WISC-III et les différents tests d'intelligence générale (Otis-Lennon et DAS), par ailleurs validés, sont particulièrement élevés. Nous observons également que les corrélations avec un test de développement du langage comme le Peabody Picture Vocabulary Test sont, logiquement, plus fortes avec l'échelle Verbale qu'avec l'échelle de Performance. Les corrélations avec les tests d'acquis scolaires sont, quant à elles, un peu plus faibles. Ce niveau de liaison est, selon nous, tout à fait normal et n'est pas de nature à remettre en cause ni la capacité du WISC-III à mesurer l'intelligence, ni l'intérêt à utiliser cet instrument pour évaluer les enfants en difficulté scolaire.

Tableau 11 — **Corrélations entre le QI Total au WISC-III et divers tests d'acquis scolaires (d'après Zimmerman et Woo-Sam, 1997).**

	N	Lecture	Mathématique
Woodcock-Johnson-Revised Achievement Test	225	0,54	0,65
Wide Range Achievement Test-Revised	282	0,47	0,41
Wide Range Achievement Test-3	197	0,65	0,71
Wechsler Individual Achievement Test	1.527	0,57	0,78
Kaufman Test of Educational Achievement	72	0,53	0,65
Kaufman Functional Academic Skills Test	30	0,45	0,69
Differential Aptitude Scale-Achievement	27	0,58	0,54
Key Math-Revised	64	-	0,66
Moyenne	2.424	0,54	0,64

Le tableau 12 présente les corrélations entre le QI Total et les performances scolaires évaluées par les enseignants. Ces corrélations sont sensiblement plus faibles que celles observées avec les tests d'acquis scolaires. Ceci n'est guère étonnant car les procédures de passation et de cotation sont nettement plus standardisées dans le cas des tests que dans le cas des enseignants. Les évaluations des enseignants sont souvent biaisées par des facteurs indépendants des compétences réelles des enfants comme leur comportement, leur apparence physique (Leyens, 1986) ou le niveau moyen de la classe qu'ils fréquentent (Crahay, 1996). Ces facteurs peuvent conduirent à une sous-évaluation ou une surévaluation des acquis scolaires de certains enfants. Les biais dans les évaluations faites par les enseignants conduisent logiquement à des corrélations plus faibles avec le niveau intellectuel que celles observées lorsque l'on utilise des tests standardisés.

Tableau 12 — **Corrélations entre les QI au WISC-III et les résultats scolaires (d'après Wechsler, 1991).**

	Mathématiques (N = 617)	Anglais (N = 569)	Lecture (N = 397)	Orthographe (N = 220)
QI Verbal	0,35	0,36	0,44	0,28
QI Performance	0,35	0,31	0,39	0,32
QI Total	0,41	0,40	0,48	0,36

1.3. La validité conceptuelle

Le WISC-III, comme toutes les échelles de Wechsler, est organisé selon un modèle hiérarchique. Au travers du QI Total, ce test nous permet d'évaluer une compétence intellectuelle générale. Par ailleurs, le QI Verbal et le QI de Performance nous permettent d'apprécier deux modalités spécifiques de fonctionnement de l'intelligence qui correspondent au traitement de deux types d'informations, l'information verbale et l'information visuo-spatiale. Nous avons vu dans le premier chapitre que le choix d'une organisation hiérarchique opéré par Wechsler est essentiellement empirique. Ses bases théoriques sont, à l'origine, assez faibles. De nombreuses recherches ultérieures ont toutefois permis de l'étayer solidement (Vernon, Gustafsson, Carroll...).

L'organisation hiérarchique des échelles de Wechsler peut être illustrée par le schéma suivant (figure 9). Toutes les épreuves du test mesu-

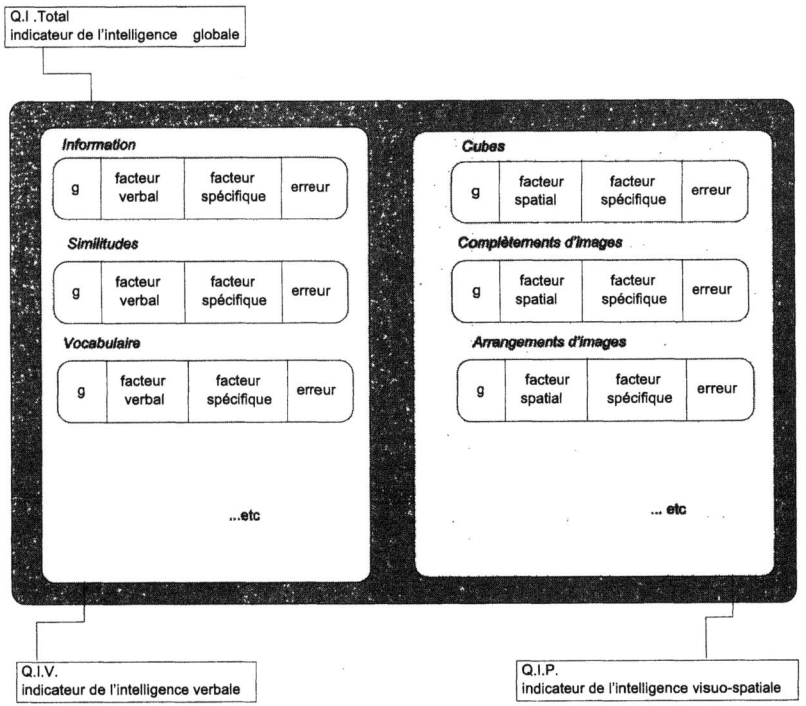

Figure 9 — Facteurs intervenant dans les différents scores au WISC-III.

rent un facteur commun, que nous appelons *g*. Ces épreuves mesurent également un facteur de groupe verbal ou visuo-spatial, et un facteur spécifique qui n'est mesuré par aucune des autres épreuves du test. Le score à une épreuve n'est pas seulement déterminé par les trois facteurs que nous venons de citer. Chaque résultat observé incorpore une inévitable erreur de mesure dont nous reparlerons dans la section 2 du présent chapitre.

Résultats des analyses factorielles

Il nous faut vérifier si le WISC-III correspond bien à la structure hiérarchique proposée par Wechsler. Cette vérification est essentielle pour valider le calcul des différents QI. L'analyse factorielle est un outil de choix pour répondre à cette question. Une première analyse a été réalisée en spécifiant un seul facteur[1]. On constate (tableau 13) que tous les subtests sont saturés par ce facteur qui explique 39 % de la variance totale. Ce résultat confirme l'existence d'une certaine communauté entre les épreuves qui justifie le calcul d'un QI Total.

Tableau 13 — Analyse factorielle de l'ensemble de l'échantillon (N = 1.120) avec un seul facteur spécifié.

Subtests	Saturations
Information	0,75
Similitudes	0,75
Arithmétique	0,69
Vocabulaire	0,78
Compréhension	0,69
Mémoire chiffres	0,47
Compl. images	0,58
Code	0,40
Arrang. images	0,63
Cubes	0,69
Assembl. objets	0,59
Symboles	0,50
Labyrinthes	0,44

Dans une deuxième analyse, deux facteurs ont été spécifiés. A la lecture du tableau 14, on peut constater que les épreuves Verbales saturent plus le premier facteur alors que les épreuves de Performance saturent plus le second facteur. Carroll (1993a) rapproche explicitement le premier facteur de Gc, c'est-à-dire de l'intelligence cristallisée qui intervient dans les tâches supposant un apprentissage antérieur (tâches marquées par la culture et l'éducation, en particulier scolaire). Par contre, le second facteur correspond plutôt à Gv, c'est-à-dire à la visualisation générale qui est une composante de l'intelligence intervenant dans les tâches demandant une structuration de l'espace. Ces résultats d'analyse factorielle confirment le bien fondé de la distinction faite par Wechsler entre les épreuves de l'échelle Verbale et celles de l'échelle de Performance, et justifient le calcul d'un QIV et d'un QIP. Mais la coïncidence n'est pas parfaite. Les subtests débordent les limites du modèle. Quasi tous mesurent en effet autre chose en plus des facteurs postulés. C'est certainement un enrichissement du spectre des aptitudes pris en compte dans le QI Total mais c'est aussi une source de complexité pour l'interprétation. Comment en effet déterminer le ou les facteur(s) déterminant(s) lorsqu'un score s'écarte notablement des autres ? Nous reviendrons plus en détail sur cette question dans les chapitres 5 et 6.

Tableau 14 — **Analyse factorielle de l'ensemble de l'échantillon (N = 1.120) avec deux facteurs spécifiés.**

Subtests	Saturations du facteur Verbal	Saturations du facteur de Performance
Information	**0,73**	0,27
Similitudes	**0,73**	0,28
Arithmétique	**0,50**	0,40
Vocabulaire	**0,86**	0,21
Compréhension	**0,70**	0,20
Mémoire chiffres	**0,33**	0,25
Compl. images	0,28	**0,49**
Code	0,11	**0,39**
Arrang. images	0,35	**0,47**
Cubes	0,26	**0,74**
Assembl. objets	0,18	**0,67**
Symboles	0,17	**0,45**
Labyrinthes	0,16	**0,41**

Le WISC-R avait permis de mettre en évidence un troisième facteur saturant particulièrement les épreuves d'Arithmétique, Code et Mémoire de Chiffres (Kaufman, 1975). Dans le but de renforcer la fiabilité de ce facteur, les concepteurs du WISC-III ont introduit un nouveau subtest, l'épreuve de Symboles. Malheureusement, les résultats ne correspondent pas à ce qui était attendu. Les recherches sur le WISC-III américain ont en effet montré que la meilleure solution factorielle comprend quatre facteurs. Cette solution s'est révélée relativement stable au travers des groupes d'âge de l'échantillon d'étalonnage américain (Wechsler, 1991, p. 192-193). Un premier facteur (*Compréhension Verbale*) sature les épreuves d'Information, de Similitudes, de Vocabulaire et de Compréhension. Un second facteur (*Organisation Perceptive*) sature les épreuves de Complètement d'Images, d'Arrangement d'Images, de Cubes, d'Assemblage d'Objets et de Labyrinthes. Un troisième facteur (*Attention/Concentration*) sature les épreuves d'Arithmétique et de Mémoire de Chiffres. Enfin, un quatrième facteur (*Vitesse de Traitement*) sature les épreuves de Code et de Symboles. Cette solution avec quatre facteurs a été retrouvée en analysant les données de l'échantillon d'étalonnage américain selon différentes méthodes d'analyse factorielle (Blaha et Wallbrown, 1996 ; Keith et Witta, 1997). Elle s'est également révélée adéquate pour d'autres échantillons de sujets tout-venant (Roid, Prifitera et Weiss, 1993) ou pathologiques (Tupa, Wright et Fristad, 1997).

Certains auteurs ont pourtant mis en question la pertinence de cette solution (Kamphaus, Benson, Hutchinson et Platt, 1994 ; Keith et Witta, 1997). Pour comprendre leurs arguments, il est nécessaire de rappeler que le choix d'une solution factorielle reste en partie subjective. L'analyse factorielle nous permet de rejeter, sur base de critères purement statistiques, certaines solutions incompatibles avec les données analysées. Par contre, lorsque plusieurs solutions sont compatibles avec ces données, cette technique statistique ne nous permet pas de choisir de manière indiscutable la plus adéquate. Généralement, les chercheurs tendent à choisir la solution qui explique le pourcentage le plus élevé de variance. Mais il faut avoir conscience que les solutions qui comportent beaucoup de facteurs expliquent toujours plus de variance que les solutions plus économiques. Un équilibre doit être trouvé entre le souhait d'expliquer le plus de variance possible et celui de trouver la solution la plus simple possible (principe de parcimonie). Plusieurs indicateurs sont utilisés pour tenter d'atteindre cet équilibre, mais le critère le plus important reste la signification psychologique des facteurs mis en évidence. Il ne sert à rien de proposer une solution avec 4 ou 5 facteurs si nous ne pouvons déterminer à quoi correspondent ces facteurs au sein du fonctionnement cognitif d'une personne, ni l'intérêt des Indices factoriels pour l'examen clinique.

C'est sur ce point que certains chercheurs ont mis en question la solution avec quatre facteurs proposée pour le WISC-III américain. Kamphaus *et al.* (1994) reconnaissent que les facteurs Compréhension Verbale et Organisation Perceptive ne posent guère de problème d'interprétation. Par contre, la signification des facteurs Attention/Concentration et Vitesse de Traitement leur paraît beaucoup plus floue. Ils soulignent que le facteur Vitesse de Traitement est faiblement corrélé avec les performances scolaires et les autres mesures cognitives (voir tableau 10), ce qui met en question son intérêt clinique. Anastopoulos, Spisto et Maher (1994), quant à eux, considèrent que l'utilité diagnostique du facteur Attention/Concentration est limitée. Un pourcentage important d'enfants souffrant de troubles attentionnels n'obtiennent pas un score à l'Indice Attention/Concentration significativement inférieur aux autres scores factoriels. Keith et Witta (1997) vont plus loin et jugent la dénomination du facteur Attention/Concentration inadéquate. Selon eux, ce qui unit les épreuves d'Arithmétique et de Mémoire de Chiffres est la capacité de manipuler mentalement des données numériques. Ils proposent, par conséquent, d'appeler ce facteur « Raisonnement Quantitatif ». Cette proposition est fermement soutenue par Carroll (1997).

Tableau 15 — **Saturations factorielles pour la solution à trois facteurs (N = 1.120).**

	Saturations factorielles			
Subtests	*Facteur 1*	*Facteur 2*	*Facteur 3*	*Indices factoriels*
Information	**0,73**	0,26	0,10	Comp. verbale
Similitudes	**0,73**	0,29	0,07	Comp. verbale
Arithmétique	**0,50**	0,34	0,20	-
Vocabulaire	**0,85**	0,19	0,12	Comp. verbale
Compréhension	**0,69**	0,19	0,09	Comp. verbale
Mémoire chiffres	**0,33**	0,19	0,19	-
Compl. images	0,28	**0,51**	0,07	Org. Perceptive
Arrang. images	0,34	**0,45**	0,17	Org. Perceptive
Cubes	0,25	**0,70**	0,23	Org. Perceptive
Assembl. objets	0,16	**0,70**	0,13	Org. Perceptive
Labyrinthes	0,16	**0,35**	0,19	-
Code	0,08	0,14	**0,75**	Vit. de traitement
Symboles	0,16	0,24	**0,61**	Vit. de traitement

Les données de l'échantillon d'étalonnage français du WISC-III n'ont pas permis de retrouver la même structure factorielle que celle mise en évidence avec le WISC-III américain. Le quatrième facteur ne sature significativement que Mémoire de Chiffres, alors qu'Arithmétique est nettement plus saturé par le facteur Compréhension Verbale. Par ailleurs, les regroupements d'épreuves en quatre facteurs sont très instables selon les groupes d'âge. Pour la version française du WISC-III, la solution avec trois facteurs se révèle plus adéquate. Les deux premiers facteurs (Compréhension Verbale et Organisation Perceptive) sont identiques à ceux mis en évidence par Kaufman (1975) avec le WISC-R. Par contre, le troisième facteur est différent de celui identifié par Kaufman, lequel regroupait les subtests Arithmétique, Mémoire de Chiffres et Code. Dans le WISC-III, le troisième facteur sature uniquement le subtest Code et le nouveau subtest Symboles. Ce troisième facteur correspond au facteur Vitesse de Traitement mis en évidence avec le WISC-III. Pour cette raison, la dénomination Vitesse de Traitement a été conservée pour la version française, même si elle n'est pas sans poser question.

La tableau 15 présente les saturations des différentes épreuves par chacun des trois facteurs. Les épreuves les plus saturées par un facteur ont été sélectionnées pour faire partie d'un des trois Indices factoriels qui peuvent être calculés en plus des trois QI. Le facteur Compréhension Verbale comprend les subtests Information, Similitudes, Vocabulaire et Compréhension. Le facteur Organisation Perceptive comprend, lui, les subtests Complètement d'Images, Arrangement d'Images, Cubes et Assemblage d'Objets. Chaque score factoriel peut être comparé à des normes déterminées pour chaque groupe d'âge (Wechsler, 1996). Tout comme les QI, les Indices factoriels ont une moyenne de 100 et l'écart-type de 15.

Quel est l'intérêt de ces Indices factoriels dans la pratique clinique ? Les Indices Compréhension Verbale et Organisation Perceptive sont des mesures plus homogènes que le QI Verbal et le QI de Performance. Ils n'incluent en effet que des épreuves fortement saturées par le facteur en question. Leur interprétation est, dès lors, plus simple que celles des QI dont la composition est plus hétérogène. L'Indice Compréhension Verbale est une bonne mesure de l'intelligence verbale, alors que l'Indice Organisation Perceptive est une bonne mesure de l'intelligence visuo-spatiale. Par contre, l'intérêt de l'Indice Vitesse de Traitement paraît plus limité. Composé de seulement deux épreuves, sa fiabilité est sensiblement moins bonne que celle des autres Indices. Par ailleurs, dans le tableau 10, nous avons vu que les corrélations entre cet Indice et d'autres mesures cognitives sont généralement faibles. De quoi cet Indice est-il le témoin ? Sa dénomination Vitesse de Traitement est sans doute trompeuse. D'autres épreuves du WISC-III demandent, elles aussi, de traiter des problèmes rapidement. Par ailleurs, les épreuves de Code et de Symboles, qui composent l'Indice Vitesse de Traitement, font toutes deux appel à l'analyse visuelle de symboles et au contrôle graphomoteur. Un faible résultat à ces épreuves pourrait être dû au déficit d'une de ces deux procédures, et non à une lenteur générale du traitement de l'information. Les praticiens doivent, par conséquent, rester prudents dans leur interprétation de l'Indice Vitesse de Traitement.

Spécificité des épreuves du WISC-III

Pour chaque subtest, une partie de la variance fiable est partagée avec d'autres subtests. En d'autres termes, chaque subtest mesure une caractéristique cognitive qui est également mesurée par d'autres subtests. Mais il mesure aussi certains aspects du fonctionnement cognitif qui lui sont spécifiques et qui ne peuvent être assimilés à l'erreur de mesure. C'est l'existence de cette spécificité qui nous autorise à interpréter les résultats à un subtest indépendamment des résultats aux autres subtests (Kamphaus et Platt, 1992).

Tableau 16 — Spécificité des différentes épreuves du WISC-III.

Subtest	Variance spécifique	Erreur	Interprétation
information	24 %	21 %	limitée
similitudes	25 %	20 %	adéquate
arithmétique	36 %	24 %	adéquate
vocabulaire	19 %	16 %	limitée
compréhension	31 %	21 %	adéquate
mémoire	64 %	17 %	adéquate
compléments d'images	40 %	30 %	adéquate
code	47 %	24 %	adéquate
arrang. images	45 %	23 %	adéquate
cubes	37 %	16 %	adéquate
assemblages d'objets	25 %	36 %	inadéquate
symboles	39 %	28 %	adéquate
labyrinthes	47 %	36 %	adéquate

Pour déterminer la variance spécifique d'un subtest, il nous faut d'abord estimer la variance qu'il partage avec les autres subtests en calculant le carré de la corrélation multiple (Kaufman, 1979). Cette variance partagée est alors soustraite du coefficient de fiabilité du subtest, lequel représente la variance fiable totale de ce subtest. On obtient ainsi la variance spécifique du subtest. Pour qu'un subtest mérite d'être interprété de manière spécifique, sa variance spécifique doit être suffisamment élevée et supérieure au pourcentage d'erreur intervenant dans la variance totale du subtest. Dans le tableau 16, nous présentons ces informations pour chaque subtest et les conséquences pour l'interprétation. Dans certains cas, l'intérêt d'une interprétation spécifique est nulle ou très limitée. Il convient alors d'interpréter ces subtests en tenant compte de ses covariations avec d'autres subtests. Dans d'autres cas, une interprétation spécifique peut avoir un sens. Elle ne doit cependant pas être systématique car la plus grande part de la variance étant partagée, il est fort probable que le phénomène observé à un subtest se manifeste dans d'autres subtests. Soulignons toutefois la très importante variance spécifique de l'épreuve de Mémoire de Chiffres qui permet une fluctuation des résultats à cette épreuve largement indépendante des résultats aux autres épreuves.

2. LA FIABILITÉ

Nous utilisons le terme de fiabilité plutôt que celui de fidélité, pourtant plus courant dans les manuels de tests français. Ce dernier terme a en effet l'inconvénient d'évoquer uniquement l'idée de stabilité de la mesure dans le temps. La fiabilité[2] est une notion plus large qui englobe celle de fidélité. La fiabilité d'un test est « la proportion de la variance des scores observés qui est imputable aux scores vrais » (Laveault et Grégoire, 1997, p. 138). Un score vrai correspond à la mesure d'une aptitude ou d'un trait sans la moindre erreur. Un test nous permettrait d'enregistrer le score vrai des sujets s'il était parfaitement fiable. Malheureusement, un tel test n'existe pas. Les scores observés sont toujours entachés d'une erreur de mesure et ne sont, dès lors, qu'une approximation des scores vrais. L'erreur dont il est ici question est purement aléatoire et varie d'un testing à l'autre. Parfois, elle favorise le sujet. Son score observé est alors supérieur à son score vrai. Parfois, au contraire, l'erreur conduit à une sous-estimation du score vrai du sujet.

Plus les scores observés sont proches des scores vrais, plus la fiabilité d'un test est grande, et inversement. Les diverses méthodes permettant d'obtenir un coefficient de fiabilité visent toutes à évaluer la proportion de la variance totale due à l'erreur. Plus le coefficient de fiabilité est proche de 1, plus un test pourra être considéré comme fiable. Dans ce cas, nous pourrons avoir confiance dans les scores observés et les considérer comme de bonnes estimations des scores vrais. Inversement, plus le coefficient de fiabilité est proche de 0, plus les scores observés seront entachés d'erreur et devront être considérés comme des mesures peu fiables des scores vrais. Aucune des méthodes de calcul des coefficients de fiabilité n'est parfaite, au sens où elles nous donneraient une information indiscutable et définitive. Souvent, le choix de la méthode dépend du type de test et du temps que peut y consacrer le psychométricien.

Pour le WISC-III français, les coefficients de fiabilité des trois QI et de chacune des épreuves ont été calculés selon la méthode de bissection («split-half») et corrigés par la formule de Spearman-Brown. Les coefficients de fiabilité des épreuves de Code et de Mémoire n'ont pu être calculés selon la méthode de bissection, la première étant une épreuve de vitesse et la seconde étant constituée de deux subtests distincts. Pour ces épreuves, les coefficients ont été évalués selon la méthode test/retest sur les résultats de 180 sujets. Les coefficients moyens pour les 11 groupes d'âge sont de 0,95 pour le QI Total, de 0,94 pour le QI Verbal, de 0,89 pour le QI de Performance, de 0,94 pour l'Indice Compréhension Verbale, de 0,88 pour l'Indice Organisation Perceptive et de 0,82 pour l'Indice Vitesse de Traitement. Les coefficients de fiabilité des épreuves de l'échelle Verbale varient de 0,79 à 0,84. Dans l'ensemble, toutes ces valeurs sont très proches de celles du WISC-III américain et sont tout aussi satisfaisantes. En particulier, les trois QI atteignent des niveaux de fiabilité peu souvent rencontrés dans les tests francophones.

Les coefficients de fiabilité nous procurent une information générale sur la confiance à accorder aux mesures d'un test donné. Pour le praticien, il est cependant souvent plus utile de connaître l'erreur standard de mesure qui est une valeur dérivée du coefficient de fiabilité. L'erreur standard nous informe de l'approximation d'une mesure quelconque. Elle permet de construire un intervalle autour du score observé à l'intérieur duquel il est très probable que se trouve le score vrai du sujet évalué. L'étendue de cet intervalle de confiance dépend du risque d'erreur que le praticien est prêt à accepter. On s'accorde généralement pour considérer qu'un intervalle de confiance incluant 90 % des résultats possibles est approprié pour la plupart des évaluations (Kaufman, 1979, p. 21).

Le manuel français (Wechsler, 1996) renseigne, pour chaque groupe d'âge, l'erreur standard de mesure de chaque épreuve et de chaque QI. Sur base des valeurs calculées pour les 11 groupes d'âge, l'erreur standard de mesure est, en moyenne, de 3,54 points pour le QI Total, de

3,85 points pour le QI Verbal et de 5,02 points pour le QI de Performance. Désirant un niveau de confiance de 90 %, nous avons calculé[3], à partir de ces valeurs, un intervalle de confiance autour de chacun des trois quotients. Pour le QI Total, cet intervalle est de + et – 5,8 points autour de la note obtenue. Pour le QI Verbal, l'intervalle est également de + et – 6,4 points; tandis que pour le QI de Performance, il est de + et – 8,3 points. Ces trois valeurs sont utiles pour l'interprétation des résultats car elles permettent de nuancer les scores observés. Si, par exemple, un sujet a obtenu un QI Total de 96 (son score observé), il y a 90 % de chance que son véritable niveau intellectuel (son score vrai) se situe dans l'intervalle de confiance qui s'étend de 90,2 à 101,8. Nous pouvons arrondir ces deux valeurs et noter l'intervalle de confiance [90-102]. En fait, le score observé n'est que l'un des résultats que le sujet aurait pu obtenir lors d'une passation quelconque du test. Lors d'une passation ultérieure, le QI Total du même sujet sera vraisemblablement différent, mais il est très probable qu'il sera inclus dans l'intervalle de confiance [90-102]. Dans la pratique courante, il est important de tenir compte de l'imprécision du score observé due à l'erreur de mesure et de situer le résultat du sujet au sein d'un intervalle de confiance. L'usage de cet intervalle permet au praticien de se dégager de l'illusion du score observé trop souvent considéré comme un score vrai.

Du point de vue de la théorie classique des tests (Lord et Novik, 1968), la manière de calculer l'intervalle de confiance que nous venons de présenter n'est pas la plus rigoureuse. Une autre procédure pour déterminer l'intervalle de confiance est généralement recommandée. Elle consiste à centrer l'intervalle non plus sur le score observé mais sur une estimation du score vrai. L'estimation du score vrai prend en compte la tendance des scores extrêmes, faibles ou élevés, à présenter une erreur plus importante que les scores proches de la moyenne. Il s'en suit un phénomène de régression vers la moyenne[4] des estimations des scores vrais. Ces estimations se trouvent toujours plus près de la moyenne que les scores observés. L'estimation du score vrai se calcule selon la formule $V = M+r(X-M)$. Dans cette formule, M est le score moyen de la population, r est le coefficient de fiabilité du test et X est le score observé. Dans le cas du QI Total, par exemple, M est égal à 100 et $r = 0,95$. Par conséquent, si le score d'un sujet est de 96, son score vrai estimé sera égal à 96,2.

Si nous centrons l'intervalle de confiance autour de l'estimation du score vrai, l'erreur-type de mesure, appelée dans ce cas *erreur-type d'estimation* (Lord et Novik, 1968), doit être calculée selon la formule [S (1-r)$^{1/2}$ r] (Glutting *et al.*, 1987). Dans cette formule, S est égal à l'écart-type de la distribution des scores au sein de la population et r est le coefficient de fiabilité du test. Dans le cas du QI Total, l'erreur-type d'estimation est égale à 3,2. Si nous voulons construire un intervalle de confiance de 90 %, il nous faut multiplier cette valeur par 1,65 ce qui nous donne 5,3. L'intervalle de confiance de 90 % pour une estimation du score vrai de 96,2 s'étendra, par conséquent, de 90,9 à 101,5. Nous pouvons arrondir ces deux valeurs et noter l'intervalle [91-102]. Cet intervalle est très proche de celui que nous avons obtenu plus haut en appliquant la méthode classique centrée sur la note observée. En fait, les QI et les Indices factoriels étant très fiables, les différences entre les intervalles obtenus par les deux méthodes sont généralement minimes. Elles sont plus marquées aux deux extrémités de l'échelle car l'estimation du score vrai s'écarte alors de manière plus sensible du score observé pour régresser vers la moyenne. Par conséquent, l'intervalle de confiance centré sur le score vrai apparaît asymétrique par rapport au score observé. Prenons l'exemple d'un QI Total de 125. Selon la méthode classique, l'intervalle de confiance de 90 % est [119-131]. Par contre, l'intervalle centré sur l'estimation du score vrai (égal à 123,8) est [118-129]. L'asymétrie de cet intervalle par rapport au score de 125 apparaît nettement.

Dans la pratique clinique, l'intervalle de confiance centré sur l'estimation du score vrai et calculé à partir de l'erreur-type d'estimation devrait être préféré à celui centré sur le score observé et calculé à partir de l'erreur-type de mesure. La première procédure est en effet plus rigoureuse et plus précise que la seconde. Les valeurs pour les intervalles de 90 % et 95 % déterminées selon cette procédure sont données dans le manuel pour chaque valeur de QI (Wechsler, 1996, p. 251-257). Toutefois, les intervalles calculés selon la méthode classique ne sont guère différents si le QI du sujet est proche de la moyenne.

L'erreur-type de mesure intervient également lors de l'évaluation de la différence entre le QI Verbal et le QI de Performance. Ces deux mesures étant entachées d'erreur, il est important d'en tenir compte lorsque nous interprétons leur différence. Lorsque cette différence est réduite, il est probable qu'elle ne soit due qu'aux erreurs de mesure des deux QI. Au contraire, plus cette différence est grande, plus il est probable qu'elle soit le reflet d'une différence réelle entre deux composantes du fonctionnement intellectuel. Généralement, un risque de 5 % est considéré comme acceptable dans la pratique courante. Cela signifie que l'on ne prend en compte que les différences qui ont moins de 5 % de chance d'être dues au hasard. Dans le cas du WISC-III, au seuil de 5 %, la différence entre le QI Verbal et le QI de Performance doit être de 12 points ou plus pour que nous la considérions comme significative. Une différence inférieure à cette valeur sera considérée comme résultant probablement des erreurs de mesure des deux QI et sera, dès lors, négligée. Seules les différences significatives feront l'objet d'une interprétation psychologique. Le manuel (Wechsler, 1996, p. 261) renseigne des valeurs de référence pour chaque groupe d'âge. Selon nous, les légères différences de valeurs observées d'un âge à l'autre n'ont pas de signification génétique et ne sont que le reflet de variation dans l'échantillonnage des groupes d'âge. La valeur de 12 points calculée sur l'ensemble de l'échantillon (N = 1.120) nous paraît plus robuste et devrait être utilisée de manière systématique, quel que soit l'âge des sujets.

Nous reviendrons plus loin, dans les chapitres 5 et 6, sur les différentes valeurs que nous venons de présenter. Elles sont en effet à la base d'une interprétation rigoureuse des résultats au WISC-III.

3. LA SENSIBILITÉ

La sensibilité d'un test représente sa finesse discriminative, c'est-à-dire sa capacité à différencier les sujets entre eux. La sensibilité dépend en partie de la graduation des normes choisie par le constructeur. Celui-ci peut considérer qu'une discrimination fine n'est pas nécessaire et exprimer par conséquent les normes en quartiles ou en déciles. Il peut, au contraire, vouloir distinguer les sujets avec plus de précision. Il choisira alors d'exprimer les normes, par exemple, en centiles ou en scores T. Dans le cas du WISC-III, les normes des trois quotients sont présentées sous forme d'une échelle continue de moyenne 100 et d'écart-type 15. Les normes aux subtests sont, elles, exprimées sous la forme d'une échelle normalisée en 19 classes de moyenne 10 et d'écart-type 3. En théorie, le WISC-III permet une discrimination assez fine, surtout au niveau du QI Total, dont la graduation s'étend de 40 à 160.

En pratique, le WISC-III, comme beaucoup d'autres tests, est moins sensible aux deux extrémités des échelles de QI. En effet, ce test se veut avant tout « généraliste », adapté à l'évaluation des sujets tant normaux que handicapés ou surdoués. Pour ne pas alourdir les épreuves, le constructeur a surtout inclus des items permettant d'évaluer des sujets se situant dans l'intervalle de + et – 2 écarts-types autour de la moyenne (ce qui équivaut à des quotients allant de 70 à 130). Les items permettant d'évaluer les sujets situés à l'extérieur de cet intervalle sont proportionnellement moins nombreux. Toutefois, par rapport au WISC-R, des items plus faciles et d'autres plus difficiles ont été ajoutés à plusieurs épreuves du WISC-III, ce qui élargit leur spectre de discrimination. Dès lors, le WISC-III permet une discrimination satisfaisante des sujets dont le QI peut aller de 45 à 155. Cet intervalle, qui correspond à + et − 3 écarts-types autour de la moyenne, inclut 99,7 % de la population. Par conséquent, le WISC-III n'est susceptible de poser de problème de discrimination que pour moins de 0,3 % de la population, c'est-à-dire pour des sujets souffrant d'un handicap mental grave (QI inférieur à 45) ou manifestant une intelligence exceptionnelle (QI supérieur à 155). Ce problème est surtout perceptible lors de l'évaluation d'enfants de moins de 7 ans souffrant d'un handicap mental modéré ou grave. Plusieurs subtests n'incluent aucun item susceptible d'être réussi par ces sujets. Cette situation conduit, pour certaines épreuves, à attribuer une note standard relativement élevée à des sujets qui ne réussissent aucun item[5]. Nous sommes alors conduit à regrouper sur une même note un grand nombre de sujets que nous sommes incapables de discriminer. Cette difficulté de discrimination peut être gênante lorsqu'il est question de l'orientation et de la prise en charge thérapeutique d'un sujet. Ce problème ne doit cependant pas être exagéré car il ne concerne qu'un très petit nombre de personnes. Pour ceux-ci, des méthodes d'évaluation alternatives existent. Par exemple, pour les sujets handicapés mentaux de moins de 7 ans, le WPPSI-R est généralement un instrument mieux adapté que le WISC-III car il comporte des items plus faciles et permet, dès lors, une appréciation plus fine de l'intelligence de ces sujets.

4. L'ÉTALONNAGE

4.1. L'échantillon d'étalonnage

L'étalonnage du WISC-III a été réalisé sur un échantillon de 1.120 sujets âgés de 6 ans 1/2 à 16 ans 1/2. Cet échantillon a été constitué en respectant la distribution des variables suivantes au sein de la population française : le sexe, la catégorie socio-professionnelle du chef de famille, la densité démographique et le niveau scolaire. Le pourcentage de sujets au sein de chacune des strates ainsi constituées a été déterminé sur base du Recensement général de la population française de 1990 et des données du Ministère de l'Education nationale.

Les sujets sont répartis en onze groupes d'âge. Chaque groupe comprend 100 sujets (parfois un peu plus). Ces sujets ont été testés dans l'intervalle de + et − 6 semaines autour de leur âge et demi. Par exemple, pour le niveau de 8 ans, tous les enfants ont été testés lorsqu'ils se trouvaient dans l'intervalle de 8 ans 4 mois 15 jours à 8 ans 7 mois 15 jours.

Du point de vue de la scolarité, l'échantillon a été constitué en tenant compte du pourcentage d'enfants ayant redoublé une année. On n'a toutefois pas inclus d'enfants fréquentant l'enseignement spécialisé. Pour la période primaire, l'absence d'enfants de classes spécialisées a pour conséquence d'élever légèrement le niveau intellectuel moyen de chacun des âges concernés. Dans l'enseignement secondaire, on a tenu compte du pourcentage de sujets fréquentant les différentes filières de formation organisées dans chacune des années scolaires. Dans l'ensemble, les résultats récoltés à partir de l'échantillon d'étalonnage du WISC-III nous donnent un reflet assez fidèle des compétences intellectuelles de la population française âgée de 6 et 16 ans. Peu d'autres tests publiés en langue française ont fait l'objet d'un étalonnage de cette qualité.

4.2. Les procédures de passation et de cotation

Tester est toujours comparer. Pour que cette comparaison soit valide, il est impératif que toute passation du test se fasse dans des conditions standardisées, identiques à celles utilisées lors de l'étalonnage. De ce point de vue, le WISC-III est un test très satisfaisant, qu'il s'agisse du matériel, des procédures de passation et de cotation.

Toutefois, les critères de cotation de certaines épreuves n'empêchent pas toujours la subjectivité du psychologue de biaiser l'évaluation. C'est le cas plus spécialement pour les épreuves de Compréhension, de Similitudes et de Vocabulaire. Pour celles-ci, le manuel renseigne des critères permettant d'attribuer aux diverses réponses 0, 1 ou 2 points. Ces critères, bien qu'assez précis, n'envisagent évidemment pas tous les cas possibles. Il arrive que le psychologue ait à trancher quant à la valeur de telle ou telle réponse. Sattler et ses collaborateurs ont montré, dans différentes expériences, que l'effet halo pouvait alors jouer un grand rôle. Dans l'une de ces expériences (Sattler *et al.*, 1970), les auteurs construisent des protocoles fictifs pour l'échelle verbale de la WAIS. Un des protocoles est construit pour que le QI Verbal soit approximativement égal à 130. L'autre protocole est construit afin que ce même QI soit approximativement égal à 90. Dans les deux protocoles, les 13 mêmes réponses ambiguës sont introduites dans les épreuves de Vocabulaire, de Compréhension et de Similitudes. Des psychologues formés sont alors invités à coter ces protocoles. Les auteurs constatent que le protocole au QI supérieur reçoit significativement plus de crédits que le protocole au QI inférieur.

Une autre expérience intéressante a été menée par Sattler et ses collaborateurs (1978) avec le WISC-R. Sur base de 1.886 protocoles, les auteurs retiennent 726 réponses aux épreuves de Similitudes, de Compréhension et de Vocabulaire qui ne figurent pas explicitement dans le manuel. Ils demandent ensuite à deux groupes de psychologues de coter ces réponses. Le premier groupe est constitué de 62 psychologues expérimentés, ayant déjà coté un grand nombre de protocoles de WISC-R. Le second groupe est, lui, constitué d'étudiants en psychologie n'ayant quasi aucune expérience du WISC-R. Les auteurs constatent que les cotations des 110 psychologues ne concordent que pour 13 % des réponses. Un accord de 80 % des psychologues n'est trouvé que pour 40 % des réponses. Ils observent que le niveau de concordance est plus élevé pour les épreuves de Similitudes et de Compréhension que pour l'épreuve de Vocabulaire. Mais leur constatation la plus étonnante est que l'accord n'est pas plus élevé entre les psychologues expérimentés qu'entre les étudiants en psychologie. Cela signifie que la précision de la cotation est moins une question d'expérience que de qualité des informations du manuel. Les auteurs soulignent qu'il ne faut pas pour autant conclure que le WISC-R n'est pas un instrument fiable. Il est en effet hautement improbable qu'un protocole ne soit constitué que de réponses atypiques ou ambiguës. Le plus souvent, il n'y a que quelques items par protocole qui posent des problèmes de cotation. Dans la plupart des cas, leur poids dans le résultat total n'est donc guère important.

Pour éviter de tels biais, faut-il dès lors plus de précision dans les manuels à propos de la cotation? Sans doute. Mais la standardisation n'est pas du seul ressort des constructeurs de tests. Elle est également de la responsabilité du psychologue. Une expérience très révélatrice à ce sujet a été menée par Miller et Chansky (1972). Ceux-ci demandent à 64 psychologues chevronnés de coter le même protocole. Ils constatent avec étonnement que les QI calculés pour cet unique protocole varient de 78 à 95. Autrement dit, en l'absence de tout contact avec le sujet et en utilisant des principes de cotation bien codifiés, les psychologues situent le QI Total d'un niveau limite à un niveau normal. Le plus surprenant est que cette variété de résultats provient en partie d'erreurs de notations et de calculs. Dans ces conditions, le meilleur des manuels n'est pas une garantie de rigueur de l'évaluation.

5. UNE FORME ABRÉGÉE DU WISC-III

Dans la pratique clinique quotidienne, la passation de l'ensemble des épreuves du WISC-III peut se révéler inutilement coûteuse. Certains psychologues souhaitent seulement se faire une idée approximative du niveau global d'intelligence d'un sujet sur base d'une évaluation rapide de ses performances cognitives. Dans ce cas, une version abrégée du WISC-III peut leur suffire. En fonction des résultats à cette forme abrégée, ils pourront éventuellement faire passer les autres épreuves de l'échelle pour obtenir une mesure plus précise du niveau intellectuel.

De nombreuses formes abrégées du WISC-III américain, de qualité métrologiques inégales (Campbell, 1998) ont été développées. Mais, jusqu'à présent, il n'existait aucune forme abrégée de la version française du WISC-III. Nous avons testé les propriétés métriques de plusieurs formes abrégées en nous inspirant des formes américaines (Herrera-Graf et al., 1996; Kaufman et al., 1996; Donders, 1997) et en tenant compte du degré de corrélation entre les différentes épreuves et le QI Total (Wechsler 1996).

La combinaison « Vocabulaire-Similitudes-Cubes-Arrangement d'images » (VSCAi) est apparue comme la plus satisfaisante (Grégoire, à paraître). Elle permet de réaliser le meilleur équilibre entre le besoin de rapidité et le souci d'obtenir des scores suffisamment fiables et valides. La passation de la forme VSCAi prend un peu plus d'une demi-heure (Campbell, 1998). La somme des notes standard aux quatre épreuves est ensuite convertie en QI standard en utilisant la table de conversion (tableau 17). Cette table a été construite en appliquant la formule classique de transformation linéaire d'une distribution de scores en QI standard (Laveault et Grégoire, 1997, p. 274). Cette formule consiste à calculer l'écart entre chaque score à transformer et la moyenne des scores de la distribution, puis à diviser le résultat par l'écart-type de cette même distribution. La valeur obtenue est ensuite multipliée par 15 puis additionnée à 100. Dans le cas présent, la transformation en QI standard été réalisée à partir des résultats de l'échantillon d'étalonnage français. Pour l'ensemble de cet échantillon (N = 1.120), la moyenne de la distribution du QI calculé à partir de la forme VSCAi est de 99,69 et l'écart-type est de 14,94. Ces valeurs sont très proches de celle du QI classique calculé à partir de 10 notes standard. La moyenne de la distribution de ce QI dans l'échantillon d'étalonnage est en effet de 100,01 et son écart est de 15,05. La différence entre les deux QI moyens n'est donc que de 0,32 points. Cette différence est statistiquement non significative.

La fiabilité de la forme VSCAi a été calculée à l'aide de la formule proposée par Tellegen et Brigs (1967) pour les scores composites constitués d'épreuves de même pondération et de même variance. Le coefficient de fiabilité ainsi calculé est égal à 0,92. Cette valeur est proche de celle calculée pour le QIT, qui est de 0,95. Le coefficient de fiabilité permet de déterminer l'erreur-type de mesure du QI de la forme abrégée

(QI^{fa}) qui est de 4,24 points. A partir de l'erreur-type de mesure, nous pouvons construire un intervalle de confiance autour du QI^{fa}. Dans le tableau 17, les intervalles de 90 % et de 95 % sont donnés pour chacun des QI^{fa}.

Tableau 17 — Table de conversion en QI standard (forme abrégée) de la somme des notes standard aux épreuves de Vocabulaire, Similitudes, Cubes et Arrangement d'images.

Somme des quatre notes standard	QI	Intervalle de confiance		Somme des quatre notes standard	QI	Intervalle de confiance	
		90 %	95 %			90 %	95 %
4	42	35-49	34-50	41	101	94-108	93-110
5	44	37-51	35-52	42	103	96-110	95-111
6	45	38-52	37-54	43	105	98-112	96-113
7	47	40-54	39-55	44	106	99-113	98-114
8	49	42-56	40-57	45	108	101-115	99-116
9	50	43-57	42-58	46	109	102-116	101-118
10	52	45-59	43-60	47	111	104-118	103-119
11	53	46-60	45-62	48	113	106-120	104-121
12	55	48-62	47-63	49	114	107-121	106-122
13	57	50-64	48-65	50	116	109-123	107-124
14	58	51-65	50-66	51	117	110-124	109-126
15	60	53-67	51-68	52	119	112-126	111-127
16	61	54-68	53-70	53	121	114-128	112-129
17	63	56-70	55-71	54	122	115-129	114-130
18	65	58-72	56-73	55	124	117-131	115-132
19	66	59-73	58-74	56	125	118-132	117-134
20	68	61-75	59-76	57	127	120-134	119-135
21	69	62-76	61-78	58	129	122-136	120-137
22	71	64-78	63-79	59	130	123-137	122-138
23	73	66-80	64-81	60	132	125-139	123-140
24	74	67-81	66-82	61	133	126-140	125-142
25	76	69-83	67-84	62	135	128-142	127-143
26	77	70-84	69-86	63	137	130-144	128-145
27	79	72-86	71-87	64	138	131-145	130-146
28	81	74-88	72-89	65	140	133-147	131-148
29	82	75-89	74-90	66	141	134-148	133-150
30	84	77-91	75-92	67	143	136-150	135-151
31	85	78-92	77-94	68	145	138-152	136-153
32	87	80-94	79-95	69	146	139-153	138-154
33	89	82-96	80-97	70	148	141-155	139-156
34	90	83-97	82-98	71	149	142-156	141-158
35	92	85-99	83-100	72	151	144-158	143-159
36	93	86-100	85-102	73	153	146-160	144-161
37	95	88-102	87-103	74	154	147-161	146-162
38	97	90-104	88-105	75	156	149-163	147-164
39	98	91-105	90-106	76	157	150-164	149-166
40	100	93-107	91-108				

Malgré la fiabilité élevée de la forme VSCAi et l'absence de différence significative entre le QI Total et le QI^{fa}, les niveaux intellectuels calculés selon les deux formules ne sont pas nécessairement identiques. La différence absolue moyenne entre le QIT et le QI^{fa} est de 4,7 points. Dans près de 20 % des cas, l'écart entre les deux QI n'excède pas 1 point. Dans 1/3 des cas, elle est inférieure ou égale à 2 points. Et dans 72 % des cas, elle est inférieure ou égale à 6 points, c'est-à-dire l'intervalle de confiance de 90 %. Mais, le praticien doit avoir conscience que, dans 10 % des cas, la différence entre les deux QI peut être égale ou supérieure à 10 points. Un tel écart peu conduire à un changement de classification dans les catégories de QI. Afin d'évaluer ce risque, nous avons rangé chaque sujet de l'échantillon d'étalonnage dans la catégorie correspondant à son QIT et dans celle correspondant à son QI^{fa} (Wechsler, 1996). Nous avons ensuite pu construire un tableau à double entrée croisant les sept catégories de QIT et les sept catégories de QI^{fa}. Il est ainsi apparu que 66,9 % des sujets de l'échantillon d'étalonnage sont rangés dans la même catégorie d'intelligence sur base de leur QI^{fa} que sur base de leur QIT. Les autres sujets sont classés dans la catégorie adjacente à celle déterminée à partir de leur QIT. Seulement 0,7 % des sujets sont classés deux catégories en dessous ou au-dessus de celle déterminées sur base de leur QIT. Les divergences de classement ente le QIT et le QI^{fa} ne touchent donc que 1/3 des sujets et restent limitées dans leur amplitude. Les praticiens doivent cependant garder à l'esprit la possibilité d'une telle divergence. Le QI^{fa} ne peut être qu'une mesure de première ligne destinée à se faire une première idée des possibilités d'intellectuelles d'un sujet. Cette mesure ne peut en aucun cas servir de base pour une décision administrative. Pour ce type de décision, la passation de l'ensemble des épreuves du WISC-III et le calcul du QI Total est absolument nécessaire.

NOTES

[1] Toutes les analyses factorielles ont été réalisées en utilisant la méthode du maximum de vraisemblance avec rotation varimax.
[2] Fiabilité est également la traduction du terme anglais «reliability» qui, dans les ouvrages de psychométrie anglophones, désigne la notion dont nous parlons ici.
[3] L'erreur standard de mesure est égale à 1 écart-type. Si nous voulons construire un intervalle incluant 90 % des résultats possibles, nous devons calculer un intervalle de 1,65 écart-type de part et d'autre de la note obtenue. Dans le cas présent, nous devons donc multiplier nos trois erreurs standard de mesure par 1,65. Si nous désirons construire

un intervalle de confiance incluant 95 % des résultats possibles, nous devrons multiplier l'erreur de mesure par 1,96. Dans ce cas, l'intervalle de confiance du QI Total sera de + et − 6,9 points autour de la note obtenue. Pour le QI Verbal, l'intervalle est de + et − 7,6 points; tandis que pour le QI de Performance, il sera de + et − 9,8 points.

[4] La notion de régression vers la moyenne provient des travaux de Francis Galton sur les corrélations. La régression vers la moyenne s'observe lorsque la corrélation entre deux variables X et Y n'est pas parfaite et que l'on souhaite prédire Y à partir de X (ou l'inverse). Si l'on représente dans un diagramme cartésien la relation entre X et Y, on constate que la distance entre les valeurs de Y et $\overline{Y}$ est inférieure à la distance entre les valeurs de X et $\overline{X}$. Les valeurs de Y ont tendance à régresser vers leur moyenne. Le même phénomène est observé avec les scores aux tests. Les scores observés nous permettent d'estimer les scores vrais. Mais la corrélation entre les scores observés et les scores vrais n'est jamais parfaite. Par conséquent, les scores vrais estimés sur base des scores observés tendent à régresser vers leur moyenne. L'importance de cette régression dépend de la force de la liaison entre les scores vrais et les scores observés, laquelle nous est donnée par le coefficient de fiabilité.

[5] Ainsi, un enfant de 6 ans n'ayant réussi aucun item de l'épreuve de Similitudes est malgré tout crédité d'une note standard de 5. De même, un enfant de 6 ans 10 mois qui ne réussit aucun item de l'épreuve de Compréhension recevra une note standard de 3.

Chapitre 5
Méthodologie de l'interprétation : les fondements

Ce chapitre présente les principes méthodologiques essentiels qui devraient guider toute interprétation de protocoles du WISC-III qui se veut valide et fructueuse. Nous insistons tout particulièrement sur la prise en compte des propriétés statistiques de l'échelle sur lesquelles doit s'appuyer l'interprétation qualitative.

Nous débutons ce chapitre par l'interprétation du QI Total. Nous envisageons ensuite la question de la différence entre le QI Verbal et le QI Performance. Après avoir présenté les caractéristiques statistiques de cette différence, nous analysons en détail ce phénomène tel qu'il apparaît dans l'échantillon d'étalonnage français du WISC-III. Sur base des résultats de cette analyse et d'une revue de la littérature, nous discutons des interprétations possibles de la différence entre QI Verbal et QI de Performance. La section suivante est consacrée à la question de l'interprétation des Indices factoriels et de leur utilité clinique. Nous abordons enfin un troisième niveau d'analyse des performances, celui des notes standard. Nous présentons et discutons différentes méthodes d'analyse de la dispersion de ces notes. Nous en retenons une qui nous paraît particulièrement robuste et pour laquelle nous avons calculé des valeurs de référence utiles pour le praticien. Nous appliquons ensuite cette méthode pour analyser la dispersion des notes dans l'échantillon d'étalonnage du WISC-III. De cette analyse, nous tirons un certain nombre de conclusions importantes pour le diagnostic des troubles cognitifs.

L'analyse de la dispersion nous conduit à l'appréciation qualitative des résultats de chaque épreuve. Nous présentons les différentes épreuves du

WISC-III du point de vue de leurs caractéristiques psychométriques et des aptitudes qu'elles mesurent. Nous nous interrogeons ensuite sur la possibilité de mettre en évidence des profils de résultats typiques de certaines pathologies. Après avoir indiqué les limites de ce projet, nous nous intéressons plus longuement à l'un des rares profils retrouvés avec une certaine régularité dans les recherches, celui des enfants dyslexiques. Nous terminons ce chapitre en analysant les relations entre le WISC-III et les autres échelles de Wechsler, en l'occurrence le WAIS-R et le WPPSI-R.

1. L'INTERPRÉTATION DU QI TOTAL

Depuis que Binet, au début de ce siècle, a suggéré de quantifier l'intelligence de manière globale, ce type d'approche des capacités cognitives a fait l'objet d'innombrables critiques. Pourtant, dans la pratique clinique, le QI Total reste une information largement utilisée. Nous croyons que c'est avec raison. Le QI Total est en effet un index particulièrement intéressant pour le diagnostic, à condition de reconnaître ses limites et de ne pas vouloir lui faire dire plus qu'il ne peut. Dans le cadre de l'examen clinique, le niveau intellectuel global peut remplir les fonctions suivantes :

1. Il est une des composantes de la capacité d'adaptation d'un sujet et, à ce titre, fait partie de plusieurs syndromes cliniques. Il peut également apparaître comme un symptôme associé à divers troubles mentaux et augmenter leur risque d'incidence.

2. Il peut être nécessaire pour poser un diagnostic différentiel (par exemple, entre un trouble spécifique d'apprentissage et un retard mental).

3. Il constitue une information utile pour prendre certaines décisions relatives à l'orientation et au traitement.

4. Il peut correspondre à une exigence administrative dans le domaine scolaire et dans celui de la santé (par exemple, pour la reconnaissance d'un handicap).

Mais le QI ne peut se réduire à un nombre. Pris isolément, il ne véhicule aucune signification précise et ne permet aucune prise de décision. Il doit, impérativement, faire l'objet d'une interprétation par un professionnel. C'est ce dernier qui lui donne sens et lui attribue sa véritable valeur. Pour ce faire, le praticien doit avoir conscience de ce que mesure effectivement le WISC-III. Dans le chapitre 1, nous avons vu que

Wechsler conçoit le QI Total comme un index de la capacité du sujet d'agir *en général* avec intelligence. Nous utilisons ici le terme *agir* dans un sens très large puisqu'il peut recouvrir tant un comportement moteur qu'une pensée verbale ou une interaction sociale. Agir avec intelligence signifie, par conséquent, être capable de maintenir son adaptation face à des problèmes pratiques, interpersonnels ou abstraits. Le fait que le QI Total soit un index très général entraîne certaines limites dans son utilisation. Nous avons vu dans le chapitre 4 qu'il ne peut prédire avec précision aucune performance particulière. Il doit, au contraire, être interprété comme une probabilité générale d'agir avec intelligence.

Le QI Total nous informe sur les capacités intellectuelles *actuelles* du sujet. Contrairement à certaines idées reçues, le WISC-III ne nous permet pas de révéler un potentiel intellectuel. Du moins si l'on entend par là une capacité cachée qui pourrait se manifester à l'avenir et que seul le test a la propriété de révéler aujourd'hui. Le WISC-III n'a pas une telle vertu magique. Par contre, si les conditions de passation sont optimales, le WISC-III peut nous informer sur la capacité intellectuelle maximale d'un sujet. Cette capacité constitue une aptitude présente susceptible de s'actualiser dans les diverses situations de la vie quotidienne. Ce que cette aptitude sera à l'avenir, nous l'ignorons. Nous pouvons, tout au plus, émettre des hypothèses à ce propos. Le principe de stabilité du quotient intellectuel n'est en effet que le reflet d'une tendance moyenne au sein de la population. Au niveau individuel, des variations, parfois sensibles, sont toujours possibles. Elles seront d'autant plus probables que le sujet est jeune et donc plastique.

Le QI Total est une mesure recueillie dans un *cadre clinique* à partir d'un *échantillon de tâches cognitives*. La qualité de la relation entre le psychologue et le sujet, et l'état émotionnel de ce dernier, peuvent avoir un impact considérable sur les performances au WISC-III. Le sujet peut redouter le jugement du praticien et être paralysé par l'angoisse de l'échec. Dans certains cas, il peut même délirer. Ces phénomènes peuvent altérer plus ou moins gravement ses performances. Le QI ne peut, par conséquent, jamais être isolé du contexte dans lequel il a été obtenu. Il doit toujours être interprété à la lumière des informations cliniques recueillies en cours de passation. Par ailleurs, le QI est calculé à partir des résultats à un nombre limité de tâches. Certaines de celles-ci peuvent pénaliser les sujets pour des raisons indépendantes de leur intelligence. Un sujet peut, par exemple, souffrir de dyspraxie ou de troubles visuels qui le handicapent dans certaines tâches du test. Le praticien doit prendre en compte l'influence de ces variables et, sur cette base, relativiser le QI obtenu.

Enfin, le QI Total représente une capacité intellectuelle *relative*. Comme pour la majorité des mesures en psychologie, nous ne pouvons définir de zéro absolu à propos de l'intelligence. Les graduations de l'échelle que nous utilisons pour évaluer l'intelligence sont déterminées à partir d'un point de référence toujours arbitraire. Dans le cas présent, il s'agit des performances moyennes d'un échantillon représentatif de la population française, recueillies en 1994-1995 (Wechsler, 1996, p. 22). Les performances que nous allons enregistrer avec le WISC-III seront toujours relatives à cette population de référence. Le QI Total ne peut, par conséquent, jamais être pris comme une valeur absolue, indépendante du moment et du lieu de passation du test.

De plus, lorsque nous comparons les QI de sujets d'âges différents, nous ne devons pas perdre de vue que, même si ces QI sont identiques, ils recouvrent des performances parfois très différentes. A titre illustratif, nous avons calculé le score brut moyen à trois subtests du WISC-III (Vocabulaire, Cubes et Mémoire de chiffres) pour les 11 groupes d'âge de l'échantillon d'étalonnage français. Les résultats sont présentés dans le tableau 18. On peut observer une nette progression des scores bruts entre 6 ans 1/2 et 16 ans 1/2. Cette évolution est très marquée à l'épreuve de Vocabulaire et de Cubes. Elle est moins importante à l'épreuve de Mémoire de chiffres.

Tableau 18 — **Evolution de la moyenne des notes brutes à 3 épreuves pour les 11 groupes d'âges de l'échantillon d'étalonnage.**

	Groupes d'âge										
	6½	7½	8½	9½	10½	11½	12½	13½	14½	15½	16½
Vocabulaire	12	14	19	21	25	29	30	32	35	38	40
Cubes	22	25	34	37	41	46	49	50	52	55	57
Mémoire	9	10	11	12	13	13	14	15	15	15	16

Mais, quelle que soit la forme de cette évolution, le score brut moyen de chaque groupe d'âge à chacun des subtests du WISC-III correspond à une note standard de 10 points. Par conséquent, un enfant de 6 ans 1/2 et un adolescent de 16 ans 1/2 dont la performance en Vocabulaire se situe à la moyenne de leur groupe d'âge obtiendront tous les deux une note standard de 10 points. Pourtant, dans le premier cas, la note brute du sujet n'est que de 12 points, alors que dans le second cas, elle est de 40 points. Les notes standard et les QI ne sont que des valeurs de position qui nous informent de la situation d'un sujet par rapport à la moyenne des personnes du même âge. Deux enfants, l'un de 8 ans et l'autre de 12 ans, qui obtiennent un QI Total de 115 au WISC-III, ne sont pas capables des mêmes performances intellectuelles. Par contre, tous deux occupent la même place au sein de la distribution des scores de leur groupe d'âge.

Quel est l'impact d'un retest sur le QI Total? Cette question est régulièrement posée par des praticiens qui, pour des raisons administratives, sont amenés à réexaminer des sujets dans un intervalle parfois inférieur à un an. Des informations utiles peuvent être trouvées à ce propos dans le manuel (Wechsler, 1996, p. 181-184). Cent quatre-vingts sujets ont été testés deux fois dans un intervalle médian de 30 jours. Entre la première et la seconde passation, le QI Total a augmenté, en moyenne, d'environ 10 points. Le QI Verbal a augmenté sensiblement moins (5-6 points) que le QI de Performance (13-14 points). D'évidence, un effet d'apprentissage affecte les résultats au WISC-III. Il est nettement plus marqué dans les épreuves qui proposent des tâches nouvelles pour les sujets. Par exemple, dans le groupe des sujets de 6-7 ans, le score moyen à l'épreuve d'Arrangement d'images a augmenté de 2,7 points alors que le score moyen à l'épreuve de Vocabulaire n'augmentait que de 0,3 points. La première épreuve est neuve pour la majorité des enfants alors que la seconde leur est familière. Le caractère de nouveauté d'une épreuve n'existe que lors de la première passation. Par la suite, l'effet de surprise disparaît et l'enfant peut se rappeler de stratégies élaborées lors du premier testing. Toutefois, cet effet d'apprentissage s'estompe avec le temps. Récemment, Canivez et Watkins (1998) ont présenté les résultats du retest, après 2 ans et demi en moyenne, de 667 sujets de l'échantillon d'étalonnage du WISC-III américain. La différence de QI Total entre les deux passations est, en moyenne, de 0,51 points (écart-type de 6,99). Seulement 13 % des sujets ont une différence entre les deux mesures égale ou supérieure à 10 points. A l'opposé, près de 50 % des sujets présentent une différence entre les deux QI inférieure ou égale à 4 points. Ces résultats confirment ceux recueillis avec le WISC-R qui, eux aussi, mettaient en évidence un estompage progressif de l'effet d'apprentissage. Sur base des recherches sur l'effet du retest, on peut conclure que l'intervalle entre deux évaluations avec le WISC-III ne devrait jamais être inférieur à 1 an (Bolen, 1998).

Toute augmentation du QI au cours du temps ne peut être automatiquement expliquée par un effet d'apprentissage. Le niveau intellectuel du sujet peut en effet s'être amélioré pour des raisons externes au test lui-même. S'il est vrai que le QI tend à rester stable au cours du temps,

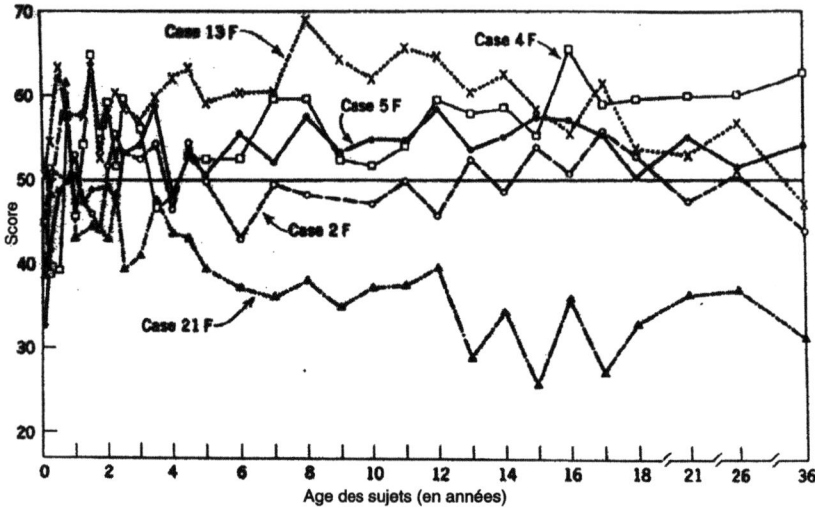

Figure 10 — Niveau intellectuel de 5 femmes de la naissance à 36 ans (d'après N. Bayley, 1970 - *Berkeley Growth Study*).

cette stabilité est loin d'être absolue. Ainsi, Sameroff *et al.* (1993) observent une corrélation de 0,72 entre les niveaux intellectuels mesurés à 4 ans et à 13 ans (N = 152). Une telle corrélation, qui paraît élevée, signifie que les mesures faites au temps 1 ne permettent de prédire qu'environ 50 % de la variance des mesures faites au temps 2. Par ailleurs, ce coefficient est une valeur globale, calculée sur l'ensemble des résultats d'un groupe. Tous les membres de ce groupe ne suivent pas nécessairement la tendance générale. Certains sujets peuvent connaître une évolution très différente de celle de la moyenne de leur groupe d'appartenance. Or, le praticien n'évalue que des sujets et non des groupes. La personne qu'il a en face de lui suit-elle la tendance générale ou évolue-t-elle d'une manière atypique ? Il n'est pas possible répondre *a priori* à cette question. Bayley (1970), qui a dirigé une des plus longues études longitudinales de l'intelligence, la *Berkeley Growth Study*, a tracé les courbes d'évolution du niveau intellectuel de 5 femmes de leur naissance jusqu'à 36 ans[1] (figure 10). Nous pouvons constater qu'une certaine stabilisation du niveau intellectuel apparaît à partir de 6 ans. Toutefois, bien après cet âge, des variations parfois sensibles du niveau intellectuel sont observées chez plusieurs femmes.

2. LA DIFFÉRENCE VERBAL/PERFORMANCE

2.1. Données statistiques

Le QI Verbal et le QI de Performance étant deux mesures entachées d'erreurs, leur différence est inévitablement affectée par ces erreurs. Par conséquent, la différence observée entre ces deux QI ne peut être attribuée *ipso facto* à une différence réelle d'efficience entre deux composantes du système cognitif. Avant de nous risquer à interpréter la différence Verbal/Performance, nous devons tenir compte de l'erreur de mesure de cette différence. Dans le chapitre 4, nous avons vu qu'au seuil de 5 %, cette valeur est de 12 points. Ceci implique que les différences inférieures à 12 points sont considérées comme résultant d'erreurs aléatoires sans signification psychologique. Par contre, lorsque les différences sont supérieures ou égales à 12 points, une interprétation en termes psychologiques devient pertinente.

Le manuel du WISC-III (Wechsler, 1996, p. 261) renseigne les différences significatives pour les seuils de signification de 15 % et 5 %, ceci pour chacun des onze groupes d'âges couverts par le test. Tout comme Kaufman (1994, p. 101), nous jugeons le seuil de 15 % trop libéral au vu du manque de fiabilité de la différence entre les QI. L'usage du seuil de 5 % est donc recommandé. Par contre, nous ne considérons pas pertinent l'usage d'une valeur de référence pour chaque âge, comme le propose le manuel. On constate en effet que quasi toutes ces différences sont proches de la valeur moyenne de 12. Les écarts les plus marqués apparaissent à 7 et 8 ans où les différences significatives sont respectivement de 14,1 et 14,2 points. Elles apparaissent comme des valeurs aberrantes par rapport aux valeurs observées dans les autres groupes d'âge. Il s'agit vraisemblablement de variations dues aux procédures d'échantillonnage. Par conséquent, nous suggérons d'utiliser la valeur de 12 points pour tous les sujets, quel que soit leur âge.

Bien que son usage soit vivement conseillé, le seuil de signification de 5 % a un caractère arbitraire. Nous aurions tout aussi bien pu choisir 3 % ou 7 %. Le choix d'un seuil critique dépend du risque d'erreur que nous sommes prêts à accepter. En psychologie, le seuil de 5 % est généralement reconnu comme suffisamment prudent. Il ne doit cependant pas être utilisé de manière rigide. Une différence de 11 points entre le QI Verbal et le QI de Performance n'est pas sans intérêt et mérite d'être commentée. Le praticien devra toutefois rester prudent et ne pas perdre de vue que plus la différence est petite, plus grand est le risque qu'elle soit due à des erreurs de mesure.

Nous venons de souligner qu'avant de se risquer à une analyse de la différence Verbal/Performance en termes psychologiques, le praticien doit s'assurer de la signification statistique des valeurs observées. Mais cette seule précaution n'est pas suffisante. Le fait qu'une différence soit significative n'implique pas qu'elle soit anormale, au sens d'exceptionnelle. Trop souvent, le praticien se fait une représentation fausse des caractéristiques du fonctionnement cognitif des sujets tout-venant. Confronté uniquement à des enfants en difficulté, il a spontanément tendance à attribuer toutes les particularités observées à des dysfonctionnements intellectuels. Or, l'étude des performances au WISC-III de sujets tout-venant montre clairement que certaines de ces particularités sont plus fréquentes qu'on ne le croit habituellement.

Le manuel du WISC-III français mentionne cette information à propos des résultats de l'échantillon d'étalonnage. Comme nous l'avons déjà souligné, cet échantillon, composé de 1.120 sujets âgés de 6 ans 1/2 à 16 ans 1/2, a été constitué de manière particulièrement soignée. Il s'agit par conséquent d'une référence tout à fait fiable pour étudier les performances de sujets tout-venant.

Tableau 19 — Différence Verbal/Performance pour l'ensemble de l'échantillon (N = 1.120). Effectif cumulé et pourcentage cumulé (d'après Wechsler, 1996, p. 262).

Diff. V/P (valeur absolue)	Pourcentage cumulé
0	100,0
1	97,7
2	91,8
3	86,8
4	81,5
5	75,4
6	70,8
7	64,8
8	59,6
9	54,2
10	50,8
11	46,2
12	**41,3**
13	38,3
14	34,0
15	29,9
20	16,0
25	8,8
30	4,0
35	1,2
Moyenne	11,3
Médiane	8,4
Ecart-type	10,0

Le tableau 19 présente le pourcentage cumulé de sujets de l'échantillon d'étalonnage en regard des différences observées entre le QI Verbal et le QI de Performance. Dans ce tableau, seule l'amplitude de la différence a été prise en compte, et non son sens. La différence absolue moyenne entre le QI Verbal et le QI de Performance est de 11,3 points. L'écart-type de la distribution des différences au sein de l'échantillon d'étalonnage est 8,4. Bien que cette moyenne n'atteigne pas le niveau de signification de 12 points, son importance mérite d'être soulignée car elle est nettement plus élevée que ne le pensent *a priori* un grand nombre de praticiens. Nous pouvons constater que 41,3 % des sujets de l'échantillon d'étalonnage présentent une différence égale ou supérieure au seuil de signification de 12 points. Cette différence est aussi souvent en faveur du QI Verbal (20,9 % des cas) que du QI de Performance (20,4 % des cas).

Tableau 20 — **Pourcentage de sujets de l'échantillon d'étalonnage dont la différence Verbal/Performance est égale ou supérieure à 12.**

Total	N	%	Sexe	N	%
	1120	41,3	Garçons	548	39,4
			Filles	572	43,0
Age	N	%			
6½	105	39,0	QI Total	N	%
7½	102	48,0	120 et +	114	41,2
8½	103	33,0	110 à 119	179	43,0
9½	103	35,9	90 à 109	549	40,4
10½	102	44,1	80 à 89	172	43,0
11½	103	45,6	79 et -	106	39,6
12½	100	47,0			
13½	100	47,0	Cat. Prof.	N	%
14½	100	44,0	1	34	74,0
15½	100	32,0	2	103	36,9
16½	102	38,2	3	154	46,8
			4	199	38,7
			5	140	42,9
			6	445	40,9
			7	8	62,5
			8	37	32,4

Note : Les catégories socio-professionnelles sont : (1) agriculteurs exploitants; (2) artisans, commerçants, chefs d'entreprise; (3) cadres et professions intellectuelles supérieures; (4) professions intermédiaires (instituteurs, techniciens...); (5) employés; (6) ouvriers; (7) retraités; (8) autres sans activité professionnelle (chômeurs n'ayant jamais travaillé...).

Une différence Verbal/Performance significative est donc un phénomène fréquent chez les sujets tout-venant puisque l'on observe cette caractéristique chez plus de 2/5 d'entre eux. Ils sont encore près d'1/3 à présenter une différence supérieure ou égale à 15 points. Et l'on observe une différence égale ou supérieure à 20 points chez un sujet sur 6. Il est, par conséquent, évident que nous ne pouvons attribuer d'emblée un caractère pathologique à une différence Verbal/Performance statistiquement significative.

L'interprétation de cette différence exige que nous mettions le résultat observé en relation avec d'autres informations qui vont nous permettre de lui donner son véritable sens. Dans cette perspective, nous avons calculé le nombre de sujets dont la différence Verbal/Performance est égale ou supérieure à 12 (en valeur absolue), selon les variables *Age*, *Sexe*, *QI Total* et *Catégorie Socio-professionnelle du chef de famille* (tableau 20). Ce nombre a été à chaque fois traduit en pourcentage du groupe considéré. Nous avons calculé des χ^2 à partir des tableaux de contingences établis entre la variable *Différence Verbal/Performance*[2] et les quatre variables citées plus haut. Au seuil de 5 %, aucun des χ^2 n'est significatif. Cela signifie qu'une différence significative entre QI Verbal et QI de Performance n'est en relation ni avec l'âge, le sexe, le niveau intellectuel global ou la profession du chef de famille.

Toutefois, si l'on considère le sens de la différence, la situation apparaît sous un jour différent. Le tableau 21 présente le détail des pourcentages en fonction du sens de la différence Verbal/Performance. Pour chaque groupe, le pourcentage de sujets dont la différence Verbal/Performance est significative est rappelé dans la première colonne. Les deux colonnes suivantes renseignent la répartition de ce pourcentage selon le sens de la différence. Entre parenthèses, nous avons mentionné le pourcentage de sujets calculé sur la totalité du groupe dont la différence Verbal/Performance est significative. Pour la totalité de l'échantillon, 41,3 % de sujets présentent une différence Verbal/Performance significative. Pour 20,9 % des sujets, cette différence est à l'avantage du QI Verbal et pour 20,4 % des sujets, elle est à l'avantage du QI de Performance. La répartition des sujets qui présentent une différence Verbal/Performance significative est quasi égale (50,6 % versus 49,4 %) entre les profils V>P et P>V.

Nous pouvons constater que la répartition entre V>P et P>V est différente selon le *sexe* des sujets. La différence Verbal/Performance est plus souvent à l'avantage du QI Verbal chez les garçons et plus souvent à l'avantage du QI de Performance chez les filles. Cette différence de

Tableau 21 — Pourcentage de sujets ayant une différence Verbal/Performance significative. Données présentées selon le sens de la différence (V>P ou P>V).

	Diff. Sign.	V>P	P>V
Sexe			
Garçons	39,4	21,9 (55,6)	17,5 (44,4)
Filles	43,0	19,9 (46,3)	23,1 (53,7)
QI Total			
120 et +	41,2	25,4 (61,7)	15,8 (38,3)
110-119	43,0	20,7 (48,1)	22,3 (51,9)
90-109	40,4	19,5 (48,6)	20,8 (51,4)
80-89	43,0	21,5 (50,0)	21,5 (50,0)
79 et -	39,6	21,7 (54,8)	17,9 (45,2)
Cat. Prof.			
1	47,0	23,5 (50,0)	23,5 (50,0)
2	36,9	15,5 (42,1)	21,4 (57,9)
3	46,8	31,2 (66,7)	15,6 (33,3)
4	38,7	19,1 (49,4)	19,6 (50,6)
5	42,9	24,3 (56,7)	18,6 (43,3)
6	40,9	18,7 (45,6)	22,2 (54,4)
7	62,5	62,5 (100)	-
8	32,4	5,4 (16,7)	27,0 (83,3)
Groupe Total	41,3	20,9 (50,6)	20,4 (49,4)

Note : Les catégories socio-professionnelles sont : (1) agriculteurs exploitants; (2) artisans, commerçants, chefs d'entreprise; (3) cadres et professions intellectuelles supérieures; (4) professions intermédiaires (instituteurs, techniciens...); (5) employés; (6) ouvriers; (7) retraités; (8) autres sans activité professionnelle (chômeurs n'ayant jamais travaillé...).

répartition selon le sexe n'est pas très importante en valeur absolue mais elle atteint malgré tout le seuil de signification de 0,05. ($\chi^2(1) = 3,91$) Cette répartition est quelque peu inattendue puisque les filles ont la réputation d'avoir des compétences verbales sensiblement meilleures que celles des garçons. Elle s'explique vraisemblablement par la différence de filières scolaires suivies par les filles et les garçons.

La différence de répartition entre V>P et P>V selon la *catégorie de QI* est statistiquement non significative ($\chi^2(4) = 3,16$; p = 0,53). Par contre, elle est significative selon la *catégorie socio-professionnelle* ($\chi^2(7) = 21,69$; p = 0,003). Si l'on analyse dans le détail les différences de répartition, il apparaît que celle-ci ne s'écarte significativement de la répartition 50/50 que dans la catégorie 3 (*cadres et professions intellectuelles supérieures*). Elle est alors nettement à l'avantage du QI Verbal (p<0,007). Dans tous les autres cas, les variations de répartition sont non significatives.

Si nous comparons les données du tableau 21 à celles obtenues avec le WISC-R (Grégoire, 1992), nous constatons un effet moindre de la catégorie socio-professionnelle sur le sens de la différence Verbal/Performance. Non seulement les différences sont moins marquées entre les catégories socio-professionnelles, mais elles sont aussi moins marquées au sein de chaque catégorie. Par exemple, au WISC-R, 81 % des enfants de la catégories 3 avaient un V>P alors qu'ils ne sont plus que 66,7 % dans ce cas au WISC-III. Nous devons toutefois être prudent lorsque nous effectuons de telles comparaisons car les catégories de l'INSEE ont été remaniées entre-temps et ne sont donc plus tout à fait comparables.

Les observations que nous venons de discuter peuvent nous aider au moment de l'interprétation de la différence Verbal/Performance. Nous devons, en particulier, tenir compte de la direction de cette différence, qui peut être liée au milieu socio-culturel du sujet. Soulignons qu'il ne s'agit qu'une des pistes possibles d'interprétation. Comme nous allons le voir en détail dans la section suivante, la différence Verbal/Performance n'a en effet pas de signification univoque et son interprétation demande la plus grande prudence.

2.2. Interprétation de la différence entre le QI Verbal et le QI Performance

2.2.1. Principes généraux d'interprétation

Dans le chapitre 4, nous avons vu que l'analyse factorielle des données de l'échantillon d'étalonnage du WISC-III confirmait la cohérence des échelles Verbale et de Performance. Il existe bien une communauté entre les différentes épreuves de chaque échelle qui nous permet de calculer un QI spécifique pour chacune des échelles. A la suite de Carroll (1993b), nous considérons que le facteur qui sature les épreuves Verbales représente l'Intelligence Fluide (Gc) et que le facteur qui sature les épreuves de Performance représente la Visualisation Générale (Gv). En d'autres termes, les échelles Verbale et de Performance permettent de mesurer deux dimensions importantes du fonctionnement cognitif. Toutefois, ces deux échelles ne sont pas des mesures pures de Gc et Gv. Toutes les épreuves du WISC-III mesurent également le facteur g et divers facteurs spécifiques. En d'autres termes, le fonctionnement cognitif des sujets aux diverses épreuves du WISC-III est toujours déterminé par une pluralité de facteurs : *g*, Gc, Gv et une série de facteurs d'étendue plus limitée.

Le caractère multifactoriel des épreuves du WISC-III explique l'échec relatif des recherches qui ont tenté de mettre en relation les différences entre le QI Verbal et le QI de Performance et diverses formes de pathologies cognitives. Comme le fait remarquer Kaufman : «Virtuellement toute la littérature à propos de la relation Verbal/Performance [...] est affligée par les contradictions et un manque de succès dans l'identification des profils caractéristiques de groupes variés» (Kaufman, 1994, p. 147). De nombreux auteurs ont en effet rapporté des observations opposées réalisées à propos de sujets souffrant de pathologie semblable. De même, des profils similaires ont été constatés chez des sujets souffrant de pathologies très différentes. Certains auteurs ont dès lors conclu que l'utilisation de la différence Verbal/Performance était de peu d'intérêt pour le diagnostic (par exemple, Ollendick, 1979, p. 568; Rutter, 1983, p. 190).

Nous ne partageons pas cette conclusion. Une analogie simple permet de comprendre notre conception de l'utilisation diagnostique de la différence Verbal/Performance. En médecine, la fièvre est un symptôme extrêmement fréquent, présent dans des maladies très diverses. Pour autant, les médecins ne rejettent pas ce symptôme sous prétexte que sa signification est multiple. Au contraire, ils accordent une grande attention à la présence de fièvre et à son intensité. Mais ils n'appréhendent jamais ce symptôme isolément. Leur démarche diagnostique consiste à intégrer la fièvre au sein d'un syndrome signifiant. En fonction des autres symptômes présents, la fièvre apparaîtra alors comme un signe inquiétant ou, au contraire, sans valeur particulière. Le raisonnement que nous tenons à propos de la fièvre peut être appliqué à la différence Verbal/Performance. Prise isolément, cette différence est, le plus souvent, insignifiante. Celle-ci ne prend son véritable sens qu'en fonction d'autres symptômes observés par le praticien. Elle peut alors apparaître comme un signe important de dysfonctionnement intellectuel. Mais elle peut aussi n'être qu'une variété du fonctionnement normal, sans signification pathologique. L'erreur de beaucoup de chercheurs a été de considérer la différence Verbal/Performance de manière isolée, sans prendre en compte les autres caractéristiques cognitives des sujets. Dans ces conditions, ils ne pouvaient aboutir qu'à des conclusions ambiguës et contradictoires.

Pour interpréter la différence Verbal/Performance de façon rigoureuse, un certain nombre de principes méthodologiques doivent être suivis. Le premier est de tenir compte de l'erreur-type de mesure de la différence entre le QI Verbal et le QI de Performance. Rappelons qu'au seuil de 5 %, cette valeur est de 12 points. En d'autres termes, nous ne considérerons comme significatives que les différences égales ou supérieures à 12. Si la différence est inférieure à 12, nous l'interpréterons comme une variation aléatoire des performances, sans signification psychologique. Lorsque la différence est significative, le second principe interprétatif à respecter est de toujours consulter les valeurs de référence calculées à partir des résultats de l'échantillon d'étalonnage du WISC-III (tableau 19). Le praticien pourra constater qu'une différence peut être significative tout en étant relativement fréquente dans la population normale. Il devra apprécier la rareté ou non de la différence qu'il a pu observer chez le sujet testé. Cette seconde étape de l'interprétation de la différence Verbal/Performance est essentielle. Comme le souligne Kaufman (1979, p. 25), « une partie des résultats contradictoires des recherches est vraisemblablement due à la méconnaissance de la part des investigateurs de l'amplitude de l'écart Verbal/Performance chez des sujets normaux ». L'existence de différences significatives mais cependant normales nous conduit à introduire le troisième principe d'interprétation de la différence Verbal/Performance. Il consiste à mettre cette différence en relation avec d'autres informations internes et externes au protocole de WISC-III afin de pouvoir avancer des hypothèses interprétatives.

Dans la section suivante, nous allons analyser plusieurs hypothèses d'interprétation de la différence Verbal/Performance. Les recherches sur lesquelles nous nous appuyons ont, pour la plupart, utilisé le WISC-R. Mais, vu la similitude de structure des différentes échelles de Wechsler, il est légitime d'extrapoler leurs résultats au WISC-III.

2.2.2. *Recherches sur la différence Verbal/Performance*

Le milieu socio-culturel

La première interprétation possible de la différence Verbal/Performance fait référence aux conditions sociales et culturelles d'éducation. Nous avons vu dans la section précédente qu'un QI Verbal significativement supérieur au QI de Performance est statistiquement plus fréquent chez les enfants dont le père est cadre ou exerce une profession intellectuelle supérieure. Dans deux tiers des cas, cette différence est à l'avantage du QI Verbal. A l'inverse de ce que nous avions observé avec le WISC-R, nous n'avons pas constaté une fréquence du profil P>V significativement plus élevée chez les enfants d'employés (catégorie 5) et d'ouvriers (catégorie 6). Ces mêmes enfants ne présentent d'ailleurs pas plus souvent que les enfants des autres catégories socio-professionnelles une différence Verbal/Performance significative. Au WISC-III, seuls les enfants dont le père est cadre ou exerce une profession intellectuelle supérieure se distinguent des autres du point de vue de la différence Verbal/Performance.

Comment pouvons-nous expliquer ces observations ? Nous avons rappelé plus haut que le QI Verbal peut être considéré comme une mesure approximative de l'intelligence cristallisée (Gc). Celle-ci est la composante de l'intelligence globale la plus sensible à l'éducation et à la scolarité. L'évolution que nous constatons entre le WISC-R et le WISC-III semble indiquer que l'intelligence cristallisée se développe aujourd'hui de manière plus homogène au sein de la population française. Cette homogénéisation est sans doute due à l'augmentation de la durée de la scolarité et à l'amélioration générale des conditions éducatives.

Les enfants de milieux culturellement aisés maintiennent toutefois un avantage sur les autres enfants du fait de conditions éducatives particulièrement favorables. Leurs opportunités d'apprentissage sont plus nombreuses et plus riches. En particulier, la qualité de leurs interactions familiales stimule l'acquisition de compétences verbales supérieures à la moyenne (Bee *et al.*, 1982 ; Lyyntinen *et al.*, 1998). Il n'est dès lors pas étonnant que nous retrouvions plus fréquemment chez eux que chez les autres enfants un QI Verbal significativement supérieur au QI de Performance.

Les troubles d'apprentissage

Avec le WISC-R, de nombreux auteurs ont observé que les enfants souffrant de troubles d'apprentissage présentent fréquemment un QI Verbal significativement inférieur à leur QI de Performance. Par exemple, Bloom *et al.* (1986) ont analysé les résultats de 40 enfants dont la différence Verbal/Performance est égale ou supérieure à 25 points. Sur les douze enfants avec P>V, dix présentent des troubles d'apprentissage et un retard scolaire d'au moins 2 ans. Kossanyi *et al.* (1989) ont, quant à eux, examiné la différence Verbal/Performance chez 18 enfants non-lecteurs âgés en moyenne de 9 ans 11 mois. Le QI de Performance moyen de ces enfants est de 99. Il ne se différencie pas significativement de celui des enfants du groupe contrôle. Par contre, leur QI de Performance est, en moyenne, de 12 points inférieur à leur QI Verbal, ce qui les différencie significativement des enfants du groupe contrôle.

Au WISC-III, un constat similaire a été fait dans les quelques études déjà réalisées sur cette question. Prifitera et Dersh (1993) ont analysé les résultats au WISC-III américain de 99 enfants d'intelligence normale souffrant de troubles d'apprentissage. Ils observent qu'en moyenne, le QI Verbal de ces enfants est inférieur à leur QI de Performance. Avec la version française du WISC-III, une étude a été réalisée sur quarante-deux enfants dyslexiques (Wechsler, 1996). Le QI Verbal moyen de ces enfants est significativement inférieur à leur QI de Performance. Septante-six pour-cent de ceux-ci ont un QI Verbal inférieur à leur QI de Performance. Dans 35,7 % des cas, cette différence atteint ou dépasse le seuil de signification de 12 points. Cette fréquence est nettement plus élevée que celle observée chez les sujets tout-venant où 20,4 % des sujets présentent un QI de Performance significativement supérieur au QI Verbal.

Le profil Performance > Verbal observé chez les sujets souffrant de troubles d'apprentissage peut être interprété en termes d'intelligence cristallisée (Gc). Dans la mesure où Gc est la composante de l'intelligence la plus sensible aux apprentissages scolaires, il n'est pas étonnant que le QI Verbal, qui est une bonne mesure de Gc, soit déprimé lorsqu'apparaissent des troubles d'apprentissage. Cette dépression va, logiquement, avoir tendance à s'accentuer au cours du temps. Se crée alors un véritable effet *boule-de-neige*, où les apprentissages anciens déterminent les nouvelles acquisitions. Plus le niveau d'acquis d'un sujet est élevé, plus il aura facile d'acquérir de nouvelles connaissances, et réciproquement. Le sujet dont l'intelligence cristallisée s'est peu développée du fait de difficultés d'apprentissage dispose de compétences intellectuelles moins favorables pour réaliser de nouveaux apprentissages. Son intelligence cristallisée continuera à progresser moins vite que celle des autres enfants. Par conséquent, son QI Verbal diminuera et la différence Verbal/Performance ira en s'accentuant.

Cette interprétation de l'évolution de la différence Verbal/Performance chez les sujets souffrant de troubles d'apprentissage a été confirmée par plusieurs recherches. Kossanyi *et al.* (1989) ont constaté chez les enfants non-lecteurs que la différence Verbal/Performance est nettement plus importante chez les enfants plus âgés que chez les plus jeunes. Cette différence est entièrement attribuable à une dépression plus accentuée du QI Verbal chez les sujets les plus âgés. Les résultats recueillis par Bauman (1991) vont dans le même sens. Bauman a analysé l'évolution sur une période de 2 ans et demi des scores au WISC-R de 130 enfants souffrant de troubles d'apprentissage. Il constate que, sur cette période, le QI Verbal moyen de ces enfants diminue de 4,15 points alors que leur

QI de Performance augmente de 1,16 points. Une observation similaire est rapportée par Haddad et Juliano (1994) qui ont comparé à trois ans d'intervalle les QI de 420 enfants souffrant de troubles d'apprentissage. En moyenne, le QI Verbal de ces enfants diminue de manière significative alors que leur QI de Performance augmente. De toute évidence, les enfants souffrant de troubles d'apprentissage sont pris dans un cercle vicieux dont ils ont le plus grand mal de sortir.

Le style cognitif

Le style cognitif désigne les modes d'appréhension et de résolution des problèmes caractéristiques d'une personne. Les styles cognitifs n'ont aucune connotation pathologique. Ils ne sont *a priori* ni bons ni mauvais. Leur valeur est relative au contexte où les fonctions cognitives vont s'appliquer. Dans certains cas, un style cognitif peut se révéler efficace, dans d'autres moins.

Kaufman (1979) a avancé l'hypothèse que la différence entre le QI Verbal et le QI Performance pourrait être la conséquence du style cognitif des sujets. «Des individus peuvent simplement présenter une différence d'aisance dans l'expression orale de leur intelligence, en réponse à des stimuli verbaux, plutôt que dans l'expression manuelle, en réponse à des stimuli visuels concrets» (Kaufman, 1979, p. 27). Cette interprétation est raisonnable dans la mesure où, chez les sujets tout-venant, la fréquence des différences significatives entre le QI Verbal et le QI Performance est telle que nous ne pouvons lui attribuer systématiquement une valeur pathologique. Dans de nombreux cas, nous devons la considérer comme le reflet de modes de fonctionnement cognitif différents mais tout aussi valables les uns que les autres.

La différence Verbal/Performance pourrait être la conséquence d'un style cognitif dépendant ou indépendant du champ. La dépendance et l'indépendance du champ représentent les deux pôles d'un continuum. A une extrémité de ce continuum, nous trouvons les sujets très autonomes par rapport aux informations extérieures (indépendants du champ) et, à l'autre extrémité, les sujets très dépendants par rapport à ces mêmes informations (dépendants du champ). Entre ces deux extrêmes, nous pouvons rencontrer une diversité de nuances dans l'appréhension de la réalité extérieure. La dépendance et l'indépendance du champ sont particulièrement manifestes lorsque les sujets sont confrontés à des tâches intellectuelles de nature visuo-spatiale. Les sujets indépendants du champ démontrent une grande facilité pour analyser leurs perceptions visuelles et pour changer de point de vue par rapport au champ perceptif.

Par contre, les sujets dépendants du champ ont beaucoup de peine à se dégager de la perception d'ensemble et de leur point de vue initial.

Selon Kaufman, « le mode analytique de perception qui caractérise les sujets indépendants du champ facilite leurs performances aux subtests Complètement d'Images, Cubes et Assemblage d'objets » (1979, p. 40). Comme les trois épreuves en question appartiennent toutes à l'échelle de Performance, il est possible qu'un QI de Performance supérieur au QI Verbal soit le signe d'un style cognitif indépendant du champ. Inversement, un QI Verbal supérieur au QI de Performance pourrait être l'indice d'une grande dépendance du champ. Pour que cette interprétation puisse être retenue, il est nécessaire que les résultats aux trois épreuves sensibles au style cognitif dépendance/indépendance du champ varient dans le même sens. Si c'est le cas, une confirmation pourra être obtenue par l'utilisation d'un test créé spécifiquement pour l'évaluation de la dépendance/indépendance du champ comme, par exemple, l'Embedded Figures Test (Oltman *et al.*, 1971).

Bien que séduisante, cette interprétation n'a pas, jusqu'à ce jour, été confirmée de manière empirique. Au contraire, les recherches sur la dépendance-indépendance du champ nous obligent à la nuancer. Selon McKenna (1990), la dépendance-indépendance du champ n'est pas un style cognitif mais une aptitude. Les recherches sur les performances cognitives des sujets indépendants du champ montrent en effet qu'elles sont presque toujours meilleures que celles des sujets dépendants du champ. La capacité d'indépendance du champ représente un avantage dans la quasi-totalité des tâches cognitives. Il est dès lors légitime de la considérer comme une aptitude nécessaire pour résoudre un certain nombre de problèmes, et non comme un style sans valeur adaptative.

Le stress

Plusieurs épreuves du WISC-III demandent aux sujets d'agir sous la pression du temps. La quasi-totalité de ces épreuves fait partie de l'échelle de Performance. Les épreuves de Code et de Symboles demandent de produire un maximum de réponses en deux minutes. Les épreuves d'Arrangement d'images, de Cubes et d'Assemblage d'objets permettent, quant à elles, d'obtenir des bonifications lorsque les réponses sont produites rapidement. Au sein de l'échelle Verbale, seuls les six derniers items de l'épreuve d'Arithmétique donnent lieu à de telles bonifications. L'impact de la vitesse de résolution de problème est donc marginal dans l'échelle Verbale alors qu'il est relativement important dans l'échelle de Performance.

Dans les différentes épreuves que nous venons de citer, les sujets voient le chronomètre utilisé par le psychologue pour mesurer le temps. Ils savent que plus leur réponse est rapide, plus ils gagneront de points. Certains sujets expriment clairement leur anxiété face à cette pression du temps. Cette anxiété peut parfois être positive lorsqu'elle conduit les sujets à mobiliser leurs ressources cognitives et à réaliser des performances supérieures à celles qu'ils auraient produites sans la pression du temps. Par contre, chez d'autres sujets, le stress atteint un tel degré qu'il entrave le fonctionnement cognitif. Les sujets se lancent alors dans l'action sans réfléchir, s'enferment dans des procédures inefficaces, ou gâchent les amorces de bonne réponse. Parfois, le stress est tel que les sujets préfèrent abandonner la tâche et se déclarer incompétents.

Vu le poids au sein de l'échelle de Performance des épreuves où joue la pression du temps (quatre épreuves sur les cinq obligatoires), une faible résistance au stress peut se traduire par un QI de Performance inférieur au QI Verbal. Cette interprétation est vraisemblable lorsque les scores en Code, Arrangement d'image, Cubes et Assemblage d'objets sont sensiblement inférieurs au score à l'épreuve de Complètement d'images où la pression du temps est faible. De plus, l'impact du stress se manifeste dans le discours des sujets et dans leur comportement durant la tâche.

La difficulté à gérer la pression de temps est une hypothèse d'interprétation de la différence Verbal/Performance assez évidente. Pourtant, elle n'a fait l'objet d'aucune étude empirique. Nous ne disposons pas aujourd'hui de données qui nous permettent de la confirmer ou de l'infirmer. L'observation clinique durant le testing est dès lors cruciale car elle permet de recueillir des informations complémentaires à propos de l'influence du stress dans certaines épreuves de l'échelle de Performance. La convergence des scores et des informations cliniques constitue un soutien important à l'interprétation du profil Verbal > Performance en termes de problème de gestion de la pression du temps.

Les troubles neurologiques

Diverses recherches menées avec le WISC avaient déjà souligné l'existence de liaisons entre la différence Verbal/Performance et la présence de troubles neurologiques. Ainsi, les études de Holroyd et Wright (1965) et de Black (1974) montrent que les sujets dont la différence Verbal/Performance est élevée (25 points et plus dans la première étude ; 15 points et plus dans la seconde) présentent significativement plus de troubles neurologiques que les sujets dont la différence est faible (moins de 10 points). De plus, des perturbations neurologiques sont notées beaucoup plus fréquemment lorsque le QI de Performance est inférieur au QI Verbal.

Moffit et Silva (1987) ont vérifié ces observations avec le WISC-R. Pour ce faire, ils ont utilisé les données recueillies lors de la *Dunedin Health and Development Study*. Dans cette étude longitudinale, plus de 900 enfants ont été testés à 7, 9 et 11 ans. Outre le WISC-R, les enfants ont, à chaque âge, passé un test de lecture et un test d'aptitude motrice. Leurs éventuels problèmes de comportement ont été appréciés au moyen du *Rutter Behavior Problem Checklist*. Pour chaque enfant, les auteurs ont noté la présence ou l'absence d'atteintes neurologiques. Celles-ci ont été regroupées en quatre catégories selon l'origine du trouble (problèmes périnataux, traumatismes crâniens...). Moffit et Silva ont ensuite rangé les enfants en deux groupes en fonction de la présence ou non d'une différence majeure entre leur QI Verbal et leur QI de Performance. Les auteurs ont considéré qu'une différence était majeure si elle apparaissait chez moins de 10 % des sujets. Ils ont ainsi pris comme valeurs de référence une différence de 22 points à 7 ans, de 23 points à 9 ans et de 24 points à 11 ans. Moffit et Silva ont constaté que les deux groupes ainsi constitués ne se distinguaient pas du point de vue de la fréquence des troubles neurologiques. Ils n'ont pas non plus constaté de différence significative du point de vue des problèmes comportementaux et des aptitudes motrices. Ils concluent dès lors qu'une très large différence entre le QI Verbal et le QI de Performance n'est pas un indicateur intéressant pour le diagnostic des troubles neurologiques. Cependant, ils reconnaissent que leur définition des troubles cérébraux est assez grossière et que «des critères mieux définis pour la détermination des cas auraient pu conduire à des résultats différents» (Moffit et Silva, 1987, p. 773).

Cette recherche est prototypique de la plupart des études menées sur la même question. Toutes ces études appréhendent en effet les atteintes cérébrales très globalement. Souvent, les sujets souffrant de troubles neurologiques sont rangés dans une seule catégorie et comparés à un groupe contrôle. Il est alors possible que, dans le groupe des sujets pathologiques, des symptômes neurologiques opposés s'annulent lors du calcul de la moyenne des différences Verbal/Performance. Lorsque, comme dans l'étude de Moffit et Silva, les auteurs introduisent certaines distinctions au sein du groupe pathologique, elles sont souvent imprécises et discutables. Pour étudier de manière pertinente les caractéristiques psychométriques des troubles cérébraux, il est nécessaire de regrouper des sujets présentant des altérations neurologiques très semblables. Mais, comme le fait remarquer Kaufman (1979), trouver des enfants avec des lésions cérébrales bien localisées et obtenir des informations neurologiques précises à leur propos est loin d'être évident.

Vu ces difficultés, la plupart des chercheurs se sont limités à l'analyse de la relation entre la différence Verbal/Performance et la latéralisation hémisphérique des lésions. Cette mise en relation s'appuie sur l'existence d'une certaine spécialisation hémisphérique. Depuis longtemps déjà, les neurologues ont en effet constaté que la destruction de zones situées dans l'hémisphère gauche entraîne un déficit de la production et de la compréhension verbale. Inversement, ils ont observé que des lésions situées dans l'hémisphère droit se manifestent par des troubles visuo-spatiaux. Ces tableaux cliniques ont conduit les neurologues à considérer chaque hémisphère comme le siège de fonctions relativement spécifiques. Il était dès lors naturel de rapprocher cette répartition fonctionnelle entre hémisphères et les deux dimensions de l'intelligence mesurées par les échelles de Wechsler. Selon ce modèle du fonctionnement cérébral, les lésions de l'hémisphère gauche devraient se manifester par une dépression du QI Verbal alors que les lésions de l'hémisphère droit devraient se traduire par une faiblesse du QI de Performance. Cette hypothèse a été testée par plusieurs chercheurs, mais les résultats se sont révélés contradictoires. Ainsi, Lewandowski et DeRienzo (1985) ont appliqué le WISC-R à des enfants hémiplégiques âgés de 6 à 12 ans. Ils constatent une liaison entre les lésions de l'hémisphère droit et un QI de Performance déprimé. Par contre, ils n'observent pas de relation entre les lésions de l'hémisphère gauche et une faiblesse du QI Verbal. Morris et Bigler (1987) font, quant à eux, le constat opposé chez des enfants cérébrolésés du même âge. Ils observent en effet une liaison plus étroite entre les lésions gauches et le QI Verbal qu'entre les lésions droites et le QI de Performance. La même observation est faite par Ballantyne *et al.* (1994) sur un échantillon d'enfants souffrant de lésions cérébrales périnatales localisées dans un seul des hémisphères. Dans cet échantillon, seuls les enfants souffrant d'une lésion de l'hémisphère droit présentent une différence Verbal/Performance significative, à l'avantage du QI de Performance.

Sur base des connaissances actuelles sur la répartition des fonctions mentales entre hémisphères, les résultats peu convaincants des études sur la différence Verbal/Performance ne sont pas étonnants. Il est aujourd'hui clair que les fonctions mentales supérieures ne constituent pas des entités parfaitement localisées (Sergent, 1994). Elles sont au contraire constituées de composantes multiples souvent distribuées dans les deux hémisphères. Les progrès de l'imagerie cérébrale (Posner et Raichle, 1998) ont confirmé la complexité des fonctions mentales supérieures et leur localisation multiple. Il est dès lors évident que l'hypothèse d'une correspondance terme à terme entre les hémisphères cérébraux et les deux sous-échelles du WISC-III n'est plus tenable. Des lésions cérébrales unilatérales n'impliquent pas nécessairement des répercussions négatives sur une seule des deux échelles du WISC-III.

La délinquance

Déjà Wechsler (1944) constatait que les adolescents délinquants présentaient souvent un QI de Performance supérieur au QI Verbal. Ce pattern Performance > Verbal caractéristique des délinquants est un des rares profils à avoir été retrouvé régulièrement dans les études ultérieures à celles de Wechsler. Ainsi, Ollendick (1979) a examiné la différence Verbal/Performance de 121 adolescents délinquants. Il constate que 33,9 % d'entre eux présentent une différence Verbal/Performance significative au seuil de 5 % et qu'ils sont encore 20,7 % à avoir une différence significative au seuil de 1 %. La direction de ces différences significatives est toujours Performance > Verbal. Comme 98 % des adolescents examinés appartenaient à des familles ouvrières, Ollendick a comparé leur différence Verbal/Performance à celle des enfants d'ouvriers inclus dans l'échantillon d'étalonnage du WISC-R américain. Il observe que les adolescents délinquants diffèrent significativement des autres adolescents appartenant au même milieu, du point de vue de la fréquence des différences significatives Verbal/Performance et du point de vue du sens de cette différence. Ces résultats confirment l'existence d'une relation significative entre la délinquance et un QI de Performance significativement supérieur au QI Verbal.

Haynes et Bensch (1981) ont étudié la différence Verbal/Performance chez 90 adolescents délinquants âgés de 14 et 15 ans. Parmi ceux-ci, 54 étaient des récidivistes. Les auteurs émettent l'hypothèse que les délinquants récidivistes sont en majorité des psychopathes alors que les délinquants primaires constituent une population plus hétérogène. Ils observent que 70 % des récidivistes présentent un QI de Performance supérieur au QI Verbal, alors que les délinquants primaires ne sont que 42 % à présenter un tel profil. Cette différence de pourcentage se révèle très significative ($p<.01$). Par contre, le pourcentage Performance > Verbal observé chez les délinquants primaires n'est guère différent de celui rencontré dans la population générale. Les auteurs pensent que la fréquence du profil Performance > Verbal chez les délinquants récidivistes est liée à un fonctionnement cognitif plus concret, caractéristique des psychopathes. Face aux problèmes, ceux-ci utilisent plutôt le passage à l'acte que la médiation verbale.

Cette interprétation est corroborée par les résultats de la recherche de Culberton, Feral et Gabby (1989). Ceux-ci ont étudié la différence Verbal/Performance de 55 adolescents délinquants âgés de 13 à 16 ans. Ils constatent, eux aussi, que 70 % de ces délinquants ont un QI de Performance supérieur au QI Verbal. Parmi ces derniers, la moitié ont 8 points ou plus de différence entre les deux QI, 36 % ont 12 points de différence et 26 % ont 15 points de différence. « Les calculs démontrent que le profil QI de Performance > QI Verbal est presque toujours attribuable à une intelligence verbale en dessous de la moyenne » (Culberton *et al.*, 1989, p. 658). Par contre, le QI de Performance se situe, lui, autour de la moyenne. Ces résultats confirment le déficit verbal caractéristique des délinquants psychopathes. Mais ces mêmes sujets présentent des aptitudes d'organisation perceptive, de conscience de l'environnement, de manipulation des objets familiers et de raisonnement non verbal assez proches de la normale.

La recherche de Cornell et Wilson (1992) confirme la fréquence particulièrement élevée du profil QI de Performance > QI Verbal chez les délinquants. Ces auteurs ont évalué la différence Verbal/Performance au WISC-R chez des adolescents délinquants âgés de 12 à 17 ans, les uns ayant commis des délits violents (homicides, coups et blessures) et les autres des délits sans violence (vols). Ils constatent que ces deux groupes de délinquants ne se différencient pas significativement du point de vue de leur QI ni de la différence Verbal/Performance. Ils observent que 35 % de tous les délinquants étudiés (N = 149) présentent un QI de Performance supérieur de 12 points ou plus à leur QI Verbal. Par contre, 5 % seulement de ces délinquants présentent le profil inverse. Dans l'échantillon d'étalonnage du WISC-R américain, 16 % des garçons ont un QI de Performance significativement supérieur à leur QI Verbal et 16 % présentent le profil inverse. Les sujets délinquants se caractérisent donc par la dépression fréquente de leur QI Verbal par rapport à leur QI de Performance, mais aussi par la rareté du profil inverse.

3. L'INTERPRÉTATION DES INDICES FACTORIELS

Le calcul des Indices Factoriels a été introduit dans le WISC-III dans le but de fournir des informations complémentaires aux cliniciens. Dans le chapitre 2, nous avons vu que le calcul de quatre Indices Factoriels n'avait pu être validé sur base de l'analyse factorielle des données d'étalonnage françaises. Dans la version française du WISC-III, seuls trois Indices Factoriels peuvent être calculés. Le tableau 22 rappelle les subtests qui composent ces Indices.

Tableau 22 — Subtests inclus dans chaque Indice Factoriel.

Compréhension Verbale	Organisation Perceptive	Vitesse de Traitement
Information	Complètement d'images	Code
Similitudes	Arrangement d'images	Symboles
Vocabulaire	Cubes	
Compréhension	Assemblage d'objets	

On peut constater que les Indices Compréhension Verbale (ICV) et Organisation Perceptive (IOP) sont très semblables, respectivement, au QI Verbal et au QI de Performance. Dans le premier cas, seule l'épreuve d'Arithmétique est absente. Dans le second cas, l'épreuve de Code est la seule manquante. Il n'est dès lors pas étonnant que les propriétés métriques de l'ICV et de l'IOP soient très proches de celles du QIV et du QIP. Le coefficient de fiabilité de l'ICV est de 0,93 et celui de l'IOP de 0,88. Ces valeurs sont légèrement inférieures aux coefficients de fiabilité des QI car elles ont été calculées sur un plus petit nombre d'épreuves. Selon la théorie classique des scores (Laveault et Grégoire, 1997), la longueur d'un test influence en effet sa fiabilité. Les erreurs-types de mesure de l'ICV et de l'IOP sont, logiquement, un peu plus importantes que celles des QIV et QIP. Elles sont, respectivement, de 4,03 et 5,14 points. La différence entre l'ICV et l'IOP doit être de 13 points pour être considérée comme statistiquement significative au seuil de 5 %. La fréquence de cette différence au sein de l'échantillon d'étalonnage est quasi identique à celle observée entre le QIV et le QIP (Wechsler, 1996, p. 262).

Vu leur similitude avec le QIV et le QIV, on peut s'interroger sur l'utilité clinique de l'ICV et de l'IOP, d'autant plus que leur fiabilité est légèrement plus faible que celle des QI. Le seul avantage des Indices par rapport aux QI est d'être des mesures plus pures des deux premiers facteurs mis en évidence lors de l'analyse des données d'étalonnage américaines et françaises. Ces deux facteurs correspondent à certains des facteurs généraux au sein du modèle de la structure des aptitudes cognitives proposé par Carroll (1993a). Ces facteurs sont l'intelligence Cristallisée (Gc) et la Visualisation Générale (Gv). L'ICV et l'IOP ont dès lors une cohérence théorique plus forte que le QIV et le QIP qui apparaissent comme des mesures plus hétérogènes.

Ces considérations théoriques n'ont toutefois qu'un impact limité sur l'analyse clinique des résultats au WISC-III. Dans la pratique, l'ICV et l'IOP s'interprètent de la même manière que le QIV et le QIP. Ce qui a été présenté plus haut à propos des QI vaut *ipso facto* pour les Indices. Par conséquent, l'usage des Indices n'a de sens que lorsque le QIV et/ou le QIP sont déprimés du seul fait d'une note anormalement basse en Arithmétique et/ou en Code. Dans ce cas, les Indices offrent un reflet plus correct de Gc et de Gv. Dans les autres cas, l'interprétation des Indices est redondante avec celle des QI.

Composé de seulement deux épreuves, l'Indice Vitesse de Traitement (IVT) est le moins fiable des trois Indices. Son coefficient de fiabilité est égal à 0,82 et son erreur-type de mesure est de 6,4 points, ce qui est relativement important. Carroll (1993b) est très prudent quant à l'interprétation de l'IVT. Selon lui, il pourrait représenter un facteur général appelé *Vitesse de Traitement Cognitif* (Gs) dans son modèle de la structure des aptitudes. De son côté, Kranzler (1997) met explicitement en question l'appellation *Vitesse de Traitement* donnée à cet Indice factoriel. Selon lui, cette appellation introduit une confusion avec le concept de vitesse de traitement utilisée par des auteurs comme Jensen ou Vernon pour expliquer les différences inter-individuelles sur le facteur g. La faible saturation par le facteur g des épreuves de Code et de Symboles ne permet pas, selon Kranzler, de les considérer comme de bonnes mesures de la vitesse de traitement. Pour notre part, nous avons déjà souligné que la vitesse de traitement n'intervient pas uniquement dans les épreuves de Code et de Symboles et que ces deux épreuves font également appel à l'analyse visuelle de formes graphiques et aux capacités graphomotrices. Par conséquent, un IVT faible pourrait être dû à d'autres facteurs que la vitesse de traitement. Les données cliniques relatives à l'IVT ne sont pas, elles non plus, très éclairantes sur la nature de cet Indice. Jusqu'à ce jour, seule l'étude de Schwean *et al.* (1993) a pu mettre en évidence une relation entre un trouble cognitif et une faiblesse spécifique de l'IVT. Ces auteurs ont analysé le profil des résultats au WISC-III de 45 enfants souffrant de troubles de l'attention. Ils observent que l'IVT moyen de ces enfants est le plus faible des indices factoriels. Le flou qui entoure la nature de l'IVT et le peu de données cliniques concluantes nous conduisent à recommander une utilisation prudente de cet Indice factoriel.

4. L'ANALYSE DE LA DISPERSION

Introduction

L'analyse de la dispersion (scatter) des notes standard est le fondement et le préalable nécessaire de toute interprétation clinique sérieuse des résultats au WISC-III. En effet, avant de voir dans tel ou tel résultat un signe pathologique ou la marque de la force ou de la faiblesse d'une aptitude quelconque, il nous faut déterminer si l'hétérogénéité apparente des notes standard est le fruit ou non d'une variation aléatoire. Autrement dit, nous devons vérifier si la dispersion observée est statistiquement significative ou non. Si c'est le cas, nous pourrons alors parler d'une hétérogénéité réelle des processus cognitifs du sujet.

Soulignons qu'il n'est encore question que de la signification des résultats. Le problème de la normalité ou non d'une dispersion est plus complexe et demande des informations complémentaires. Nous en reparlerons plus loin. Pour l'instant, nous allons passer en revue les différentes méthodes proposées pour analyser la dispersion et mettre en évidence leurs qualités et leurs défauts. Nous verrons qu'une de ces méthodes apparaît nettement plus satisfaisante que les autres et devrait être préférée dans la pratique clinique (Grégoire, 1989).

4.1. La méthode de Wechsler

La méthode proposée par Wechsler (1944) concernait à l'origine l'échelle Wechsler-Bellevue. Elle a été utilisée ultérieurement pour les autres échelles créées par David Wechsler. Elle consiste à comparer chaque note standard à la moyenne des notes de l'échelle. Par exemple, si pour 10 subtests la somme totale des notes standard est de 93, la note moyenne sera de 9,3 points. C'est à cette valeur que seront comparés les résultats aux différents subtests. Cette procédure est légitime dans la mesure où tous les subtests contribuent de manière égale à la note totale.

Wechsler suggère d'évaluer la dispersion pour l'échelle totale si la différence entre la note Verbale et la note de Performance n'est pas trop importante. Dans le cas contraire, il conseille d'évaluer la dispersion séparément pour l'échelle Verbale et pour l'échelle de Performance. Wechsler reste toutefois imprécis sur la valeur qui nous permettrait de choisir l'une ou l'autre procédure. Il parle d'une différence de 8 à 10 points entre la note Verbale et la note de Performance. Mais, nulle part, il ne justifie ce critère.

Wechsler reste également vague à propos du seuil de signification de la différence d'une note par rapport à la moyenne. Selon lui, toute différence de plus de 2 points est significative. Mais, ici non plus, il ne justifie pas le choix de cette valeur. De plus, sans raison apparente, il affirme que cette valeur n'est utilisable que si la somme des notes standard du sujet est incluse dans l'intervalle 80-110. Si ce n'est pas le cas, le seuil de signification doit être calculé en divisant la moyenne des notes standard par 4. Par conséquent, le seuil de signification varie en fonction du score total à l'échelle. Plus ce score est élevé, plus la valeur du seuil de signification est élevée, et inversement.

La méthode proposée par Wechsler est trop imprécise pour être opérationnelle. Elle doit, par conséquent, être rejetée.

Quelle méthode d'analyse de la dispersion pouvons-nous dès lors utiliser ?

Dans la 5e édition entièrement refondue de l'ouvrage de Wechsler (Matarazzo, 1972), nous constatons qu'il n'est plus fait mention de la procédure de Wechsler ni d'aucune autre méthode d'analyse statistique de la dispersion. La raison de cette disparition est la faillite du projet d'établir des profils (patterns) cliniques caractéristiques à partir de la dispersion des notes standard. Pour Wechsler, en effet, le but de l'analyse de la dispersion était de donner un fondement rigoureux au travail de détermination des profils. Ce projet a abouti à des conclusions tellement contradictoires qu'il en a perdu toute crédibilité (voir à ce propos l'importante revue de la question réalisée par Frank, 1983).

Doit-on dès lors revenir à une interprétation de l'hétérogénéité basée sur la seule intuition clinique ? Nous ne le pensons pas. Au contraire, les bases statistiques de l'interprétation restent essentielles mais doivent être mieux définies. D'autres méthodes que celle de Wechsler existent. Nous allons à présent les analyser.

4.2. L'anormalité de la dispersion

Récemment, Kaufman (1994) a proposé une procédure simple pour évaluer l'amplitude de la dispersion des notes standard autour de leur moyenne. S'inspirant de Silverstein (1993), il suggère de ne s'intéresser qu'au caractère anormal des écarts par rapport à la moyenne. Pour ce faire, il se réfère au tableau B.3 du manuel (Wechsler, 1991, p. 263) qui mentionne, pour chaque subtest, le nombre de points d'écart par rapport à la moyenne des notes standard observée dans différents pourcentages de l'échantillon d'étalonnage. Par exemple, lorsque la moyenne des notes standard est calculée pour cinq subtests de l'échelle Verbale, l'écart entre cette moyenne et l'épreuve d'Information est d'au moins 4,2 points pour 1 % des sujets de l'échantillon d'étalonnage. Kaufman propose de ne prendre en compte que les différences observées chez 10 % des sujets. Ainsi, dans l'échantillon d'étalonnage, 10 % des sujets présentent une différence d'au moins 2,6 points entre le subtest d'Information et la moyenne des notes standard de l'échelle Verbale. Par conséquent, la valeur de 2,6 points doit être prise comme référence pour apprécier si une différence entre le score en Information et la moyenne des scores est anormale ou pas. Selon Kaufman, seuls les scores anormaux devraient retenir l'attention du psychologue lors de l'interprétation d'un protocole.

La procédure proposée par Kaufman a, sans nul doute, l'avantage de la facilité. Elle soulève toutefois quelques problèmes. Le premier concerne le caractère anormal d'un écart par rapport à la moyenne des notes standard. Une différence observée chez seulement 10 % des sujets est indiscutablement peu fréquente et peut, à ce titre, être qualifiée d'anormale. Toutefois, il est à craindre que les praticiens ne glissent imperceptiblement du sens statistique du terme *anormal* à son sens psychopathologique. Or, rien ne permet de considérer un écart peu fréquent comme un indice de pathologie. Si, par exemple, la moyenne des notes verbales d'un sujet est de 15 et son score en Information est de 12, l'écart entre ce score et la moyenne sera égale à 3 et dépassera la valeur de référence de 2,6. Un tel écart est certes peu fréquent, mais il n'est pas pour autant l'indice d'un trouble cognitif. Une note de 12 au subtest d'Information reflète en effet une performance sensiblement supérieure à la moyenne des sujets du même âge.

Le second problème soulevé par la procédure de Kaufman est la confusion qu'elle crée entre les comparaisons intra-individuelles et inter-individuelles des scores. Kaufman propose en effet d'apprécier l'écart entre un score et la moyenne des scores d'un sujet en se référant à la taille de cet écart au sein d'un échantillon de référence. La dispersion des notes d'un sujet est dès lors évaluée uniquement en fonction de la dispersion observée au sein de la population. Cette comparaison est certes utile mais, selon nous, ne devrait venir que dans un second temps, après qu'une comparaison interne au profil des notes du sujet ait été réalisée. Il est en effet important de pouvoir apprécier la dispersion des notes standard d'un sujet, sans se soucier de la fréquence d'une telle dispersion au sein de la population. L'analyse des résultats au WISC-III ne vise pas seulement à repérer l'anormalité et la pathologie. Elle a aussi pour but de repérer les forces et les faiblesses d'un sujet, même si un tel profil est relativement fréquent chez les sujets du même âge.

Les problèmes que nous venons de soulever nous conduisent à rejeter cette méthode d'analyse de la dispersion suggérée par Kaufman.

4.3. L'étendue de la dispersion

Une autre méthode d'évaluation de la dispersion est le calcul de l'étendue. Cette dernière se définit comme la différence entre la note la plus élevée et la note la plus faible au sein de la distribution des notes standard. Il s'agit d'une mesure assez grossière de la dispersion puisqu'elle ne fait intervenir que les deux notes extrêmes de la distribution. Son utilité clinique est donc assez limitée. De plus, pour être vraiment opérationnelle, cette méthode suppose que nous connaissions l'étendue de la dispersion des sujets normaux à laquelle les résultats du sujet examiné pourront être comparés. Pour répondre à cette question, nous avons calculé l'étendue des notes standard de tous les sujets de l'échantillon d'étalonnage du WISC-III français. Les résultats sont présentés dans le tableau 23.

Tableau 23 — Etendue des notes standard au sein de l'échantillon d'étalonnage.

Age	N	M	S	Sexe	N	M	S
6½	105	7,6	2,4	Garçons	548	7,4	2,3
7½	102	7,6	2,3	Filles	572	7,3	2,1
8½	103	7,5	2,1				
9½	103	7,4	2,3	QI Total	N	M	S
10½	102	7,3	2,3	120 et +	114	7,0	2,1
11½	103	7,6	2,1	110 à 119	179	7,3	2,4
12½	100	7,0	1,8	90 à 109	549	7,3	2,2
13½	100	7,3	2,3	80 à 89	172	7,8	2,2
14½	100	7,3	2,2	79 et -	106	7,5	2,2
15½	100	6,9	2,4				
16½	102	7,5	2,3	Total	N	M	S
					1.120	7,4	2,2

L'étendue a été calculée sur les 10 notes standard utilisées habituellement pour le calcul du QI Total. Nous n'avons pas tenu compte des notes standard aux trois subtests facultatifs, à savoir Mémoire de chiffres, Labyrinthes et Symboles. Nous avons ensuite calculé la moyenne et l'écart-type de l'étendue pour l'ensemble des sujets de l'échantillon (N = 1.120). Ces deux valeurs sont respectivement de 7,4 points et 2,2 points. Elles sont quasi identiques à celles que nous avions observées avec les données d'étalonnage du WISC-III (Grégoire, 1992). Nous avons également évalué la moyenne et l'écart-type de l'étendue en fonction du sexe, du groupe d'âge et de la catégorie de QI. Dans le tableau 23, nous pouvons constater qu'il n'y a guère de variation de l'étendue en fonction de ces trois variables. La moyenne est toujours d'environ 7 points et l'écart-type d'environ deux points.

Ces valeurs mettent en cause bien des *a priori* sur les caractéristiques psychométriques de l'intelligence normale. Kaufman (1976) a, le premier, fait un constat similaire à partir des données de l'échantillon d'étalonnage du WISC-R américain. Il a été particulièrement surpris d'observer une étendue moyenne de 7 points chez des sujets tout-venant. Pris de doute, il a d'ailleurs recalculé à la main l'étendue de la dispersion pour tout un groupe d'âge, confirmant son constat initial (Kaufman, 1979, p. 196). Par la suite, il a interrogé à ce propos plusieurs psychologues ayant une longue expérience d'utilisation de l'échelle de Wechsler pour enfants. Tous ont estimé l'étendue moyenne des sujets normaux à 3-4 points... D'évidence, les praticiens sous-estiment l'hétérogénéité du fonctionnement cognitif des sujets tout-venant et ont tendance à qualifier de pathologique tout phénomène qui s'écarte de leur représentation idéalisée du fonctionnement intellectuel normal.

4.4. La différence significative entre paires de subtests

Une quatrième méthode d'évaluation de la dispersion consiste à comparer les subtests deux à deux. Le manuel français renseigne à ce propos les différences significatives entre les notes standard au seuil de 0,15 et 0,5 (Wechsler, 1996, p. 265). Il suffit dès lors de vérifier si la différence entre deux subtests dépasse ou non la valeur indiquée dans le tableau. Si ce n'est pas le cas, la différence constatée est attribuée au hasard. Dans le cas contraire, la différence est jugée statistiquement significative et susceptible d'une interprétation clinique.

Apparemment simple et évidente, cette méthode pose un problème statistique sérieux qui nous conduit à la rejeter. Dans un article sur «L'analyse du profil comme inférence statistique simultanée» (1982), Silverstein souligne en effet que cette méthode n'est pertinente que si le psychologue tire au hasard les deux subtests à comparer. Dans ce cas, il est correct d'affirmer qu'une différence est significative au seuil de 5 % (ou de 15 %), c'est-à-dire qu'il n'y a que 5 chances sur 100 que la différence observée soit due au hasard. Mais, dans la pratique, le psychologue ne choisit pas aléatoirement les subtests à comparer. Au contraire, il repère les notes les plus hautes et les plus basses et ne compare que les subtests les plus contrastés. A ce moment, et le psychologue l'ignore, la probabilité de tirer une conclusion erronée est nettement supérieure à 5 %.

La méthode des comparaisons par paires de subtests souffre également d'inconvénients pratiques. Elle nous permet, certes, de rassembler un grand nombre d'informations à propos du fonctionnement cognitif des sujets examinés. Mais, entre les 14 subtests de l'échelle, 91 comparaisons sont possibles. Ce nombre élevé de comparaisons conduit à une inflation d'informations. L'intégration de ces dernières est loin d'être aisée et se révèle souvent trop complexe à réaliser dans la pratique diagnostique courante.

4.5. L'écart significatif par rapport à la moyenne

Enfin, une cinquième méthode s'inspire de celle proposée par Wechsler, mais lui donne des bases statistiques plus solides. Cette méthode consiste, elle aussi, à comparer chaque note standard à la moyenne de toutes les notes standard du test. Mais elle résout le problème du seuil de signification des différences par rapport à la moyenne en utilisant la formule développée par Davis (1959). Celle-ci permet en effet de déterminer l'erreur-type de mesure de la différence entre une moyenne et chacune des notes qui entrent dans le calcul de cette moyenne.

Cette formule est la suivante :

$$\text{Erreur - type de mesure} = \sqrt{\frac{S_{ET}^2}{n^2} + \left(\frac{n-2}{n} S_{EX_i}^2\right)}$$

n = nombre de scores entrant dans le calcul de la moyenne

$S_{EX_i}^2$ = variance de l'erreur de mesure du score i entrant dans le calcul de la moyenne

$S_{ET}^2 = \sum S_{EX_i}^2$ = variance de l'erreur de mesure de la somme des n scores.

L'utilisation de cette formule n'est pertinente que si toutes les notes qui entrent dans le calcul de la moyenne ont une même moyenne et un même écart-type, ce qui est le cas des notes standard du WISC-III.

La formule de Davis nous permet de calculer l'erreur-type de mesure de chacun des subtests du WISC-III qui interviennent dans le calcul du score moyen. La valeur de l'erreur-type peut être considérée comme un seuil à partir duquel la déviation d'un score par rapport à la moyenne a de grandes chances d'être due aux caractéristiques cognitives du sujet. Les déviations inférieures à ce seuil seront, au contraire, considérées comme très probablement dues à des erreurs de mesure et ne feront pas, dès lors, l'objet d'une interprétation psychologique. Par exemple, si l'erreur-type de mesure de la différence entre le subtest d'Information et la moyenne des autres subtests est de 2 points, une note standard qui s'écarte de 3 points (en plus ou en moins) de la moyenne sera considérée comme statistiquement significative. Cet écart pourra faire l'objet d'une interprétation en termes psychologiques. Par contre, si l'écart par rapport à la moyenne est inférieur à 2 points, cette déviation sera considérée comme due aux erreurs de mesures et sera dès lors négligée.

Prendre l'erreur-type de mesure comme seuil de signification est toutefois trop libéral. En effet, les écarts par rapport à la moyenne dus aux erreurs de mesure dépassent cette valeur dans 32 % des cas. Le risque est alors grand d'attribuer une signification psychologique à une différence purement aléatoire. Généralement, 5 % est considéré comme un niveau de risque plus acceptable. Pour atteindre ce seuil, nous devrions multiplier l'erreur-type de mesure par la valeur de z appropriée, en l'occurrence par 1,96. En fait, cette valeur de z est incorrecte car nous évaluons la dispersion de plusieurs notes en même temps, ce qui accroît le risque d'erreur de type I. Pour prendre en compte ce risque, nous devons corriger le risque d'erreur[3] en divisant le taux d'erreur choisi par le nombre de notes comparées. Par exemple, si 10 subtests sont inclus dans l'analyse de la dispersion, il nous faut diviser par 10 le taux de 5 %. Lorsque nous consultons la table de distribution normale, le taux d'erreur à prendre en compte est 0,5 % (et non 5 %)[4]. La valeur de z par laquelle nous devons multiplier l'erreur-type de mesure lorsque nous souhaitons un niveau de risque de 5 % est, par conséquent, égale à 2,81.

Le manuel renseigne les valeurs de référence au seuil de 5 % que le praticien doit prendre en compte lorsqu'il évalue l'écart d'une note par rapport à la moyenne. Ces valeurs de référence ont été calculées pour différentes moyennes de notes, en l'occurrence pour les moyennes de 4, 5, 6, 7, 10, 12 et 13 subtests (Wechsler, 1996, p. 263-264). Il manque toutefois les valeurs de référence pour une moyenne calculée à partir de 11 subtests, c'est-à-dire les 10 subtests de base auxquels s'ajoute le subtest de Mémoire de chiffres. Cette combinaison de subtests est souvent utilisée par les praticiens qui souhaitent avoir une information à propos de l'empan de la mémoire immédiate. Les erreurs-types de mesure par rapport à la moyenne de 11 tests sont présentées dans le tableau 24. Les valeurs à prendre en compte au seuil de 5 % et 15 % sont également mentionnées.

Tableau 24 — Erreurs-types de mesure de la différence par rapport à la moyenne de 11 notes standard.

	Erreur-type de mesure de la différence	Déviation minimum au seuil de 5 %	Déviation minimum au seuil de 15 %
Echelle verbale			
Information	1,16	3,29	2,86
Similitudes	1,14	3,24	2,82
Arithmétique	1,19	3,38	2,94
Vocabulaire	1,10	3,12	2,71
Compréhension	1,16	3,28	2,86
Mémoire de chiffres	1,10	3,13	2,72
Echelle de Performances			
Complètement d'images	1,24	3,53	3,07
Code	1,20	3,40	2,96
Arrangement d'images	1,18	3,34	2,91
Cubes	1,09	3,10	2,69
Assemblage d'objets	1,30	3,69	3,21

Comment doit-on utiliser les valeurs de références mentionnées dans le tableau 24 ?

Pour illustrer la procédure à suivre, nous avons utilisé dans le tableau 25 les notes standard d'un sujet fictif. La moyenne des 11 notes standard de ce sujet est égale à 10,1. Nous avons calculé la différence entre chacune des 11 notes et cette moyenne. La valeur[5] de chaque différence a ensuite été comparée à la valeur de référence (au seuil de 5 %) indiquée dans la seconde colonne du tableau. Nous pouvons constater qu'Arithmétique (−4,1) et Complètement d'Images (+4,9) sont les seuls scores qui s'écartent significativement de la moyenne des notes standard. Ces écarts sont, par conséquent, les seuls susceptibles de faire l'objet d'une interprétation psychologique. Toutes les autres différences doivent être considérées comme des fluctuations aléatoires dues à des erreurs de mesure. Elles ne doivent donc pas être interprétées.

Le tableau 24 mentionne des valeurs de référence à utiliser lorsque l'analyse de la dispersion porte sur l'ensemble de l'échelle. Cette procédure n'est pertinente que si la différence entre le QI Verbal et le QI de Performance est réduite. L'analyse de la dispersion doit être effectuée pour chacune des deux échelles séparément lorsque la différence entre le QI Verbal et le QI de Performance est statistiquement significative. Dans la section précédente, nous avons rappelé qu'au seuil de 5 %, la différence entre le QI Verbal et le QI de Performance est significative lorsqu'elle est égale ou supérieure à 12 points. Les valeurs de référence à utiliser lorsque l'analyse de la dispersion est réalisée séparément pour l'échelle Verbale et l'échelle de Performance sont mentionnées dans le manuel pour des combinaisons de 4, 5, 6 et 7 subtests (Wechsler, 1996, p. 263-264).

Tableau 25 — **Exemple de calcul des écarts par rapport à la moyenne de 11 notes standard.**

		Exemple	
Tests	Déviation minimum au seuil de 5 %	Notes standard	Déviation de la moyenne
Information	± 3,3	9	-1,1
Similitudes	± 3,2	11	+0,9
Arithmétique	± 3,4	6	-4,1
Vocabulaire	± 3,1	9	-1,1
Compréhension	± 3,3	10	-0,1
Mémoire	± 3,1	11	+0,9
Compl. d'images	± 3,5	15	+4,9
Code	± 3,4	9	-1,1
Arr. d'images	± 3,3	12	+1,9
Cube	± 3,1	12	+1,9
Ass. d'objets	± 3,7	7	-3,1

Moyennes des notes standard = 10,1

Nous avons souligné dans la section précédente qu'une différence statistiquement significative entre le QI Verbal et le QI de Performance n'est pas nécessairement l'indice d'une pathologie cognitive. Une telle différence est en effet relativement fréquente chez les sujets tout-venant. Nous devons tenir compte de ce phénomène lorsque nous analysons la dispersion des notes standard. Une certaine dispersion des notes s'observe en effet chez un grand nombre de sujets qui ne souffrent d'aucun trouble intellectuel et sont bien adaptés à leur environnement scolaire et social. Lorsque le praticien analyse le profil d'un sujet, il ne doit, par conséquent, pas se limiter à vérifier la signification statistique des différences par rapport à la moyenne. Il doit également tenir compte de la fréquence des écarts significatifs chez les sujets tout-venant. Dans ce but, nous avons analysé la dispersion des notes standard au sein de l'échantillon d'étalonnage du WISC-III.

Pour réaliser l'analyse de la dispersion dans l'échantillon d'étalonnage du WISC-III, nous avons tout d'abord scindé cet échantillon en deux groupes. Respectant le principe exposé plus haut, nous avons en effet évalué séparément la dispersion selon que les sujets présentaient ou non une différence entre le QI Verbal et le QI de Performance égale ou supérieure à 12 points. Sur l'ensemble de l'échantillon (N = 1.120), 462 sujets présentent une telle différence alors que 658 sujets ne présentent pas de différence significative entre les deux QI. Dans ce dernier cas, nous avons calculé, pour chaque sujet, la moyenne des 10 notes standard utilisées habituellement pour l'évaluation du QI Total. Nous avons ensuite compté le nombre de notes standard qui s'écartaient significativement de cette moyenne en nous basant sur les valeurs renseignées dans le manuel au seuil de 5 %.

Tableau 26 — **Nombre de notes déviant significativement de la moyenne des dix scores de l'échelle Totale au sein de l'échantillon d'étalonnage.**

Age	N	M	S	Sexe	N	M	S
6½	64	1,1	1,0	Garçons	332	1,0	1,1
7½	53	1,2	1,1	Filles	326	1,1	1,0
8½	69	1,4	1,2				
9½	66	1,1	1,1	*QI Total*	N	M	S
10½	57	0,9	0,9	120 et +	67	0,9	0,9
11½	56	0,1	1,1	110 à 119	102	1,0	0,9
12½	53	1,1	1,1	90 à 109	327	1,0	1,1
13½	53	0,8	0,9	80 à 89	98	1,2	1,0
14½	56	1,0	1,0	79 et -	64	1,2	1,1
15½	68	0,9	0,9				
16½	63	1,1	1,0	*Groupe total*	N	M	S
					658	1,1	1,0

Le tableau 26 présente le nombre moyen de notes standard qui s'écartent significativement de la moyenne des scores des 658 sujets de l'échantillon d'étalonnage dont la différence Verbal/Performance était inférieure à 12 points. Le tableau renseigne également cette valeur moyenne en fonction des variables *Age*, *Sexe* et *Catégorie de QI*. Nous pouvons constater qu'en moyenne, les sujets ont une note qui s'écarte significativement de la moyenne de leurs notes standard. Une moyenne similaire est observée quels que soient l'âge, le sexe et le QI des sujets. Les légères variations constatées dans certains groupes semblent être purement aléatoires et n'avoir aucune signification psychologique. D'un point de vue pratique, il est raisonnable de prendre la valeur d'une note déviante comme caractéristique du profil des sujets tout-venant.

Tableau 27 — Pourcentage de notes déviant significativement de la moyenne des notes de l'échelle Totale, de l'échelle Verbale et de l'échelle de Performance.

	Echelle Total (10 notes)		Echelle Verbale (5 notes)		Echelle Performance (5 notes)	
Nbre notes déviantes	N	%	N	%	N	%
0	230	35,0	294	63,6	216	46,8
1	246	37,3	116	25,1	133	28,7
2	124	18,9	47	10,2	97	21,0
3	36	5,5	5	1,1	14	3,1
4	21	3,1	-		2	0,4
5	1	0,2	-		-	
	N = 658		N = 462		N = 462	
	Moyenne = 1,05		Moyenne = 0,49		Moyenne = 0,82	
	Ecart-type = 1,03		Ecart-type = 0,72		Ecart-type = 0,90	

Le profil plat comme caractéristique du fonctionnement intellectuel normal est un mythe. Le tableau 27 présente le pourcentage de sujets de l'échantillon d'étalonnage en regard du nombre de notes déviant significativement. On peut ainsi constater que 65 % des sujets ont une note ou plus s'écartant de la moyenne de leur dix notes standard. Si l'on inclut l'épreuve de Mémoire de chiffres dans l'analyse du profil (tableau 28), ce pourcentage atteint même 72,3 %. Une certaine dispersion des notes standard apparaît ainsi comme la règle et non l'exception. Ce phénomène doit conduire le praticien à considérer la dispersion des notes au WISC-III avec plus de circonspection que par le passé. L'hétérogénéité des performances n'est pas, comme on le croit trop souvent, l'apanage des sujets souffrant de troubles cognitifs. Elle est, au contraire, un phénomène relativement normal qui découle de la diversité des tâches cognitives proposées dans le WISC-III. Un facteur commun intervient certes dans toutes ces tâches, mais d'autres facteurs de spectre plus réduit jouent également un rôle, ce qui permet une différentiation entre les notes standard d'un même sujet.

Tableau 28 — Pourcentage de notes déviant significativement de la moyenne des notes de l'échelle Totale et de l'échelle Verbale, incluant l'épreuve de Mémoire de chiffres.

Nbre notes déviantes	Echelle Total (11 notes)		Echelle Verbale (6 notes)	
	N	%	N	%
0	182	27,7	207	44,8
1	249	37,8	143	31,0
2	138	21,0	92	19,9
3	58	8,8	17	3,7
4	29	4,4	3	0,6
5	2	0,3	-	
	N = 658		N = 462	
	Moyenne = 1,25		Moyenne = 0,84	
	Ecart-type = 1,11		Ecart-type = 0,91	

Les tableaux 27 et 28 offre aux praticiens des informations utiles pour juger du caractère inhabituel d'une dispersion des notes standard. Nous pouvons, par exemple, constater qu'un profil constitué de plus de 3 notes significativement déviantes est un phénomène peu fréquent qui mérite de retenir l'attention du clinicien. Nous pouvons observer que le nombre de notes déviantes est plus important au sein de l'échelle de Performance qu'au sein de l'échelle Verbale. Ceci n'est guère étonnant vu l'hétérogénéité de l'échelle de Performance qui se manifeste dans les résultats d'analyse factorielle (voir chapitre 4). Le nombre de notes déviantes est également plus important dès que l'on inclut l'épreuve de Mémoire de chiffres dans le calcul de la dispersion. Ce résultat est la conséquence logique du degré élevé de variance spécifique à cette épreuve (voir tableau 16).

5. LES PROFILS DE NOTES STANDARD

5.1. Bilan des recherches

Dans la troisième édition de *La mesure de l'intelligence de l'adulte* (1944), Wechsler consacre une vingtaine de pages à l'analyse clinique des performances au Wechsler-Bellevue. Il s'intéresse à l'interprétation de la différence Verbal/Performance et, tout particulièrement, à l'analyse de la dispersion des notes standard. Son souhait est de pouvoir mettre en évidence des profils de notes (pattern) caractéristiques d'entités cliniques précises.

Sur base de son expérience clinique, Wechsler propose un certain nombre de profils et diverses hypothèses interprétatives les concernant. Il suggère que ceux-ci fassent l'objet de recherches statistiques dans le but de les valider. Il décrit des profils pour les catégories pathologiques suivantes : les atteintes cérébrales, la schizophrénie, la psychopathie, les névroses et la débilité mentale. Ces différentes catégories sont prises par Wechsler comme des entités homogènes auxquelles correspondent des profils relativement spécifiques. Toutefois, il exprime certaines réserves quant à la possibilité d'une liaison rigoureuse entre entités nosographiques et profils des notes standard. Son expérience clinique lui a en effet appris qu'il existe une certaine variabilité des profils de sujets souffrant d'une même pathologie. Ainsi, « de temps à autre, on trouve des patients qui réussissent bien un ou plusieurs des tests dont l'échec a été noté comme caractéristique de la schizophrénie » (Wechsler, 1944, p. 155). Par conséquent, selon Wechsler, il est hasardeux de poser un diagnostic comme celui de la schizophrénie sur la seule base du profil des notes standard.

Dans la quatrième édition de son ouvrage (1958), Wechsler développe sensiblement le chapitre consacré à l'interprétation de la dispersion. Il souligne à nouveau la difficulté de mettre en évidence des profils spécifiques de certaines entités nosographiques. Il remarque en particulier le problème posé par les *faux positifs*, c'est-à-dire par les sujets normaux présentant le même profil que les sujets atteints de pathologie. Il explique ce phénomène par le manque de fiabilité des résultats aux différentes épreuves et par l'imprécision des critères de définition des catégories pathologiques. De plus, Wechsler fait remarquer que, même si ces catégories sont bien définies, des recouvrements existent entre les profils de différentes pathologies. Par exemple, les protocoles de schizophrènes et de sujets souffrant d'altérations neurologiques présentent des similitudes du point de vue de la dispersion des notes standard. Par conséquent, il est absolument nécessaire de faire référence à d'autres signes cliniques pour pouvoir poser un diagnostic. L'analyse de la dispersion ne nous permet pas de mettre en évidence des profils précis mais, tout au plus, de récolter des indices de certaines pathologies dont le sens devra être confirmé par d'autres sources d'information que le test.

Depuis les années 40 jusqu'à la fin des années 60, une multitude de recherches ont été conduites sur la question de la dispersion des notes standard. Malgré les réserves explicites de Wechsler, de nombreux auteurs ont tenté de mettre en évidence des profils caractéristiques de certaines pathologies. Franck (1983) a réalisé une recension de ces différentes recherches dans les domaines du handicap mental, de la neuropsychologie et de la psychiatrie. La conclusion générale qu'il en tire est que tous ces travaux ont abouti à un échec. Aucun profil caractéristique n'a pu être mis en relation avec une pathologie quelconque. Cet insuccès explique la désaffection progressive pour ce type de recherche au cours des années 70. Si bien qu'aujourd'hui, il n'y a plus guère que chez les sujets souffrant de troubles d'apprentissage que les psychologues cherchent encore à mettre en évidence des profils spécifiques de notes standard.

Pour l'instant, il nous faut comprendre les causes de l'échec des recherches sur les profils spécifiques. La première cause, déjà soulignée par Wechsler, est la fiabilité des subtests qui est sensiblement plus faible que celle des trois QI. Pour la version française, elle va de 0,64 (Labyrinthes et Assemblage d'objets) à 0,84 (Vocabulaire et Cubes) avec une moyenne de 0,76. Cette valeur est à comparer à la fiabilité de 0,95 du QI Total. La conséquence de cette fiabilité moindre est évidement une erreur de mesure plus importante. De cette imprécision découle le phénomène des *faux positifs*, dont nous avons parlé plus haut, ainsi que d'inévitables recouvrements entre les profils de sujets souffrant de pathologies bien distinctes.

La seconde cause de cet échec est la complexité des aptitudes et des processus mis en jeu dans chacune des épreuves. Aucune des épreuves du WISC-III ne mesure une aptitude ou un processus unique. Par conséquent, la réussite ou l'échec à l'une de ces épreuves ne peut s'expliquer de façon univoque. Deux sujets peuvent en effet échouer pour des raisons très différentes. De même, deux sujets peuvent réussir en faisant appel à des processus distincts. C'est donc une simplification de la réalité que de regrouper des sujets sur la seule base de leurs réussites et de leurs échecs. Cette simplification en rejoint une autre qui consiste à croire qu'un facteur unique détermine le mode de fonctionnement cognitif d'un sujet. Ainsi, l'hypothèse sous-jacente à la plupart des recherches sur le profil des sujets schizophrènes est que ce type de personnalité détermine entièrement le fonctionnement cognitif et que, par conséquent, tous les schizophrènes devraient présenter les mêmes caractéristiques aux échelles de Wechsler. Cette hypothèse n'est évidemment pas défendable. Le fonctionnement cognitif a ses lois et sa cohérence propres. La personnalité n'est qu'un des facteurs qui peuvent l'influencer. Mais, en aucun cas, la personnalité (ou tout autre facteur) ne peut être considéré comme le seul facteur explicatif.

Ainsi, contrairement à ce qu'ont pu penser certains auteurs (par exemple, Schafer et Rapaport, 1944, p. 283), la constitution de groupes pathologiques homogènes ne garantit nullement la mise en évidence de profils caractéristiques de notes standard. Si tant est qu'il soit possible de constituer de tels groupes. Nous ne devons en effet pas perdre de vue que la nosographie reste une schématisation du réel et que des variations sensibles existent au sein de chaque catégorie, tant au niveau symptomatique que structural.

Faut-il dès lors renoncer à toute analyse du profil des notes standard ? Nous ne le pensons pas. Mais si cette analyse se veut fructueuse, elle doit se faire dans une tout autre optique et sur des bases méthodologiques toutes différentes. Nous croyons qu'une des erreurs de nombreux chercheurs a été d'utiliser les échelles de Wechsler pour des fonctions autres que celles pour lesquelles elles ont été créées. Ces échelles ne sont ni des tests de personnalité ni des épreuves neurologiques, même si les traits de personnalité et les atteintes neurologiques peuvent se manifester au travers des performances cognitives. N'ayant pas été construites pour ce type de diagnostic, les échelles de Wechsler ne peuvent servir dans ces domaines que de source accessoire d'informations.

L'analyse du profil doit se centrer sur la fonction essentielle des échelles de Wechsler : l'évaluation du fonctionnement intellectuel. A un premier niveau, celui du QI Total, cette évaluation doit d'abord être globale et quantitative. A un second niveau, celui des QI Verbal et de Performance et celui des notes standard, elle peut être plus qualitative et plus spécifique. Le but est alors de tenter de saisir les caractéristiques du fonctionnement cognitif de chaque sujet et de mettre en évidence tant ses compétences que ses faiblesses. Pour atteindre cet objectif, l'analyse du profil est un des moyens possibles. Mais il n'est pas le seul. L'analyse des erreurs peut également se révéler très intéressante. En effet, certains sujets peuvent obtenir un score identique à une épreuve mais se distinguer quant au type de réponses erronées. Ainsi, Berte et Efremenko

(1971) ont comparé les performances de deux groupes d'enfants à l'épreuve des Cubes (adaptée par Goldstein). Le premier groupe était constitué de 40 filles d'intelligence normale et le second de 40 filles souffrant de handicap mental léger. Les auteurs constatent que « plus que le nombre des erreurs, c'est leur qualité et surtout la réaction qu'elles engendrent qui discriminent les sujets d'intelligence normale des sous-normaux » (1971, p. 10). Autrement dit, si nous souhaitons arriver à une compréhension intime du fonctionnement cognitif des sujets, il sera souvent nécessaire de dépasser le quantitatif et de nous intéresser au contenu des réponses et aux attitudes des sujets en cours d'examen.

Quant à l'analyse du profil, comment la concevoir? Bon nombre d'auteurs l'ont envisagée à la manière du botaniste. Pour ceux-ci, il s'agit en effet d'un travail de classement. Chaque profil obtenu est comparé aux profils caractéristiques de différentes pathologies. Le psychologue vérifie ainsi la coïncidence éventuelle avec un profil type. Nous avons vu plus haut que cette démarche s'est révélée peu fructueuse. Actuellement, plusieurs auteurs (Kaufman, 1994; Sattler, 1988) s'accordent pour envisager l'analyse du profil à la manière du travail du détective. Le but de l'analyse n'est plus de ranger le sujet dans une catégorie générale mais de parvenir à comprendre la spécificité du fonctionnement sous-jacent aux performances observées. Comme le souligne Kaufman, « chaque nouveau profil de WISC-III devrait représenter un défi afin de prouver de façon positive que les aptitudes de l'enfant ne se réduisent pas à une valeur numérique ni même à une série de valeurs » (1994, p. 271).

Le point de départ de l'interprétation du profil est l'analyse de la dispersion des notes standard. Une fois mises en évidence, les notes déviant significativement de la moyenne, le psychologue va pouvoir repérer les épreuves dont les résultats covarient. Connaissant les aptitudes partagées par ces épreuves, il va alors émettre des hypothèses sur les forces et les faiblesses du sujet. Ces hypothèses vont ensuite être confrontées aux autres informations dont il dispose, qu'il s'agisse des données recueillies durant l'examen ou en dehors de celui-ci. Eventuellement, d'autres investigations peuvent être entreprises (tests, interview, complément d'anamnèse) dans le but de compléter cet ensemble d'informations. Selon les résultats de la confrontation, les hypothèses de départ seront considérées comme validées ou, au contraire, de nouvelles hypothèses devront être formulées. Sur base des hypothèses retenues, il restera enfin à décrire de façon synthétique les caractéristiques du fonctionnement cognitif du sujet.

Nous reviendrons plus en détail sur cette démarche d'interprétation dans le chapitre suivant. Mais, avant cela, nous voudrions développer quelque peu les études récentes menées sur les profils d'enfants souffrant de troubles d'apprentissage. Il s'agit en effet du dernier domaine où la recherche d'un profil spécifique soit encore d'actualité. Nous pourrons ainsi constater les limites de cette démarche mais aussi en retenir certaines hypothèses intéressantes.

5.2. Les profils de dyslexiques

Dans un article de 1968, Bannatyne suggère une recatégorisation des notes obtenues au WISC par les sujets souffrant de dyslexie d'origine génétique. Il propose de ranger les notes standard en trois catégories : la catégorie *Spatiale* (Cubes, Assemblage d'objets et Complètement d'images), la catégorie *Conceptuelle* (Vocabulaire, Similitudes et Compréhension) et la catégorie *Séquentielle* (Mémoire de chiffres, Code et Arrangement d'images). Sur base de ses propres recherches, Bannatyne (1971) constate que les dyslexiques d'origine génétique obtiennent leurs meilleurs résultats dans la catégorie Spatiale, leurs résultats intermédiaires dans la catégorie Conceptuelle et leurs résultats les plus faibles dans la catégorie Séquentielle.

Très rapidement, les hypothèses de Bannatyne ont stimulé de nombreuses recherches qui ne se sont pas toutes limitées aux sujets souffrant de dyslexie héréditaire. En réalité, la plupart des chercheurs ont utilisé des échantillons de mauvais lecteurs sans tenir compte de l'étiologie de ce trouble d'apprentissage. Lors d'une première revue de 25 études consacrées aux catégories de Bannatyne, Rugel (1974) constate que, malgré l'hétérogénéité des échantillons, le profil *Spatial > Conceptuel > Séquentiel* est beaucoup plus fréquent chez les mauvais lecteurs que chez les sujets ne présentant pas de trouble d'apprentissage. Toutefois, Rugel suggère de modifier quelque peu la composition de la catégorie Séquentielle. En effet, dans une majorité de recherches, l'épreuve d'Arrangement d'images n'est pas plus faible chez les mauvais lecteurs que chez les bons lecteurs. Rugel propose donc de la remplacer par l'épreuve d'Arithmétique qui est, elle, beaucoup plus discriminative. L'inclusion de cette épreuve dans la catégorie Séquentielle n'est pas étonnante car elle fait appel à la mémoire de séquences verbales. Or, selon Bannatyne, la difficulté majeure des dyslexiques est justement de maintenir dans la mémoire à court terme des séquences d'informations auditives ou visuelles, surtout si elles sont non signifiantes pour le sujet. Toutefois, la substitution suggérée par Rugel est avant tout empirique.

De plus, celui-ci souligne que si l'hypothèse de Bannatyne est plausible, il est également possible d'expliquer les phénomènes observés comme résultant d'un trouble de l'attention.

Suite aux suggestions de Rugel, Bannatyne (1974) a marqué son accord pour modifier la composition de la catégorie Séquentielle et pour y remplacer l'épreuve d'Arrangement d'images par celle d'Arithmétique. Depuis lors, des dizaines de recherches ont été conduites sur base de cette nouvelle catégorie Séquentielle. Les résultats en sont plus que mitigés. Nous allons brièvement examiner les conclusions que l'on peut en tirer.

La première constatation que l'on peut faire est que la catégorie des sujets chez lesquels on a voulu retrouver le profil de Bannatyne s'est élargie progressivement. On est ainsi passé des dyslexies héréditaires aux troubles de lecture en général pour enfin arriver à la catégorie fourre-tout des troubles d'apprentissage. Dans ces conditions, il n'est pas étonnant que de nombreux auteurs aient constaté une grande hétérogénéité des profils au sein des groupes de sujets souffrant de troubles d'apprentissage. En effet, si, au niveau des moyennes de groupe, le profil de Bannatyne est souvent mis en évidence, il n'en est pas de même au niveau des résultats individuels. Ainsi, Gutkin (1979) constate que, dans son échantillon d'enfants souffrant de troubles d'apprentissage, seuls 30 % des Blancs et 20 % des Latino-américains présentent le profil de Bannatyne. Le même auteur fait remarquer que, si l'on tient compte des différences entre les catégories dues à des variations aléatoires, ces proportions tombent respectivement à 2 % et à 0 %. La même constatation est faite par Henry et Wittman (1981). Ceux-ci constatent que, dans leur groupe d'enfants en difficulté d'apprentissage, un peu plus de la moitié présentent le profil de Bannatyne. Mais, si l'on utilise des critères statistiques plus rigoureux pour considérer qu'une catégorie est effectivement supérieure à une autre, le pourcentage de sujets présentant le profil de Bannatyne se réduit alors à 5 %.

Ces derniers auteurs mettent en évidence un problème éludé dans plusieurs recherches : la signification statistique de la différence entre les trois catégories constitutives du profil de Bannatyne. Ce problème se pose tant au niveau des moyennes de groupes qu'au niveau des profils individuels. De trop nombreux chercheurs se sont satisfaits de retrouver le profil *Spatial > Conceptuel > Séquentiel* en négligeant le fait que les moyennes utilisées pour dresser ce profil n'était pas toujours statistiquement distinctes. Quant à la signification de la différence dans les profils individuels, la plupart des chercheurs n'y ont pas prêté attention, ne s'intéressant qu'aux profils de groupes. Or, cette question nous paraît essentielle car le praticien se situe à ce niveau d'analyse des résultats. Si celui-ci veut réaliser une évaluation correcte des catégories de Bannatyne, il doit impérativement tenir compte de l'erreur-type de mesure de la différence entre les notes aux trois catégories. Lorsque la différence observée entre les catégories est plus faible que l'erreur, elle doit alors être considérée comme non significative et non sujette à une interprétation en termes psychologiques.

Selon nous, cette précaution méthodologique n'est pas encore suffisante. Nous pensons qu'il est nécessaire d'également tenir compte de l'homogénéité de chaque catégorie. En effet, la note d'une catégorie peut masquer des écarts parfois très sensibles entre les notes standard qui la composent. Lorsque cette situation se présente, il nous paraît incohérent de vouloir encore utiliser les catégories de Bannatyne. Celles-ci reposent sur le principe d'une communauté de processus entre les épreuves d'une même catégorie. Si un processus fonctionne mal, par exemple si la mémorisation des séquences auditives est déficiente, le sujet devra obtenir une note également faible aux trois épreuves qui y font appel. Si ce n'est pas le cas, une ou deux notes seulement étant faibles dans la catégorie considérée, nous devrons alors admettre que le déficit ne provient pas du processus caractérisant la catégorie. Dans ce cas, l'analyse selon le modèle de Bannatyne devra être abandonnée.

Tant le manque de rigueur statistique que l'imprécision dans la définition des syndromes psychopathologiques expliquent sans doute l'observation de *faux positifs* et de *faux négatifs* dans plusieurs recherches. Ainsi, Ryckman (1981) observe un pourcentage non négligeable (43 %) de sujets souffrant de troubles d'apprentissage dont le profil au WISC-R est totalement plat (aucune note ne déviant significativement de la moyenne des notes standard). D'autres auteurs observent d'importants recouvrements entre les profils obtenus par les enfants souffrant de troubles d'apprentissage et par ceux présentant d'autres pathologies. Henry et Wittman (1981) constatent ainsi que le profil de Bannatyne ne permet pas de discriminer les enfants ayant des troubles d'apprentissage de ceux souffrant de perturbations émotionnelles ou de handicap mental. Dans une étude longitudinale conduite sur 4 ans, McKay, Neale et Thompson (1985) remarquent, quant à eux, que le profil de Bannatyne ne permet pas de distinguer les mauvais lecteurs qui le restent de ceux qui réussissent à surmonter leur difficulté de lecture.

Dans ces conditions, il n'est pas étonnant que le profil de Bannatyne soit actuellement jugé par de nombreux cliniciens comme de peu d'intérêt pour la pratique diagnostique. Il n'apparaît en effet pas comme un moyen fiable pour diagnostiquer les sujets souffrant de troubles de lecture. Faut-il dès lors oublier les catégories de Bannatyne et renoncer à utiliser le WISC-R comme moyen de diagnostic des dyslexies ? Nous ne le croyons pas, à condition d'envisager tout autrement l'analyse des profils. Les comparaisons de moyennes et de profils de groupes se sont en effet révélées d'un faible intérêt puisqu'elles masquent le plus souvent une forte variabilité intra-groupe. Nous pensons que les analyses doivent se focaliser sur les profils individuels, seuls intéressants pour les praticiens.

C'est le point de vue adopté par Vance, Wallbrown et Blaha (1978) qui ont conduit une recherche exploratoire sur les profils d'enfants souffrant de troubles de lecture. Ils se sont aperçus que, dans leur échantillon (N = 128), cinq profils étaient particulièrement fréquents. Sur base de ces profils, ils ont pu classer 75 % de leurs sujets, les 25 % restant ne présentant que partiellement un de ces profils ou ne pouvant être rapprochés d'aucun de ceux-ci. Sur base de cette catégorisation, les mêmes auteurs (Wallbrown *et al.*, 1979) ont tenté de saisir les faiblesses spécifiques aux sujets de chaque catégorie. Il est intéressant de remarquer qu'un des profils décrit par Vance, Wallbrown et Blaha (1978) est assez proche du profil de Bannatyne. Dans ce profil, les sujets obtiennent leurs notes les plus basses en Information, Arithmétique et Mémoire de chiffres (mais pas en Code). Ce profil est également à rapprocher du profil ACID (*A*rithmétique, *C*ode, *I*nformation et Mémoire de chiffres -*Digit Span*-) décrit par plusieurs auteurs comme fréquent chez les dyslexiques (Kaufman, 1981 ; Spafford, 1989). Le profil de Bannatyne apparaît ainsi comme un cas particulier et non plus comme le profil caractéristique de tous les dyslexiques.

Prifitera et Dersh (1993) ont évalué la fréquence du profil de Bannatyne et du profil ACID au WISC-III. Ils ont analysé les résultats de l'échantillon d'étalonnage américain (N = 2.200) et de deux échantillons cliniques, l'un composé d'enfants souffrant de trouble d'apprentissage (N = 99) et l'autre d'enfants souffrant de trouble de l'attention (N = 65). Ils constatent que le profil de Bannatyne apparaît chez 13,6 % des sujets tout-venant, chez 33,3 % des enfants souffrant de trouble d'apprentissage et chez 47,1 % des sujets souffrant de trouble de l'attention. Pour évaluer le profil ACID, Prifitera et Dersh ont vérifié si les notes standard aux quatre subtests de ce profil étaient inférieures ou égales à la plus faible des notes standard aux autres subtests. Dans leurs calculs, ils n'ont toutefois pas pris en compte les notes aux subtests Labyrinthes et Symboles. Ils observent que, dans l'échantillon d'étalonnage, 1,1 % des sujets présentent le profil ACID. Ils sont 5,1 % dans l'échantillon d'enfants souffrant de trouble d'apprentissage et 12,3 % dans l'échantillon de sujets souffrant de trouble de l'attention.

Prifitera et Dersh ont également évalué la présence dans leurs échantillons d'un troisième profil. Ils ont additionné les notes standard en Symboles, Code, Arithmétique et Mémoire de chiffres pour constituer un score composite, que Kaufman (1994) désigne par l'acronyme SCAD. L'hypothèse de Prifitera et Dersh est que les enfants souffrant de trouble d'apprentissage obtiennent un score SCAD significativement inférieur à leur score Compréhension Verbale (Information + Similitudes + Vocabulaire + Compéhension) et à leur score Organisation Perceptive (Compl. d'images + Arr. d'images + Cubes + Arr. d'objets). Ces auteurs observent que 13 % des sujets tout-venant ont une différence significative (p<.01) entre leur score SCAD et leur score Compréhension Verbale. Ce pourcentage est de 29,3 % chez les sujets souffrant de trouble d'apprentissage et de 27,7 % chez les sujets souffrant de troubles de l'attention. Une différence significative (p<.01) entre le score SCAD et le score Organisation Perceptive est observée chez 9,2 % des sujets tout-venant, chez 35,4 % des enfants souffrant de trouble d'apprentissage et 38,5 % des enfants souffrant de trouble de l'attention.

Prifitera et Dersh constatent que les différents profils qu'ils ont étudiés permettent une prédiction du diagnostic de trouble d'apprentissage supérieure au hasard. Toutefois, ces profils ne sont pas spécifiques à ce seul trouble. Ils apparaissent également chez certains sujets souffrant de trouble de l'attention et, même, chez certains sujets tout-venant. Par conséquent, ces profils ne peuvent être utilisés de manière isolée. D'autres informations cliniques doivent être rassemblées pour confirmer un diagnostic de trouble d'apprentissage. Le risque d'erreur de diagnostic a conduit Watkins, Kush et Glutting (1997) à mettre en question l'usage des différents profils, en particulier du profil SCAD. Selon ces auteurs, la fréquence des faux positifs est trop élevée et le pourcentage de sujets correctement diagnostiqués est trop faible pour justifier une application courante du profil SCAD.

Nous avons réalisé les mêmes analyses que Prifitera et Dersh avec les données de l'étalonnage français du WISC-III (N = 1.120) et sur un échantillon d'enfants dyslexiques (N = 42). Ces deux échantillons sont présentés de manière détaillée dans le manuel du WISC-III français (Wechsler, 1996).

Le profil de Bannatyne apparaît chez 15,4 % des sujets de l'échantillon d'étalonnage et chez 35,7 % des sujets dyslexiques. Le profil

ACID (tableau 29) apparaît, quant à lui, chez 1,3 % des sujets de l'échantillon d'étalonnage et chez 7,1 % des sujets dyslexiques. Outre le profil ACID complet, le tableau 29 renseigne le pourcentage cumulé de sujets des deux échantillons qui présentent 1, 2 ou 3 notes du profil ACID inférieures ou égales à la plus faible des autres notes standard de leur protocole.

Tableau 29 — **Pourcentage cumulé de profils ACID dans l'échantillon d'étalonnage et dans un échantillon d'enfants dyslexiques.**

	Echantillons	
Nombre de subtests ACID faibles	Etalonnage	Dyslexiques
4	1,3	7,1
3	5,8	21,4
2	18,9	45,2
1	48,0	76,2

Tableau 30 — **Pourcentage cumulé des différences CV/SCAD et OP/SCAD dans l'échantillon d'étalonnage et dans un échantillon de dyslexiques.**

	CV-SCAD		OP-SCAD	
Différence	Etalonnage	Dyslexiques	Etalonnage	Dyslexiques
15	6,0	9,5	5,6	16,7
14	7,7	-	7,1	19,0
13	9,0		8,1	21,4
12	11,1	14,3	9,9	23,8
11	13,1	-	12,3	33,3
10	15,4	19,0	14,8	40,5
9	17,9	23,8	17,1	42,9
8*	**21,0**	**26,2**	**19,9**	**50,0**
7	25,0	31,0	22,5	52,4
6	27,9	33,3	26,3	59,5
5	31,2	35,7	31,0	64,3
4	34,7	38,1	35,5	69,0
3	39,4	45,2	39,7	73,8
2	43,9	-	44,6	-
1	47,8	50,0	49,3	-

* $p<.05$

Le tableau 30 présente les résultats de l'analyse du profil SCAD dans l'échantillon d'étalonnage et dans l'échantillon de dyslexiques. Nous n'avons renseigné que les différences positives qui correspondent à un score SCAD inférieur, soit au score Compréhension Verbale (CV), soit au score Organisation Perceptive (OP). Nous pouvons constater que la différence entre le score CV et le score SCAD ne permet guère de différencier les sujets dyslexiques des sujets tout-venant. Par contre, la différence entre le score OP et le score SCAD est beaucoup plus informative. Les sujets dyslexiques présentent nettement plus souvent que les sujets tout-venant, une différence élevée entre leur score OP et leur score SCAD. Si l'on regarde la valeur de 8 points, qui correspond à une différence significative au seuil de 0,05 entre les deux scores, on peut constater que 50 % des dyslexiques présentent une différence égale ou supérieure à cette valeur. Par contre, moins de 20 % des sujets tout-venant présentent ce profil. Il est évident que les praticiens ont intérêt à utiliser cette différence comme indicateur de la dyslexie, de préférence à la différence CV/SCAD et aux profils ACID et de Bannatyne. Toutefois, cette information doit être utilisée avec prudence. En aucun cas, elle ne permet une identification certaine d'une dyslexie. Elle doit nécessairement être intégrée dans un tableau clinique plus complet.

6. APTITUDES MESURÉES PAR CHAQUE SUBTEST

Dans cette section, nous présentons une analyse systématique des différentes épreuves du WISC-III. Cette présentation débute par une brève synthèse des données statistiques propres à chaque épreuve. En particulier, nous rappelons les saturations factorielles des épreuves pour les solutions avec un et deux facteurs. Ces saturations doivent être interprétées avec discernement. Elles proviennent en effet de deux analyses factorielles successives qui portent sur les mêmes covariations entre épreuves. Utiliser simultanément les saturations issues de ces deux analyses est équivalent à dépenser deux fois la même somme d'argent. Par conséquent, les saturations factorielles mentionnées ne doivent pas être prises comme des valeurs absolues. Elles nous donnent simplement une idée de l'intensité de l'intervention des différents facteurs dans chacune des épreuves.

6.1. Information

Données statistiques

Le coefficient moyen de fiabilité[6], calculé pour les 11 groupes d'âge, est de 0,79. La corrélation de cette épreuve est de 0,73 avec la somme des notes verbales, de 0,47 avec la somme des notes de performance et de 0,67 avec la somme des notes de l'échelle Totale[7].L'analyse factorielle montre que cette épreuve est une des plus saturée par le facteur g (0,75). Sa saturation par le facteur verbal est également élevée (0,73).

Aptitudes mesurées

L'épreuve d'Information comprend 30 items présentés par ordre de difficulté. Les questions sont posées oralement et le sujet doit répondre de manière verbale. L'épreuve se passe sans limite de temps. Les réponses sont évaluées en référence à des réponses modèles présentées dans le manuel. Elles sont cotées 1 ou 0.

Pour Wechsler (1944), cette épreuve évalue les connaissances qu'un sujet tout-venant, ayant eu des opportunités normales d'apprentissage, a eu l'occasion d'acquérir dans son milieu habituel. Cette épreuve ne fait donc pas appel à des connaissances spécialisées qui n'auraient pu être acquises que dans des conditions d'apprentissage très particulières. Wechsler reconnaît que cette épreuve dépend largement des opportunités de se cultiver dont ont bénéficié les sujets. On est donc en droit de se demander si cette épreuve mesure réellement l'intelligence plutôt que les conditions d'éducation et la mémoire. Wechsler répond à cette critique en se référant à sa propre expérience. Déjà incluse dans le test Army Alpha, l'épreuve d'information s'est en effet révélée l'une des meilleures de toute la série. Sa corrélation est apparue comme très élevée avec la note totale. De plus, la courbe de distribution des notes à cette épreuve a une forme gaussienne et ne présente ni effet plancher ni effet plafond.

Nos propres résultats d'analyse factorielle vont dans le sens de ceux recueillis par Wechsler. Comme nous l'avons déjà souligné, cette épreuve est la plus saturée par le facteur g et sa corrélation avec l'échelle Totale est de 0,73. Nous pouvons comprendre ces résultats si nous nous dégageons de l'idée fausse selon laquelle les connaissances seraient emmagasinées de façon passive et ne seraient que l'empreinte de notre milieu. Comme le fait remarquer Château (1983, p. 43) : « L'appel dans une batterie, à des connaissances ou à des inférences simples qui, pour n'être pas complètement automatisées, n'en sont pas moins très automatisées, reflète l'activité intelligente qui leur a antérieurement donné corps, les a constituées : la statue témoigne du sculpteur ». Ainsi, l'épreuve d'Information est une mesure indirecte de l'intelligence. Elle n'évalue pas l'intelligence à l'œuvre mais les fruits de son activité passée.

L'épreuve d'Information est une excellente mesure de l'intelligence cristallisée (McGrew, 1997). Elle reflète l'étendue des connaissances à propos du monde que l'enfant a pu récolter et représenter verbalement dans sa mémoire à long terme. Ces connaissances lui sont utiles pour comprendre son environnement et pour l'aider à résoudre un certain nombre de problèmes. L'accessibilité de ces connaissances est un aspect crucial de leur utilisation. La qualité de leur encodage dans la mémoire se manifeste par l'aisance avec laquelle le sujet est capable de les retrouver volontairement au moment opportun.

Pour pouvoir se constituer une base de connaissance, l'enfant doit être ouvert à son environnement et aux opportunités d'apprentissage. Il doit manifester une certaine curiosité intellectuelle. Cet intérêt peut parfois être entravé par des troubles émotionnels, comme la dépression. L'enfant doit également bénéficier d'occasions suffisantes pour découvrir et apprendre. Ce n'est pas toujours le cas. Les enfants de milieux culturellement défavorisés risquent d'obtenir des résultats médiocres à l'épreuve d'Information. C'est également le cas des enfants qui souffrent de trouble de la lecture. Plusieurs items de l'épreuve d'Information font en effet appel à des connaissances qui sont généralement apprises par la lecture de documents divers. Il n'est dès lors pas étonnant que les mauvais lecteurs obtiennent souvent une de leurs plus faibles notes à l'épreuve d'Information. Le score à cette épreuve a d'ailleurs été intégré dans le profil ACID, fréquent chez les enfants dyslexiques.

Comme toutes les épreuves du WISC-III, l'épreuve d'Information est organisée selon un gradient de difficulté. L'enfant est d'abord confronté à des items relativement faciles, puis à des items de plus en plus difficiles. L'attitude de l'enfant face à cette élévation progressive de la difficulté doit retenir l'attention du clinicien (Cooper, 1995). Certains sujets manifestent une attitude arrogante face aux items les plus simples, puis un comportement de rejet à l'égard des items plus difficiles. D'autres s'angoissent ou se dépriment face à la difficulté grandissante. D'autres enfin présentent un fonctionnement erratique, échouant certains items faciles mais réussissant d'autres plus difficiles. Ces informations peuvent se révéler particulièrement intéressantes au moment de l'interprétation des résultats à l'ensemble du test.

6.2. Similitudes

Données statistiques

Le coefficient de fiabilité, calculé pour les 11 groupes d'âge, est en moyenne de 0,80. La corrélation de cette épreuve est de 0,77 avec la somme des notes verbales, de 0,48 avec la somme des notes de performance et de 0,70 avec la somme des notes de l'échelle Totale. L'analyse factorielle met en évidence une saturation élevée de cette épreuve par le facteur g (0,75) et par le facteur verbal (0,73).

Aptitudes mesurées

Cette épreuve est constituée de 19 items rangés par ordre de difficulté. La tâche demandée aux sujets est de trouver la ressemblance qui existe entre deux termes. Ceux-ci peuvent désigner des objets, des sentiments, des idées... Un certain nombre de règles de cotation, illustrées d'exemples, sont renseignées dans le manuel et permettent d'apprécier la qualité des réponses données. Selon leur qualité, celles-ci reçoivent la note 2, 1 ou 0.

Pour Wechsler (1944), cette épreuve est, sans aucun doute, une des meilleures de l'échelle. Elle est en effet fortement saturée par le facteur g et sa corrélation avec le résultat global est assez élevée. Tout comme Wechsler, nous avons pu constater, grâce à l'analyse factorielle, l'importance de la saturation de cette épreuve par le facteur g. Nous avons également observé une bonne corrélation entre cette épreuve et la Note Totale, bien qu'il ne s'agisse pas là de l'épreuve la plus indicative du niveau intellectuel global.

L'épreuve de Similitudes évalue avant tout la formation de concepts verbaux, c'est-à-dire l'aptitude à constituer des classes hiérarchisées s'emboîtant les unes dans les autres. Par exemple, lorsqu'on demande à l'enfant «Quelle est la ressemblance entre une pomme et une banane?», celui-ci doit pouvoir comprendre que la classe des pommes et la classe des bananes sont incluses toutes deux dans une classe plus large et d'un degré supérieur dans l'abstraction qui est celle des fruits. Pour réaliser cette opération mentale, l'enfant doit pouvoir faire abstraction des détails pour se concentrer sur l'essentiel. Cette capacité de constituer des catégories est un mécanisme adaptatif fondamental car elle permet de découper et d'organiser le monde physique et social et de passer du continu au discontinu (Houdé, 1992).

L'épreuve de Similitudes est une source d'informations qualitatives. Les sujets peuvent en effet donner des réponses de niveaux différents, reflet de la maturité de leur pensée. La réponse peut être de niveau concret et faire essentiellement référence aux qualités sensibles des objets (par exemple, «la pomme et la banane ont toutes les deux une peau»). La réponse peut aussi être de niveau fonctionnel et faire référence à l'usage des objets (par exemple, «la pomme et la banane peuvent toutes les deux être mangées»). Et enfin, la réponse peut être de niveau abstrait et faire référence à la classe commune d'appartenance des objets (par exemple, «la pomme et la banane sont toutes les deux des fruits»). Du point de vue clinique, il est particulièrement intéressant de distinguer les stratégies visuelles et verbales. Les premières s'appuient essentiellement sur les représentations imagées des objets alors que les secondes utilisent les catégories verbales. Les enfants qui utilisent une stratégie visuelle ont souvent des difficultés à respecter la consigne car les images mentales font ressortir les différences. Ils ont de la peine à inhiber des réponses comme «La pomme et la banane n'ont pas la même couleur» ou «Le chat mange la souris». De telles réponses témoignent de l'immaturité des processus de pensée de l'enfant.

Plusieurs auteurs (Kaufman, 1979; Searls, 1986; Sattler, 1988) font remarquer que cette épreuve est également fonction des influences culturelles et sociales dont l'enfant a bénéficié. Elle est d'évidence une mesure de l'intelligence cristallisée et, plus particulièrement, du développement du langage (McGrew, 1997). Elkind (1969, 1981) a également tenté de mettre à jour les processus mentaux à l'œuvre dans l'épreuve de Similitudes dans une perspective piagétienne. Il a fait passer, à 60 enfants, l'épreuve de Similitudes, le Goldschmid-Bentler (test piagétien évaluant l'acquisition des conservations) et diverses épreuves de créativité. Selon Elkind, sur base des corrélations entre les trois tests, on peut affirmer que l'épreuve de Similitudes n'est pas homogène quant à la réalité effectivement mesurée. «Une partie des items de Similitudes ont des corrélations significatives avec des mesures pré-opératoires, une autre partie avec des mesures opératoires concrètes et une troisième partie avec une mesure de créativité» (Elkind, 1981, p. 116). Par exemple, la question «Quelle est la ressemblance entre une roue et une balle?» fait surtout appel à une connaissance figurale pré-opératoire. Par contre, la question «Quelle est la ressemblance entre un piano et une guitare?» demande clairement un raisonnement opératoire concret. Quant à la question «Quelle est la ressemblance entre l'eau et le sel?», elle paraît faire essentiellement appel à la pensée divergente.

6.3. Arithmétique

Données statistiques

Le coefficient de fiabilité, calculé pour les 11 groupes d'âge, est en moyenne de 0,76. La corrélation de cette épreuve est de 0,51 avec la somme des notes verbales, de 0,44 avec la somme des notes de performance et de 0,55 avec la somme des notes de l'échelle Totale. L'analyse factorielle met en évidence une saturation assez élevée par le facteur *g*

(0,69). Par contre, la saturation par le facteur verbal est modérée (0,50). Avec Mémoire de chiffres, c'est l'épreuve de l'échelle Verbale la plus faiblement saturée par le facteur verbal. C'est également l'épreuve de l'échelle Verbale la plus saturée par le facteur de performance (0,40).

Aptitudes mesurées

L'épreuve d'Arithmétique est constituée de 24 items. Les cinq premiers font simplement appel à la reconnaissance de quantités numériques sur un support imagé. Les items 6 à 18 sont de brefs problèmes posés oralement que l'enfant doit résoudre mentalement. Les items 18 à 24 sont également des problèmes mais, cette fois, présentés par écrit. L'enfant doit lire l'énoncé à haute voix et résoudre la question mentalement. Le temps imparti pour les items 1 à 17 est limité à 30 secondes. Cette limite de temps est de 45 secondes pour l'item 18. Si l'item est réussi dans les temps, le sujet est crédité de 1 point. Pour les items 19 à 24, la limite de temps est portée à 75 secondes et le sujet peut bénéficier de bonifications de points s'il répond rapidement.

Wechsler (1944) affirme avoir voulu présenter aux sujets des problèmes pratiques dans des situations courantes. Il a eu soin d'éviter les difficultés verbales dans les énoncés. Les connaissances mathématiques requises sont toutes du niveau de l'école primaire. Il s'agit des quatre opérations, des fractions et des pourcentages. Wechsler constate que cette épreuve est bien corrélée avec les autres mesures de l'intelligence. Toutefois, diverses variables non intellectuelles influencent indubitablement les performances. Il s'agit tout d'abord de l'apprentissage scolaire et de l'habitude du sujet de manipuler des chiffres. Les fluctuations de l'attention et des émotions (surtout de l'anxiété) jouent également un grand rôle dans la réussite de cette épreuve.

Lors de l'analyse factorielle des données d'étalonnage, nous avons constaté que l'épreuve d'Arithmétique est nettement saturée par le facteur g mais plus modérément par le facteur verbal. Une saturation significative par le facteur de performance est également observée. Une part importante de la variance des résultats à cette épreuve n'est toutefois pas expliquée par ces trois facteurs. La variance spécifique du subtest Arithmétique est en effet de 36 %. Il nous faut donc envisager l'intervention d'autres variables pour expliquer complètement les performances à cette épreuve.

Nous avons vu que les analyses factorielles du WISC-III américain (Wechsler, 1991) ont mis en évidence une solution avec quatre facteurs, dont le troisième sature fortement les épreuves d'Arithmétique et de

Mémoire de chiffres. A la suite de Kaufman (1975), ce facteur est souvent interprété en termes de capacité d'attention et de concentration (*freedom from distractability*). En effet, Arithmétique et Mémoire de chiffres font largement intervenir la mémoire de travail, laquelle est particulièrement affectée par les troubles du contrôle attentionnel. Le facteur d'attention/concentration recouvre partiellement la catégorie séquentielle décrite par Bannatyne (1974). Rappelons que cet auteur a rangé les épreuves du WISC en trois catégories : Aptitude Spatiale (Arrangement d'images, Cubes et Assemblage d'objets), Conceptualisation Verbale (Compréhension, Similitudes et Vocabulaire) et Aptitude Séquentielle (Mémoire de chiffres, Arithmétique et Code). Bannatyne affirme que les enfants souffrant de dyslexie présentent souvent le profil *Spatial> Conceptuel> Séquentiel*. Ce phénomène repose sur l'hypothèse d'un déficit chez les mauvais lecteurs de la vitesse et de la précision de l'encodage de séquences d'informations.

La capacité d'attention/concentration et la capacité de traiter des séquences d'informations interviennent indubitablement dans l'épreuve d'Arithmétique. Celle-ci demande en effet d'encoder correctement la séquence des énoncés. Si le sujet a des difficultés pour soutenir son attention, cet encodage sera déficient et la résolution du problème sera impossible. Le rôle de l'attention et de la concentration est également fort important durant la résolution des problèmes. Le sujet doit en effet se rappeler des données du problème et du but poursuivi, et, en même temps, effectuer les opérations nécessaires, retenir les résultats intermédiaires et les intégrer dans la suite de ses calculs.

La capacité d'attention/concentration et le traitement séquentiel ne sont cependant pas les seuls facteurs qui interviennent dans l'épreuve d'Arithmétique. Le sujet doit en effet pouvoir comprendre l'énoncé des problèmes et, dans six items, il doit même pouvoir le lire. Il doit également être capable de transformer l'énoncé verbal en un énoncé mathématique. Pour ce faire, il doit avoir acquis des connaissances mathématiques de base. Par conséquent, la réussite des items dépend, pour une part, du niveau scolaire atteint par le sujet.

Dowker (1998) a étudié les relations entre les performances arithmétiques d'enfants âgés de 6 à 9 ans et leurs résultats au WISC-III. Les épreuves d'arithmétique portaient sur l'addition et la soustraction mentales de nombres naturels, l'estimation du résultat d'additions et l'application de principes arithmétiques (p.e., la commutativité de l'opération additive). Les corrélations entre ces épreuves, le QI Verbal et le QI de Performance sont toutes statistiquement significatives. Elles sont généralement plus élevées avec le QI Verbal qu'avec le QI de Performance. Le coefficient de corrélation atteint 0,92 entre l'épreuve d'addition mentale et le QI Verbal. D'évidence, il existe une relation relativement étroite entre la capacité de calcul mental et le QI. Dowker a également évalué la relation entre les épreuves d'arithmétique et le subtest Arithmétique du WISC-III. La corrélation entre ce subtest et l'épreuve d'addition mentale est de 0,424 (p<.01). Avec l'épreuve de soustraction mentale, cette corrélation est de 0,479 (p<.01).

S'il ne fait aucun doute que les connaissances mathématiques de base sont essentielles pour répondre correctement aux items de l'épreuve d'Arithmétiques, cette dernière ne peut être vue comme un test d'acquis scolaires. Sur base du score à cette épreuve, le praticien ne peut inférer un niveau scolaire en mathématiques ni poser un diagnostic de dyscalculie. L'épreuve d'Arithmétiques ne propose en effet qu'un échantillon limité de tâches mathématiques, données pour la plupart sous forme de problèmes verbaux.

6.4. Vocabulaire

Données statistiques

Le coefficient de fiabilité, calculé pour les 11 groupes d'âge, est en moyenne de 0,84 ce qui en fait l'épreuve la plus fiable de l'échelle verbale. La corrélation de cette épreuve est de 0,79 avec la somme des notes verbales, de 0,45 avec la somme des notes de performance et de 0,69 avec la somme des notes de l'échelle Totale. L'analyse factorielle met en évidence une saturation élevée de cette épreuve par le facteur g (0,78) et une saturation très élevée par le facteur verbal (0,86). Parmi les épreuves de l'échelle Verbale, elle est la plus saturée par le facteur Verbal. C'est aussi, parmi toutes les épreuves du WISC-III, celle qui est la plus saturée par le facteur g.

Aptitudes mesurées

L'épreuve de Vocabulaire est constituée de 30 mots rangés par ordre de difficulté et que l'enfant est invité à définir. Le manuel renseigne différents critères, illustrés par des exemples, permettant d'évaluer le plus objectivement possible la qualité des réponses. En fonction de celle-ci, le sujet reçoit 2, 1 ou 0 points.

Dans la première version de son test (1939), Wechsler avait inclus le subtest de Vocabulaire comme épreuve optionnelle. Il pensait alors qu'elle était trop déterminée par le langage et pas assez par l'intelligence. Par la suite, sur base de son expérience clinique, Wechsler est revenu sur son premier jugement et a décidé de rendre obligatoire cette épreuve et de la faire intervenir dans le calcul du QI Verbal et du QI Total. Wechsler (1944) considère que cette épreuve est une excellente mesure de l'intelligence générale des sujets. Le nombre de mots qu'un individu connaît est en effet une mesure de son aptitude à apprendre. De plus, en définissant une série de mots, les sujets nous renseignent sur la qualité de leurs processus de pensée. En ce sens, cette épreuve est d'une utilité clinique indéniable et nous procure des informations bien au-delà de la seule intelligence. Wechsler cite à ce propos les caractéristiques de la pensée schizophrénique (persévérations, redondances, incohérences...) qui peuvent être révélées par cette épreuve. Wechsler reconnaît que les performances à l'épreuve de Vocabulaire sont influencées par l'éducation et la culture et qu'il convient donc de relativiser les résultats lorsque l'on a affaire à un sujet peu scolarisé et/ou qui ne possède pas bien la langue dans laquelle il est évalué.

Nos résultats d'analyse factorielle confirment l'affirmation de Wechsler pour qui l'épreuve de Vocabulaire est une des meilleures épreuves d'intelligence. Cette épreuve est en effet fortement saturée par le facteur g. De plus, sa corrélation avec la note Totale est relativement élevée. Nous pouvons tenir à propos de l'épreuve de Vocabulaire le même raisonnement que nous tenions au sujet de l'épreuve d'Information. La connaissance des mots ne résulte pas d'un simple enregistrement passif mais d'un véritable processus intellectuel. De la même manière qu'en cueillant les fruits nous sommes renseigné sur la qualité de l'arbre qui les porte, en évaluant l'étendue et la précision du vocabulaire d'un enfant nous sommes informé sur l'intelligence qui a permis de l'intégrer. Rappelons que l'épreuve de Vocabulaire est, pour Cattell (1963), le prototype du test d'intelligence cristallisée. Le vocabulaire d'un enfant est étroitement lié à son milieu socio-culturel et à la richesse des interactions verbales avec son environnement. L'étendue du vocabulaire dépend également de variables comme la place dans la fratrie. Les aînés d'une famille ont en effet tendance à avoir un vocabulaire plus développé que leurs cadets (Fenson *et al.*, 1994). La capacité de mémoire phonologique joue également un rôle dans l'acquisition du vocabulaire. Les enfants qui possèdent une excellente mémoire phonologique présentent un vocabulaire plus riche que les celui des autres enfants du même âge (Gathercole *et al.*, 1992).

L'épreuve de Vocabulaire est moins simple qu'il n'y paraît au premier abord. Lorsque l'on demande à un enfant de définir un mot, il ne se contente en effet pas d'aller rechercher dans sa mémoire une définition toute faite. Le plus souvent, cette définition doit être construite par l'enfant sur base de son expérience du mot. Meeker (1975) décrit d'ailleurs l'épreuve de Vocabulaire, sur base du modèle SOI de Guilford, comme faisant appel à la cognition et non à la mémoire d'unité sémantique. Deltour et Hupkens (1980) soulignent de leur côté l'écart qui existe entre la compréhension d'un mot évaluée par sa définition et par l'identification d'une image qui le représente. La seconde tâche se révèle nettement plus facile que la seconde. L'épreuve de Vocabulaire ne demande donc pas un simple rappel d'informations stockées en mémoire à long terme mais requiert un réel travail d'analyse, de mise en relation et de comparaison. Kaufman (1979) souligne que cette épreuve permet d'évaluer la formation de concept et le degré de pensée abstraite.

6.5. Compréhension

Données statistiques

Le coefficient de fiabilité, calculé pour les 11 groupes d'âge, est en moyenne de 0,79. La corrélation de cette épreuve est de 0,66 avec la somme des notes verbales, de 0,40 avec la somme des notes de performance et de 0,59 avec la somme des notes de l'échelle Totale. L'analyse factorielle met en évidence une saturation relativement élevée de cette épreuve par le facteur g (0,69) et par le facteur verbal (0,70).

Aptitudes mesurées

L'épreuve de Compréhension est constituée de 18 items rangés par ordre de difficulté. Il s'agit de questions à caractère pratique touchant à la vie sociale. Les réponses sont appréciées au moyen de critères et d'exemples donnés dans le manuel. Selon la qualité de sa réponse, le sujet est crédité de 2, 1 ou 0 points.

Wechsler fait remarquer que, depuis que cette épreuve a été créée par Binet, elle a été régulièrement reprise dans les tests intellectuels, preuve que les psychologues la considèrent comme une bonne mesure de l'intelligence. Pourtant, Wechsler (1958, p. 68) reconnaît qu'« il est difficile de dire avec précision à quelles fonctions le test de Compréhension fait appel. A première vue, on peut le considérer comme un test de sens commun, et c'est ainsi qu'il a été appelé dans l'Army Test Alpha. La réussite à cette épreuve semble dépendre de la possession d'une certaine quantité d'informations pratiques et d'une aptitude générale à évaluer l'expérience passée ». Wechsler apprécie tout particulièrement ce test comme source d'informations cliniques. En effet, la compréhension des questions et les associations que celles-ci suscitent sont non seulement le reflet de l'intelligence des sujets mais aussi de leur personnalité.

Cette épreuve n'ayant guère fait l'objet de recherches récentes, on retrouve à son propos des informations quasi identiques chez tous les auteurs (Zimmerman et Woo-Sam, 1973 ; Searls, 1985 ; Sattler, 1988 ; Kaufman, 1990). Tous considèrent que cette épreuve évalue essentiellement l'intelligence sociale des sujets, c'est-à-dire leurs connaissances pratiques et leur aptitude à faire face à des problèmes de comportements sociaux. Une partie des items évalue également l'acquisition des conventions sociales et du sens moral. La réussite à cette épreuve présuppose donc une certaine éducation familiale et scolaire. Elle est un parfait exemple de mesure de l'intelligence cristallisée (McGrew, 1997).

Lipsitz *et al.* (1993) ont étudié la relation entre, d'une part, les épreuves de Compréhension et d'Arrangement d'images et, d'autre part, les compétences sociales et l'hostilité des enfants de deux échantillons. Le premier échantillon comprenait 124 enfants à risque dont les parents souffraient de schizophrénie ou de troubles affectifs majeurs, le second échantillon comprenant, quant à lui, 113 enfants normaux. Les résultats de Lipsitz *et al.* ne permettent pas de confirmer l'hypothèse selon laquelle les épreuves de Compréhension et d'Arrangement d'images seraient indicatives de la qualité du fonctionnement social des enfants.

En dehors des résultats de cette dernière recherche, nous devons admettre que nous ne connaissons guère plus que Wechsler les processus réellement impliqués dans l'épreuve de Compréhension. Sur base des corrélations et des résultats d'analyse factorielle, nous savons qu'il s'agit d'une assez bonne mesure de l'intelligence. Mais le contenu des items laisse supposer une certaine hétérogénéité de la réalité mesurée. Des recherches complémentaires sur la nature des processus en jeu dans les différents items de cette épreuve nous paraissent nécessaires.

6.6. Mémoire immédiate de chiffres

Données statistiques

Le coefficient fiabilité[8], calculé pour les 11 groupes d'âge, est en moyenne de 0,83, ce qui situe cette épreuve parmi les plus fiables de l'échelle Verbale. La corrélation de cette épreuve est de 0,28 avec la somme des notes verbales, de 0,20 avec la somme des notes de performance et de 0,28 avec la somme des notes de l'échelle Totale. L'épreuve de Mémoire de chiffres est ainsi, après l'épreuve de Code, le plus médiocre prédicteur de la note Totale. L'analyse factorielle hiérarchique met en évidence une saturation modérée par le facteur g (0,47) et une saturation relativement faible par le facteur verbal (0,33). Il s'agit, au sein de l'échelle Verbale, de l'épreuve la moins saturée par le facteur g et par le facteur verbal. De toutes les épreuves du WISC-III, Mémoire de chiffres est celle qui possède, de loin, le pourcentage de variance spécifique le plus élevé (64 %).

Aptitudes mesurées

L'épreuve de Mémoire immédiate de chiffres est composée de deux parties bien distinctes. Dans la première, le sujet doit répéter à haute voix une série de chiffres en respectant leur ordre de présentation orale. Dans la seconde partie, il doit répéter les chiffres dans l'ordre inverse de leur présentation. Le sujet est évalué selon la longueur (l'*empan*) de la série de chiffres correctement répétée (9 chiffres au maximum) et selon le nombre d'essais nécessaires (2 maximum par série).

Wechsler (1944) reconnaît que, comme épreuve d'intelligence, la Mémoire de chiffres est une des plus médiocres. Elle est peu corrélée avec les autres tests d'intelligence. De plus, elle n'est que faiblement saturée par le facteur g. Toutefois, Wechsler juge cette épreuve intéressante car elle nous permet d'évaluer certaines capacités nécessaires au bon fonctionnement intellectuel. Elle permet d'apprécier la qualité du contrôle attentionnel et de la mémoire à court terme dont le rôle dans les processus intellectuels est indéniable.

Nos propres résultats d'analyse factorielle permettent de confirmer le jugement le Wechsler. La Mémoire immédiate de chiffres n'est en effet que modérément saturée par le facteur g et sa corrélation avec la note Totale est faible. Vu son pourcentage élevé de variance spécifique, la nature de cette épreuve pose question car elle échappe en grande partie à l'influence des principaux facteurs qui constituent l'intelligence.

Nous avons vu, à propos de l'épreuve d'Arithmétique, que l'analyse factorielle du WISC-III américain avait permis de mettre en évidence un facteur appelé *Attention/Concentration* qui sature particulièrement les épreuves d'Arithmétique et de Mémoire de chiffres. Nous avons souligné le recouvrement partiel de ce troisième facteur avec les épreuves de la catégorie séquentielle présentée par Bannatyne (1974) comme étant particulièrement faible chez les enfants dyslexiques. Le profil de Bannatyne a fait l'objet de nombreuses recherches dont les résultats sont contradictoires. Certains chercheurs ont proposé de lui substituer d'autres profils, apparemment plus spécifiques des sujets dyslexiques. C'est le cas des profils ACID et SCAD, décrits dans la section précédente. Il est intéressant de constater que, par-delà leurs différences, tous ces profils incluent l'épreuve de Mémoire de chiffres. La faiblesse des scores à cette épreuve apparaît en effet comme une constante des recherches sur les performances des dyslexiques aux échelles de Wechsler.

Spafford (1989) a étudié les scores en Mémoire de chiffres d'un échantillon de dyslexiques sélectionnés de manière rigoureuse. Ses résultats confirment la présence d'une faiblesse significative des dyslexiques en Mémoire de chiffres. Spafford insiste, par conséquent, sur l'importance diagnostique de cette dernière épreuve qui semble évaluer une composante importante de l'activité de lecture. Il s'agit vraisemblablement de l'encodage lexical qui, chez les dyslexiques, est trop lent et trop imprécis. Cette faiblesse se manifeste à l'épreuve de Mémoire de chiffres par un mauvais encodage de la séquence de chiffres et, dès lors, par une mauvaise répétition de celle-ci. Le problème est encore accentué lorsque la séquence de chiffres doit être répétée à rebours car « la représentation mentale de la séquence numérique doit non seulement être retenue plus longtemps [...] mais doit en plus être manipulée avant d'être répétée » (Sattler, 1988, p. 154). Si l'encodage initial est déficient, le résultat de cette manipulation ne peut être qu'imparfait. La répétition des chiffres à rebours demande également une grande concentration et un faible niveau de stress. On observe en effet que l'état de stress dans lequel se trouve le sujet au moment de l'examen peut influencer de manière significative les performances à l'épreuve de Mémoire de chiffres (Hodges et Spielberger, 1969).

Les progrès récents de nos connaissances à propos de la mémoire de travail permettent de mieux formaliser les processus à l'œuvre dans l'épreuve de Mémoire de chiffres. Le modèle de la mémoire de travail proposé par Baddeley (1986) postule l'existence de trois composantes au sein de celle-ci. La *boucle phonologique* est chargée du stockage à court terme des informations verbales par un mécanisme d'autorépétition mentale, appelé la récapitulation articulatoire. Le *calepin visuo-spatial* est chargé du stockage à court terme des informations visuo-spatiales et de la gestion des images mentales. Enfin, l'*administrateur central* a pour fonction de gérer et coordonner les deux composantes précédentes, de contrôler l'allocation des ressources attentionnelles et d'effectuer certains traitements. La mémoire de chiffres à l'endroit fait essentiellement appel au processus de récapitulation articulatoire de la boucle phonologique. L'efficacité de cette procédure semble liée à la vitesse d'articulation et à la fluidité verbale (Elliot, 1992). De son côté, la mémoire à rebours fait intervenir autant l'administrateur central que la boucle phonologique. Le sujet doit en effet conserver la série de chiffres en mémoire au moyen de la récapitulation articulatoire tout en effectuant un traitement de cette série afin de pouvoir la prononcer à rebours. La charge cognitive de la tâche de mémoire à rebours est évidemment plus lourde que le simple rappel immédiat. Il n'est dès lors pas étonnant que l'empan à rebours soit généralement plus court d'un à deux chiffres que l'empan à l'endroit (Wechsler, 1996; Grégoire et Van Der Linden, 1997).

Dans l'étude de Dowker (1998), présentée à propos du subtest Arithmétique, des corrélations ont été calculées entre le score des enfants au subtest de Mémoire de chiffres et leurs résultats à différentes épreuves d'arithmétique. La corrélation entre Mémoire de chiffres et l'épreuve d'addition mentale est de 0,305 ($p<.01$). Avec l'épreuve de soustraction mentale, cette corrélation est de 0,332 ($p<.01$). Ces résultats confirment que la capacité de conserver et de manipuler des nombres en mémoire de travail est une des composantes du calcul mental. Un faible score à l'épreuve de Mémoire de chiffres devrait aller de pair avec de piètres performances en calcul mental.

L'épreuve de Mémoire de chiffres est optionnelle et sa note standard n'intervient pas dans le calcul des QI. Beaucoup de praticiens omettent dès lors de la présenter aux sujets. Pourtant, vu son intérêt diagnostique, nous pensons qu'elle devrait être systématiquement appliquée.

6.7. Complètement d'images

Données statistiques

Le coefficient de fiabilité, calculé pour les 11 groupes d'âge, est en moyenne de 0,70. La corrélation de cette épreuve est de 0,39 avec la somme des notes verbales, de 0,44 avec la somme des notes de performance et de 0,47 avec la somme des notes de l'échelle Totale. L'analyse factorielle met en évidence une saturation moyenne par le facteur g (0,58) et par le facteur de performance (0,49).

Aptitudes mesurées

L'épreuve de Complètement d'images est constituée de 30 items rangés par ordre de difficulté et présentés en temps limité (20 secondes par item). Il s'agit d'images incomplètes dont le sujet doit nommer ou montrer la partie manquante.

Wechsler (1944) considère cette épreuve comme la meilleure, avec celle de Cubes, au sein de l'échelle de Performance. Selon lui, elle évalue la reconnaissance visuelle et l'identification de formes familières. Elle demande au sujet de pouvoir discriminer l'essentiel de l'accessoire. Bien que le temps de passation soit limité, il ne semble guère avoir d'influence sur les résultats. Les sujets qui ne trouvent pas rapidement l'élément manquant ne réussissent en effet pas mieux si on leur accorde plus de temps. Wechsler reconnaît que la principale limite de cette épreuve est d'être assez peu discriminative pour les niveaux supérieurs d'intelligence. Les résultats ont alors tendance à se grouper à l'extrémité supérieure de l'échelle.

Nos résultats d'analyse factorielle confirment partiellement le jugement de Wechsler à propos de cette épreuve. Il s'agit d'une des épreuves de l'échelle de Performance les plus saturées par le facteur g. La saturation modérée de cette épreuve par le facteur de performance laisse supposer qu'elle est déterminée par d'autres aptitudes que la seule organisation spatiale. Bien entendu, celle-ci joue un rôle important puisqu'il s'agit d'une tâche de discrimination visuelle. Mais cette épreuve fait aussi appel à la mémoire visuelle à long terme d'informations statiques. Le sujet doit comparer l'image de l'objet qui lui est présentée à la trace qu'il en a dans sa mémoire. L'épreuve de Complètement d'images semble aussi faire intervenir le style cognitif dépendance/indépendance du champ (Kaufman, 1994). Les sujets doivent en effet passer de la perception globale de l'image à son analyse en détail. Certains sujets peuvent avoir beaucoup de peine à modifier leur point de vue sur l'image en raison de leur style cognitif dépendant du champ. Ils restent alors attachés à la forme globale et sont incapables de repérer le détail manquant. Par ailleurs, Kaufman et McLean (1986 ; 1987) s'appuient sur les résultats d'analyses factorielles conjointes entre le WISC-R et le K-ABC pour considérer l'épreuve de Complètement d'images comme une mesure des processus simultanés de traitement d'information.

L'épreuve de Complètement d'images est constituée d'items relativement hétérogènes. Certains items font d'évidence appel à un raisonnement de la part des sujets. C'est, par exemple, le cas de l'item 8 (le reflet de la poupée dans le miroir) et de l'item 29 (l'ombre de l'arbre). Par contre, d'autres items semblent ne demander qu'une connaissance figurale. Si l'enfant connaît l'objet, la bonne forme (au sens que donnent à ce terme les théoriciens de la Gestalt) s'impose alors d'elle-même. C'est, par exemple, le cas de l'item 4 (l'ongle du doigt) et de l'item 21 (les sourcils).

L'épreuve de Complètement d'images est la première présentée aux sujets. Ces derniers réagissent généralement bien à la tâche qui leur est proposée. Elle est peu verbale et possède un caractère ludique. Elle est également une des épreuves les plus faciles du test. Toutefois, certains enfants peuvent être stressés par la situation d'évaluation et mettre du temps avant de se détendre. Ils peuvent alors avoir tendance à répondre de manière impulsive ou, au contraire, manifester des doutes et des hésitations exagérées. Ces réactions émotionnelles peuvent entraîner un résultat en Complètement d'images plus faible que ceux obtenus par la suite aux autres épreuves.

6.8. Code

Données statistiques

Le coefficient de fiabilité, calculé pour les 11 groupes d'âge, est en moyenne de 0,76. La corrélation de cette épreuve est de 0,23 avec la somme des notes verbales, de 0,23 avec la somme des notes de performance et de 0,26 avec la somme des notes de l'échelle Totale. L'épreuve de Code est ainsi, de toutes les épreuves, le plus médiocre prédicteur de la note Totale. L'analyse factorielle met en évidence une saturation assez modérée de cette épreuve par le facteur g (0,40) et par le facteur de performance (0,39). C'est, sans conteste, l'épreuve la moins saturée par les facteurs importants du modèle hiérarchique de l'intelligence. C'est aussi une des épreuves dont le pourcentage de variance spécifique est le plus élevé (47 %).

Aptitudes mesurées

L'épreuve de Code est constituée de deux parties : l'une pour les enfants de moins de 8 ans et l'autre pour ceux de 8 ans et plus. Dans la première partie (Code A), on présente à l'enfant une série de formes géométriques (triangles, carrés...) dans lesquelles sont tracés des traits. A chaque forme géométrique correspond toujours le même type de trait (barre verticale, croix...). Sous cette série modèle se trouvent des formes identiques mais vides. La tâche de l'enfant est, sur base de la série modèle, de tracer dans chaque forme le type de trait qui lui correspond. L'objectif est de remplir un maximum de formes en 2 minutes. La seconde partie du test (Code B) suit les mêmes principes mais, au lieu de faire correspondre des formes et des traits, on fait ici correspondre des chiffres et des traits.

Wechsler (1944) considère que cette épreuve mesure l'intelligence en évaluant la rapidité et la précision avec lesquelles le sujet associe les symboles qui lui sont présentés. Il souligne que cette épreuve, du moins le Code B, n'est pas adaptée pour les sujets illettrés. Cette limitation explique la présence dans le WISC de l'épreuve optionnelle des Labyrinthes qui peut, le cas échéant, remplacer celle de Code. Wechsler remarque également que les performances à l'épreuve de Code sont sensiblement diminuées chez les sujets dont la capacité de concentration est réduite pour des raisons émotionnelles ou neurologiques.

Nous avons pu constater, grâce à l'analyse factorielle, que l'épreuve de Code est une mesure médiocre du facteur g. Dans l'ensemble de l'échelle, elle est d'ailleurs l'épreuve la moins saturée par ce facteur. Elle est également la moins saturée par le facteur de performance. Ces résultats posent la question de la nature de cette épreuve. Nous avons vu que les analyses factorielles du WISC-III mettent en évidence un facteur, appelé *vitesse de traitement*, qui sature essentiellement les épreuves de Code et de Symboles. Il est évident que la rapidité de performance est un des déterminants essentiels du score à ces épreuves. Mais d'autres variables interviennent également. Rappelons, par exemple, que le subtest de Code fait partie de la catégorie des épreuves séquentielles décrites par Bannatyne (1974) comme celles où les enfants dyslexiques obtiennent leurs plus mauvais scores.

Sattler décrit l'épreuve de Code comme «une tâche de traitement de l'information faisant appel à la discrimination et à la mémoire d'ensembles de symboles visuels» (1988, p. 161). Il s'agit en fait de la seule tâche d'apprentissage dans l'ensemble de l'échelle. La vitesse de la performance dépend de la facilité et de la qualité de cet apprentissage, lequel est influencé par l'efficacité de la mémoire visuelle à court terme. Elle est également liée à sa capacité d'attention et de concentration. Les sujets souffrant de trouble de l'attention obtiennent d'ailleurs des scores souvent médiocres à cette épreuve. Ainsi, dans l'étude de Schwean *et al.* (1993) portant sur 45 enfants souffrant de trouble attentionnel, le score moyen le plus faible est observé à l'épreuve de Code. Ce phénomène a conduit Brown (1996) à adapter la catégorie séquentielle de Bannatyne, rebaptisée *Indice de concentration*, pour le diagnostic des troubles de l'attention. Dans un échantillon de 191 adolescents souffrant de trouble de l'attention, il observe que le score moyen à cet Indice est statistiquement plus faible que le score aux autres Indices. Un résultat identique a été mis en évidence sur un échantillon de 55 adolescents français présentant un déficit attentionnel (Brown, 1998).

L'épreuve de Code est également déterminée par les capacités de coordination visuo-motrice. A ce propos, il semble que la couleur joue un rôle facilitant dans cette épreuve. Lombard et Riedel (1978) ont en effet comparé les performances de 76 enfants à l'épreuve de Code du WISC (impression noire sur fond blanc) et à celle du WISC-R (impression bleue sur fond blanc). Ils se sont aperçus que la couleur augmentait de manière très significative les performances des enfants. Dans le WISC-III, cette épreuve est à nouveau imprimée en noir sur fond blanc.

L'épreuve de Code demande aussi aux sujets de pouvoir travailler sous la pression du temps (Kaufman, 1994). L'anxiété due à cette pression peut avoir un effet perturbateur sur la performance. Cette épreuve exige également de la précision, mais sans rigidité. Une personne trop méticuleuse réalise en effet la tâche lentement et obtient dès lors un score médiocre. Enfin, cette épreuve est sensible aux atteintes neurologiques. Elle est une des épreuves les plus affectées par les altérations cérébrales (Pichot et Kourovsky, 1969) et par les effets du vieillissement cérébral normal (Grégoire, 1993).

6.9. Arrangement d'images

Données statistiques

Le coefficient de fiabilité, calculé pour les 11 groupes d'âge, est en moyenne de 0,77. La corrélation de cette épreuve est de 0,49 avec la somme des notes verbales, de 0,54 avec la somme des notes de performance et de 0,59 avec la somme des notes de l'échelle Totale. L'analyse factorielle nous révèle une saturation moyenne de cette épreuve par le facteur g (0,63) et par le facteur de performance (0,47). De toutes les épreuves de l'échelle de Performance, elle est la plus saturée par le facteur verbal (0,35).

Aptitudes mesurées

L'épreuve d'Arrangement d'images est constituée de 14 items rangés par ordre de difficulté et passés en temps limité. Chaque item est constitué d'une série d'images présentées dans le désordre. Le sujet est invité à ranger ces images de sorte qu'elles racontent une histoire cohérente. La cotation se fait sur base de la conformité de l'ordre au modèle et de la vitesse de résolution de l'item.

Pour Wechsler (1944), cette épreuve évalue l'aptitude à comprendre les situations dans leur ensemble. Dans la mesure où les histoires mettent en scène des situations humaines et pratiques, il serait tentant de qualifier cette épreuve de test d'intelligence sociale. Wechsler récuse cependant cette interprétation et préfère parler d'application de l'intelligence générale à des situations sociales.

L'appréhension correcte des stimuli joue un rôle important dans cette épreuve. Le sujet doit pouvoir distinguer l'essentiel de l'accessoire et intégrer l'ensemble des images dans une histoire englobante. Pour réussir la tâche demandée, il est indispensable de passer par cette étape. Il est en effet très improbable de réussir les items au moyen d'une procédure par essais et erreurs. Au contraire, le sujet doit pouvoir faire preuve d'une aptitude à planifier et à organiser les séquences temporelles. L'épreuve d'Arrangement d'images suppose donc que le sujet ait intégré les concepts temporels d'avant et d'après. Il doit également maîtriser les opérations de sériation qui lui permettent d'ordonner les événements en fonction de leur succession. Il doit enfin avoir une représentation de différentes durées. Certains items supposent la représentation d'une durée relativement brève, qui se confond avec le déroulement d'une action. C'est, par exemple, le cas des items 3 et 5 où la totalité de l'action se déroule en quelques minutes. Dans d'autres cas, cette durée peut être beaucoup plus longue et correspondre au déroulement de toute une journée, comme dans les items 13 et 14.

Sattler (1988) remarque que, dans certains cas, l'enfant a tendance à verbaliser l'histoire qu'il est en train de construire. Il émet l'hypothèse que cette verbalisation a un effet facilitant pour la résolution du problème et que, dans ce cas, l'épreuve d'Arrangement d'images peut être considérée comme une mesure des processus séquentiels verbaux. Au vu de la saturation de cette épreuve par le facteur verbal, cette hypothèse est plausible. Le rôle du langage dans cette épreuve ne doit toutefois pas être exagéré. Sattler souligne également l'impact de la vitesse dans l'épreuve d'Arrangement d'images. Plus le sujet est rapide, plus il reçoit de points. Par conséquent, tout ce qui peut ralentir la vitesse de résolution pénalise le sujet. Sattler cite à ce propos les comportements compulsifs (par exemple, la recherche de l'alignement parfait des images) chez les sujets obsessionnels.

Meeker (1975) considère que l'épreuve d'Arrangement d'images fait surtout appel à la production convergente. Il n'y a en effet qu'une seule solution possible, laquelle doit être découverte par le sujet. Pourtant, Kaufman (1979) parle, à propos de cette même épreuve, de l'intervention de la créativité, c'est-à-dire de la production divergente. Selon nous, il serait plus correct de parler de souplesse de pensée. Pour découvrir la bonne solution, le sujet doit en effet envisager divers arrangements possibles. S'il s'attache rigidement à l'un des arrangements sans pouvoir en considérer d'autres, il aboutira le plus souvent à l'échec. Pratiquement tous les auteurs soulignent que l'habitude de lire des bandes dessinées est un facteur facilitant pour la réussite de cette épreuve. Bien que marquée par le bon sens, cette affirmation n'a cependant été vérifiée par aucune recherche.

Certains cliniciens utilisent l'épreuve d'Arrangement d'images comme une situation projective. Lorsque le sujet a répondu à un item, ils lui demandent de raconter l'histoire à laquelle correspond la séquence d'images. Segal *et al.* (1993) ont développé six brèves échelles qui permettent d'évaluer de manière systématique les réponses des sujets. Ces échelles investiguent six dimensions de la relation objectale qui transparaissent dans chacun des courts récits du sujet : la cohérence des événements, la plausibilité des attributions causales, la tonalité affective des interactions, la capacité d'investissement émotionnel dans les relations, la complexité des représentations et la cohérence des personnages. L'évaluation de ces six dimensions fournit des informations dont la validité pour le diagnostic de certains troubles de la personnalité a été démontrée.

6.10. Cubes

Données statistiques

Le coefficient de fiabilité, calculé pour les 11 groupes d'âge, est en moyenne de 0,84, ce qui en fait l'épreuve la plus fiable de l'échelle de Performance. La corrélation de cette épreuve est de 0,46 avec la somme des notes verbales, de 0,58 avec la somme des notes de performance et de 0,59 avec la somme des notes de l'échelle Totale. L'analyse factorielle hiérarchique nous révèle une saturation relativement élevée de cette épreuve par le facteur g (0,69) et par le facteur de Performance (0,74). Parmi les épreuves de l'échelle de Performance, elle est la plus saturée par ces deux derniers facteurs.

Aptitudes mesurées

L'épreuve de Cubes comprend 12 items rangés par ordre de difficulté et passés en temps limité. Elle consiste en une série de cubes que le sujet doit organiser de façon à reproduire un dessin modèle. Tous les cubes sont identiques et possèdent deux faces rouges, deux faces blanches et deux face à moitié rouge et à moitié blanche. Les réponses sont évaluées en fonction de la conformité au modèle et de la vitesse de résolution.

Le test des Cubes a été créé en 1923 par Kohs dans le but d'évaluer l'intelligence indépendamment du facteur langage. Wechsler (1944) considère cette épreuve comme la meilleure de l'échelle de Performance et même de l'ensemble du test. Elle est en effet, dit-il, bien corrélée avec la note Totale et avec la plupart des épreuves Verbales. Wechsler constate que la résolution des items peut se faire selon deux voies différentes : soit le sujet s'attache à la figure globale, soit il l'analyse en ses composantes élémentaires. L'épreuve des Cubes apparaît ainsi comme une situation intéressante du point de vue clinique car elle nous permet d'observer le type de processus cognitifs utilisés par les sujets. Cette épreuve est également d'un certain intérêt dans le domaine neurologique. Elle est en effet sensible au vieillissement physiologique et aux altérations cérébrales, comme le constate Goldstein dès le début des années 40[9].

Du point de vue factoriel, nos propres résultats vont dans le sens des affirmations de Wechsler. En effet, la saturation de l'épreuve des Cubes par le facteur *g* est relativement élevée. Cette épreuve est également la plus saturée par le facteur de performance. Par ailleurs, elle est l'épreuve la plus fiable de l'échelle de Performance dans quasi tous les groupes d'âges.

Selon Kohs (cité par Shah et Frith, 1993, p. 1352), l'épreuve des Cubes « requiert tout d'abord de décomposer chaque dessin présenté en unités logiques et, ensuite, de manipuler de manière raisonnée les blocs afin de reconstruire le dessin original à partir d'éléments séparés. Le résultat de cette activité est supposé nous donner un bon index de cette capacité d'analyse et de synthèse que nous appelons l'intelligence ». La réussite à cette épreuve demande dès lors des capacités d'analyse visuo-spatiale et de raisonnement sur les relations spatiales. Elle suppose également une habileté de coordination visuo-motrice et l'aptitude à travailler sous la pression du temps. Dans le modèle de Carroll (McGrew, 1997), l'épreuve des Cubes est considérée comme une bonne mesure de l'intelligence visuelle (Gv) et, plus précisément, de l'aptitude à manipuler mentalement les objets (VZ) et de l'aptitude à percevoir rapidement des configurations visuelles et à maintenir leur orientation par rapport à d'autres objets (SR). Certains auteurs ont affirmé que les performances à l'épreuve des Cubes pouvaient être influencée par la pratique de certains jeux visuo-spatiaux (Dirks, 1982). Cette hypothèse a, par la suite, été mise an question (Longstreth et Alcorn, 1990). Il semble que seuls des jeux quasi identiques aux cubes de Kohs aient un effet à court terme sur les performances à cette épreuve. L'expérience de jeux similaires mais non identiques aux cubes de Kohs ne semble pas se transférer dans la situation de test.

L'épreuve des Cubes a suscité un nombre important de recherches en psychologie cognitive. Parmi celles-ci, nous pouvons citer les études de

Jones et Torgesen (1981), de Schorr, Bower et Kiernan (1982), de Spelberg (1987) et de Rozencwajg et Huteau (1996). La plupart des chercheurs se sont intéressés à la différentiation des sujets selon la stratégie de résolution utilisée : analytique ou globale. La stratégie analytique consiste à fragmenter la forme globale (un grand carré) en ses composantes élémentaires (4 ou 9 faces de cubes selon les items), à trouver une face de cube correspondant à chacune des composantes, puis à assembler le tout. La stratégie globale consiste, quant à elle, à manipuler les cubes pour arriver, par essais et erreurs, à reconstituer la forme globale.

Jones et Torgesen (1981) se sont demandés si la stratégie de résolution des items de Cubes évoluait avec l'âge. Ils ont également voulu vérifier l'hypothèse selon laquelle les sujets les plus âgés auraient tendance à placer correctement chaque cube avant de passer au suivant. Ces sujets manifesteraient ainsi un comportement plus systématique que celui des plus jeunes enfants caractérisé, lui, par le manque d'organisation et l'impulsivité. Les auteurs ont filmé les performances de 121 enfants appartenant à quatre groupes d'âge allant de 6 ans 1/2 à 17 ans. Ils ne constatent aucune différence de stratégie importante entre les enfants les plus jeunes et les plus âgés. De plus, les enfants les plus âgés ne présentent pas de comportements plus systématiques que les enfants les plus jeunes. Selon Jones et Torgesen (1981, p. 328), la stratégie utilisée semble dépendre essentiellement du type d'item : « La configuration des cubes est si frappante dans beaucoup de dessins qu'elle influence de façon décisive la manière d'analyser le dessin et de le reconstruire chez un grand nombre des enfants jeunes et âgés ».

Schorr, Bower et Kiernan (1982) ont avancé l'hypothèse que les enfants qui utilisent une stratégie analytique réussiraient mieux lorsque les arêtes visibles à l'intérieur de dessin sont nombreuses. Une arête est visible lorsqu'il y a une différence de couleur entre deux cubes voisins (figure 11). Par contre, les enfants qui utilisent une stratégie globale réussiraient mieux lorsque le dessin présente peu d'arêtes intérieures. Schorr *et al.* ont étudié l'utilisation des stratégies analytiques et globales dans un groupe d'enfants d'intelligence supérieure à la moyenne. Ils mettent en évidence une relation inverse très significative entre le nombre d'arêtes intérieures et le temps de réponse. En d'autres termes, plus le nombre d'arêtes intérieures est élevé, plus le temps de résolution de l'item est bref. Les auteurs concluent que les sujets les plus intelligents utilisent, de façon privilégiée, une stratégie analytique qui s'appuie sur le repérage des arêtes visibles.

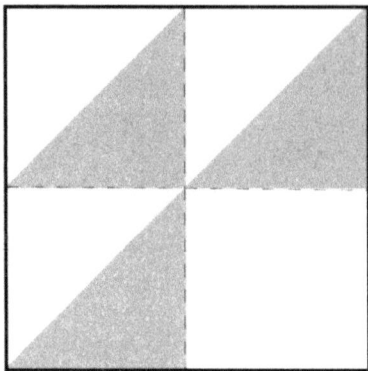 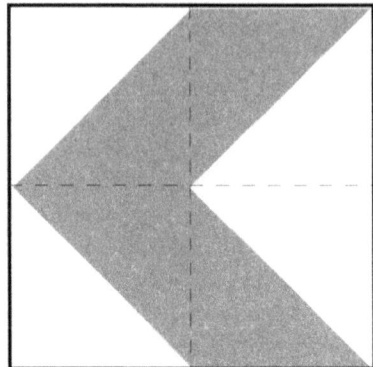

Figure 11 — Cubes avec 4 arêtes intérieures visibles (gauche) et sans arête intérieure visible (droite).

Spelberg (1987) souligne les limites de la recherche de Schorr et al. où seules les performances d'enfants intellectuellement doués ont été étudiées. Schorr et al. n'ont donc pas pu vérifier si les sujets moins doués utilisent une stratégie globale ou une stratégie analytique. Spelberg a évalué l'usage de ces deux stratégies dans un échantillon de 770 sujets âgés de 6 à 16 ans, représentatif de la population néerlandaise[10]. Ses résultats confirment ceux de Schorr et al. Il observe en effet, dans tous les groupes d'âge, une relation assez étroite entre le nombre d'arêtes intérieures visibles et la performance à l'item. Plus il y a d'arêtes visibles, plus la réponse est rapide. Comme une telle relation est caractéristique d'une stratégie analytique, Spelberg conclut que les sujets de son échantillon «utilisent pour la plupart une stratégie analytique et que les résultats présentent peu d'indices quant à l'existence de sujets utilisant la stratégie globale. Cela ne signifie cependant pas que la stratégie globale ne soit jamais utilisée. Comme Jones et Torgesen (1981) l'ont suggéré, il est vraisemblable que le choix de l'une ou l'autre des deux stratégies dépende plus de la nature des stimuli que d'une préférence individuelle quant au processus» (Spelberg, 1987, p. 104).

Rozencwajg et Huteau (1996) font une distinction plus fine entre les stratégies utilisées aux cubes de Kohs. En plus des stratégies analytiques et globales, ils décrivent une troisième stratégie qu'ils qualifient de synthétique. Dans cette stratégie, le sujet découpe la figure en groupes de cubes, que les auteurs appellent des structures partielles. Celles-ci constituent des buts intermédiaires qui permettent au sujet de traiter moins d'informations à la fois. La résolution d'un item consiste dès lors en la construction successive des différentes structures partielles qui composent la structure d'ensemble. Les données empiriques confirment l'existence de la stratégie synthétique au côté des stratégies globales et analytiques. Par ailleurs, le choix de ces différentes stratégies apparaît liée au style cognitif des sujets. Rozenswajg et Huteau ont fait passer un test de dépendance-indépendance du champ à une partie de leurs sujets. Ceux qui utilisent une stratégie globale apparaissent comme les plus dépendants du champ. Au contraire, les sujets qui utilisent une stratégie analytique sont plus indépendants du champ. Enfin, les sujets qui utilisent une stratégie synthétique sont ceux qui manifestent la plus grande indépendance du champ.

Du point de vue clinique, l'épreuve des Cubes a permis d'observer un phénomène très particulier chez les enfants autistes. Ceux-ci obtiennent généralement leur meilleur score à cette épreuve et y manifestent souvent des performances supérieures à celles des enfants normaux. Shah et Frith (1993) ont étudié les performances aux cubes de Kohs de 20 autistes placés dans deux groupes distincts selon que leur QI était faible ou élevé. Elles ont comparé leurs performances à celles de sujets normaux et de handicapés mentaux. Elles constatent qu'indépendamment de leur niveau intellectuel, les autistes obtiennent, en moyenne, un score nettement plus élevé à l'épreuve des Cubes qu'aux autres épreuves du WISC-R. Treize des vingt autistes obtiennent d'ailleurs leur score le plus élevé à cette épreuve. De plus, les autistes les plus intelligents obtiennent des scores aux Cubes nettement supérieurs à ceux des sujets normaux. Quant aux autistes de faible intelligence, leur score aux Cubes est proche de la moyenne des sujets tout-venant. Les résultats de Shah et Frith ont été confirmés par d'autres études. Ainsi, Ehlers *et al.* (1997) ont analysé les résultats au WISC-R de 40 autistes. Ils observent également que le score de ces sujets aux Cubes est nettement plus élevé que leurs scores aux autres épreuves. Sur base du seul profil au WISC-R, Ehlers *et al.* sont d'ailleurs parvenus à diagnostiquer correctement près de 80 % des autistes de leur échantillon. Comment peut-on expliquer ce phénomène ? Shah et Frith (1993) rappellent que, selon la *Gestalttheorie*, l'être humain a tendance à percevoir un ensemble d'éléments comme formant un tout, plutôt que comme une collection de détails. Cette tendance serait une manifestation de cohérence centrale. Selon Shah et Frith, les autistes manquent de cohérence centrale et, à l'inverse des sujets normaux, ont une grande facilité à décomposer une forme en ses parties élémentaires.

6.11. Assemblage d'objets

Données statistiques

Le coefficient de fiabilité, calculé pour les 11 groupes d'âge, est en moyenne de 0,64, ce qui est un des coefficients les plus faibles du test. La corrélation de cette épreuve est de 0,29 avec la somme des notes verbales, de 0,56 avec la somme des notes de performance et de 0,46 avec la somme des notes de l'échelle Totale. L'analyse factorielle révèle une saturation moyenne de cette épreuve par le facteur g (0,59) et une saturation relativement élevée par le facteur de performance (0,67). Avec l'épreuve de Cubes, elle est la plus saturée par ce dernier facteur.

Aptitudes mesurées

L'épreuve d'Assemblage d'objets est composée de 5 items passés en temps limité. Il s'agit de petits puzzles que le sujet doit assembler sans modèle. Pour les deux premiers items, il est informé de la nature de l'image à reconstituer. Pour les trois items suivants, il doit lui-même découvrir de quoi il s'agit. Les réponses sont évaluées en fonction du nombre de juxtapositions correctes et de la vitesse de résolution du problème.

Wechsler (1944) souligne les qualités cliniques de cette épreuve. En effet, la manière dont le sujet aborde la tâche se révèle riche d'enseignement sur ses modes de pensée et sur les caractéristiques de sa personnalité. Comment le sujet réagit-il aux stimuli qui lui sont présentés et comment arrive-t-il à comprendre les relations entre les éléments isolés ? Cherche-t-il à résoudre le problème par essais et erreurs, ou tente-t-il de se construire d'abord une représentation mentale de l'objet à assembler ? Comment réagit-il face aux erreurs ? A-t-il tendance à persévérer ? Comme nous pouvons le constater, cette épreuve permet de récolter des informations qui vont bien au-delà de la simple mesure intellectuelle.

Nos analyses factorielles indiquent que l'épreuve d'Assemblage d'objets est, après l'épreuve des Cubes, la plus saturée par le facteur de performance. Dans la solution avec trois facteurs, elle est, avec l'épreuve de Cubes, la plus saturée par le facteur Organisation Spatiale. Ces résultats sont concordants avec l'analyse réalisée par McGrew (1997) sur base du modèle de Carroll. Dans ce modèle, l'épreuve d'Assemblage est considérée comme une bonne mesure de l'intelligence visuelle (Gv) et, plus précisément, de l'aptitude à manipuler mentalement les objets (VZ) et à combiner rapidement des stimuli visuels en un tout cohérent (CS).

Comme aucun modèle n'est proposé, le sujet doit d'abord analyser les stimuli visuels et leur donner sens avant d'entamer l'assemblage. Il doit en effet se faire une première représentation mentale de l'objet qui va guider son travail d'assemblage. Ce dernier suppose également des capacités de coordination visuo-motrice. Durant l'assemblage, le sujet doit faire preuve d'une certaine flexibilité d'esprit en étant capable de reconsidérer sa représentation mentale en fonction des informations qu'il recueille au fur et à mesure de son travail. Le sujet peut manifester une faiblesse de cette procédure de contrôle et d'autocorrection. Dans certains cas, il renonce même à donner du sens à ce qu'il réalise et produit un assemblage invraisemblable sans émettre la moindre autocritique.

Kaufman (1979) fait remarquer que le style cognitif dépendant du champ peut représenter un certain handicap dans cette épreuve. Le sujet dépendant du champ peut avoir de la peine à changer sa première idée et à envisager sous un autre angle les stimuli qui lui sont proposés. Il peut avoir tendance à persévérer dans ses erreurs, incapable de prendre du recul et de considérer autrement les pièces du puzzle. L'épreuve d'Assemblage d'objets étant chronométrée, la capacité de travailler sous la pression du temps est également un facteur de réussite. Tous les facteurs qui ralentissent la performance pénalisent en fait le sujet : l'anxiété, le ralentissement dépressif, le contrôle obsessionnel...

6.12. Symboles

Données statistiques

Le coefficient de fiabilité, calculé pour les 11 groupes d'âge, est en moyenne de 0,72. La corrélation de cette épreuve est de 0,36 avec la somme des notes verbales, de 0,53 avec la somme des notes de performance et de 0,50 avec la somme des notes de l'échelle Totale. L'analyse factorielle met en évidence une saturation moyenne de cette épreuve tant par le facteur g (0,50) que par le facteur de performance (0,47).

Aptitudes mesurées

Cette épreuve est constituée de deux parties. Dans la première (partie A), administrée aux enfants de 6 et 7 ans, le sujet doit vérifier si un symbole donné se retrouve au sein d'une série de trois symboles. Dans la seconde partie (B), administrée aux enfants à partir de 8 ans, le sujet doit vérifier si deux symboles donnés se retrouvent au sein d'une série de cinq symboles. Le temps de passation est limité à deux minutes.

Le score total à cette épreuve est égal au nombre de symboles correctement contrôlés dans le temps imparti.

Cette épreuve est une nouveauté dans les échelles de Wechsler. Elle a été créée par S. Sternberg pour étudier la procédure utilisée par les sujets pour vérifier si un symbole stocké en mémoire à court terme se retrouve dans une séquence de symboles. Sternberg (1966) constate que, pour réaliser cette tâche, les sujets utilisent une procédure séquentielle exhaustive, c'est-à-dire qu'ils passent successivement en revue tous les symboles de la séquence. Cette épreuve a, par la suite, été utilisée par Shiffrin et Schneider (1977) pour étudier le contrôle attentionnel. Elle a été introduite dans le WISC-III dans le but de donner plus de poids au facteur attention/concentration mis en évidence avec le WISC-R (Kaufman, 1975). Les analyses factorielles réalisées avec le WISC-III ont montré que, contre toute attente, l'épreuve de Symboles est saturée, non par le facteur attention/concentration, mais par un nouveau facteur appelé *vitesse de traitement*. Ce facteur sature également l'épreuve de Code.

Le poids du facteur de vitesse de traitement dans l'épreuve de Symboles est la seule justification de son usage clinique. Comme épreuve optionnelle, elle n'intervient pas dans le calcul des trois QI classiques. Elle n'est prise en compte que dans le calcul de l'Indice Vitesse de traitement. Nous avons vu plus haut que la nature de cet Indice et son intérêt clinique ne sont pas encore très clairs. Par conséquent, nous considérons que les praticiens peuvent appliquer l'épreuve de Symboles dans une perspective exploratoire, mais qu'ils doivent rester prudents lors de l'interprétation des résultats. Outre la vitesse de traitement de l'information visuelle, cette épreuve fait en effet appel à une variété de capacités qui peuvent influencer les résultats à des degrés divers : la concentration sur la tâche, l'inhibition du stimulus précédent (susceptible de persévérer chez certains sujets), la rapidité de décision motrice, le contrôle visuomoteur... Des recherches futures devraient nous éclairer sur le poids respectifs de ces différents facteurs et confirmer l'intérêt de l'épreuve de Symboles au sein du WISC-III.

6.13. Labyrinthes

Données statistiques

Le coefficient de fiabilité, calculé pour les 11 groupes d'âge, est en moyenne de 0,64. La corrélation de cette épreuve est de 0,23 avec la somme des notes verbales, de 0,36 avec la somme des notes de performance et de 0,33 avec la somme des notes de l'échelle Totale. L'analyse factorielle met en évidence une saturation modérée de cette épreuve tant par le facteur g que par le facteur de performance. Avec l'épreuve de Code, elle est la moins saturée par le facteur g. C'est aussi, au sein de l'échelle de Performance, la moins saturée par le facteur de performance. De plus, son pourcentage de variance spécifique est particulièrement élevé (47 %).

Aptitudes mesurées

Cette épreuve est constituée de 10 labyrinthes rangés par ordre de difficulté. Le sujet doit tracer au crayon un chemin jusqu'à la sortie du labyrinthe sans couper les bords ni s'engager dans les voies sans issue. La passation se fait en temps limité. Les tracés sont évalués selon le nombre d'erreurs commises.

L'épreuve des Labyrinthes n'est présente dans le WISC-R que comme test optionnel. Cette épreuve est absente du WAIS-R. Dans le WPPSI-R, par contre, elle fait partie des épreuves régulières. Wechsler (1944, p. 8) l'a incluse dans le WISC-R car elle lui paraissait plus fiable et plus intéressante cliniquement que l'épreuve de Code. Il a toutefois attribué à cette dernière le statut d'épreuve régulière car elle est plus rapide à faire passer et plus simple à corriger que l'épreuve des Labyrinthes.

L'épreuve des Labyrinthes a été proposée par Porteus en 1914 comme une échelle non-verbale d'évaluation du développement intellectuel. Selon Porteus (1965), cette épreuve évalue la capacité du sujet à planifier son comportement. Elle est très sensible à l'apprentissage et il est par conséquent impératif de respecter l'ordre de présentation des items. Cette épreuve évalue également l'adaptation sociale. Porteus constate en effet que les performances des délinquants sont nettement inférieures à la normale. Ceux-ci, manquant de contrôle d'eux-mêmes, commettent beaucoup plus d'erreurs que les autres sujets.

L'épreuve des Labyrinthes du WISC-III est très peu utilisée dans la pratique clinique du fait de sa durée de passation et de la difficulté de sa cotation. Pour la même raison, elle est fréquemment exclue lors des recherches. Nous possédons par conséquent fort peu d'informations récentes à son propos. Selon Sattler (1988), l'épreuve des Labyrinthes évalue essentiellement la vitesse et la précision du contrôle visuo-moteur. Dans le modèle de Carroll (McGrew, 1997), cette épreuve est considérée comme une mesure de scanning spatial, c'est-à-dire de l'aptitude à examiner une étendue avec vitesse et précision et à déterminer un chemin au travers de celle-ci. Kaufman (1979) souligne que cette épreuve demande également de gérer l'incertitude et de pouvoir travailler sous la pression du temps. Plus récemment, Kaufman (1994) s'est montré très critique face au maintien de l'épreuve des Labyrinthes dans le WISC-III. Non seulement les qualités métriques de cette épreuve sont faibles mais, de plus, les aptitudes qu'elle permet de mesurer sont loin d'être claires. Par conséquent, Kaufman déconseille vivement de remplacer l'épreuve de Code par les Labyrinthes. Et il ajoute (1994, p. 62), sur un ton provocant, «Connaissez-vous quelqu'un qui applique les Labyrinthes de façon routinière, ou même occasionnelle ? J'ai dû tordre le bras de mes propres étudiants pour qu'ils appliquent cette épreuve dans le cadre de mon cours d'introduction sur les tests d'intelligence».

Pour notre part, lors des analyses factorielles du WISC-III français, nous avons constaté que l'épreuve de Labyrinthes est une mesure médiocre du facteur g comme du facteur de performance. Son pourcentage élevé de spécificité soulève la question de la nature des processus qui y sont impliqués. Par ailleurs, son coefficient de fiabilité est un des plus faibles de l'échelle. Dans plusieurs groupes d'âge, il est même insuffisant. Il n'est en effet que de 0,53 à 10 ans et de 0,51 à 14 ans. Par conséquent, nous rejoignons l'avis de Kaufman et nous déconseillons d'utiliser les Labyrinthes comme épreuve de remplacement de l'épreuve de Code. Comme subtest complémentaire, l'intérêt des Labyrinthes est également discutable. Cette épreuve apporte en effet peu d'informations utiles pour le diagnostic des troubles cognitifs.

7. RELATIONS ENTRE LES DIFFÉRENTES ÉCHELLES DE WECHSLER

7.1. WISC-III et WISC-R

Entre la publication du WISC-III (1996) et celle du WISC-R (1981), quinze ans se sont écoulés. Bien que ces deux instruments aient été construits selon le même modèle et que de nombreux items leur soient communs, les résultats qu'ils permettent de recueillir sont sensiblement différents. Les qualités psychométriques des deux instruments ne sont pas ici en cause. Leur fiabilité est quasi identique et leurs normes sont également représentatives de la population française entre 6 et 16 ans.

L'écart entre les résultats recueillis avec le WISC-R et le WISC-III découle des transformations qui se sont produites au sein de la population française entre 1981 et 1996. En quinze ans, les caractéristiques intellectuelles de la population ont en effet évolué. Le QI intellectuel moyen des Français a progressé. Cette évolution peut étonner. Il s'agit pourtant d'un phénomène robuste qui a été observé dans la plupart des pays occidentaux depuis les années trente. Ce phénomène est souvent appelé *effet Flynn*, du nom du chercheur néo-zélandais qui, le premier, l'a observé (Flynn, 1999). Celui-ci a constaté qu'entre 1932 et 1972, les scores des Américains à des tests normés avaient progressé de 0,3 points de QI par an (Flynn, 1984). Par la suite, il a élargi son enquête à 14 autres pays occidentaux et constaté une progression similaire (Flynn, 1987). Cette progression est particulièrement marquée avec les tests *a priori* peu marqués par la culture. Par exemple, entre 1949 et 1974, le QI des jeunes appelés français mesurés avec les matrices de Raven a augmenté de 25,12 points. Les sources de cette évolution ont été largement discutées dans la littérature scientifique (Mackintosh, 1998). De multiples facteurs en interaction semblent avoir une influence sur cette évolution : les transformations de l'éducation précoce, la prolongation de la scolarité, le développement des médias, la diminution du nombre d'enfants par famille...

Les observations de Flynn ont d'importantes répercussions pratiques. Les transformations continues des caractéristiques cognitives de la population obligent à réétalonner régulièrement les tests d'intelligence. Trop souvent, les psychologues n'ont pas conscience de *l'effet Flynn* et s'obstinent à appliquer des tests dont les normes sont obsolètes. Ce faisant, ils comparent les sujets d'aujourd'hui à la population d'il y a 20 ou 30 ans. Cette façon de faire peut conduire à des prises de décision inadéquates, préjudiciables aux sujets évalués. Il est, par conséquent, impératif de toujours utiliser des tests dont l'étalonnage est le plus récent possible. En l'occurrence, les psychologues devraient abandonner le WISC-R au profit du WISC-III.

Flynn (1998) a analysé les données recueillies aux USA avec le WISC-R et le WISC-III. Il constate qu'entre la publication de ces deux instruments, le QI Total des jeunes Américains a progressé de 0,312 points par an. Les données récoltées en France (Wechsler, 1996) montrent également une augmentation du QI moyen entre le WISC-R et le WISC-III, mais elle est moins marquée. Les versions françaises du WISC-III et du WISC-R ont été passées par un échantillon de 148 sujets dont l'âge médian était de 11 ans 5 mois. Les passations ont été réalisées en ordre contrebalancé afin de tenir compte des effets d'apprentissage. En moyenne, le QI Total recueilli avec le WISC-III est de 3 points inférieur à celui recueilli avec le WISC-R. Le QI Verbal est inférieur d'un point et le QI de Performance est inférieur de 4 points. Conformément à ce qui était attendu sur base des recherches antérieures, la progression du niveau intellectuel moyen des jeunes Français est plus marquée dans les épreuves non-verbales que dans les épreuves verbales. Dans le premier cas, la progression moyenne est de 0,27 points de QI par an alors que, dans le second cas, cette progression n'est que de 0,07 points.

Il arrive fréquemment que les psychologues aient à réévaluer avec le WISC-III des sujets précédemment testés avec le WISC-R. Se pose alors un problème de comparaison de scores. Quand doit-on considérer que le QI d'un sujet s'est modifié? Le psychologue ne peut se contenter de simplement calculer la différence entre le QI actuel et le QI antérieur. Pour comparer correctement ces deux QI, il doit tenir compte de la fiabilité des deux instruments et des différences entre leurs normes. Afin de l'aider dans cette tâche, une table de correspondance a été construite sur base des résultats des 148 sujets qui avaient passé le WISC-III et le WISC-R (Wechsler, 1996). Partant du QI obtenu par un sujet au WISC-R, le psychologue peut ainsi déterminer un intervalle de confiance au sein duquel le QI au WISC-III à 95% de chance de se trouver (tableau 31). Si le QI effectivement observé se trouve dans cet intervalle, le psychologue devra conclure en la stabilité du niveau intellectuel d'une passation à l'autre. Par contre, si ce QI se situe hors de l'intervalle de confiance, il pourra considérer que le niveau intellectuel s'est vraisemblablement modifié au cours du temps. Il ne s'agit jamais d'une certitude, car l'intervalle de confiance utilisé n'inclut que 95% des observations possibles. Dans 5% des cas, le QI obtenu au WISC-III se situera hors de l'intervalle de confiance alors que le niveau intellectuel ne s'est pas modifié d'une passation à l'autre.

Tableau 31 — **Correspondance entre une sélection de QI obtenus au WISC-R et l'intervalle de confiance dans lequel le QI peut être attendu au WISC-III (d'après Wechsler, 1996).**

QI obtenu au WISC-R	*Intervalle des scores attendus au WISC-III*		
	QIV	QIP	QIT
55	46-54	46-52	40-49
70	63-69	58-67	58-65
85	80-84	76-81	76-81
100	97-100	93-96	94-97
115	113-116	109-112	111-115
130	128-133	124-129	128-133
145	143-151	139-147	144-151

7.2. WISC-III, WAIS-R et WPPSI-R

Dans le chapitre 1, nous avons vu que le WISC-III, le WAIS-R et le WPPSI ont été construits selon un même modèle. Ces trois tests permettent de calculer un QI Verbal, un QI de Performance et un QI Total à partir des résultats à un ensemble de subtests relativement semblables. Les échelles de Wechsler permettent ainsi d'évaluer l'intelligence des sujets tout au long de leur vie. Le WPPSI-R couvre la période qui va de 2 ans 11 mois à 7 ans 3 mois. Le WISC-III couvre, lui, la période qui va de 6 ans à 16 ans 11 mois. Et, enfin, le WAIS-R couvre la période qui va de 16 ans à 79 ans. Il y a donc un léger chevauchement des périodes propres à chaque échelle.

Le postulat de continuité entre les trois échelles de Wechsler soulève deux questions importantes chez les praticiens. Peut-on réellement comparer les performances d'un même sujet aux différentes échelles? Lorsque l'âge du sujet est inclus dans les normes de deux échelles, laquelle faut-il choisir?

La seconde question est la plus simple et ne concerne que peu de cas. Le principe sur lequel doivent s'appuyer les praticiens est de toujours utiliser l'échelle la plus sensible, c'est-à-dire celle qui discrimine le mieux les sujets. Lorsque nous devons évaluer un individu présumé doué, il est préférable d'utiliser l'échelle de niveau supérieur. En appliquant l'échelle de niveau inférieur, nous risquons en effet d'être confronté à un *effet plafond*. Le sujet réussit alors tous les items, ce qui empêche de situer avec précision son QI. Nous savons que le sujet peut atteindre un certain niveau de performance mais nous ne pouvons déterminer son niveau maximum. Si, par contre, nous utilisons l'échelle de niveau supérieur, nous disposons alors d'items plus difficiles qui permettront une meilleure discrimination des performances.

Inversement, lorsque nous avons affaire à un sujet que nous présumons limité intellectuellement, il est préférable de choisir l'échelle de niveau inférieur pour éviter un *effet plancher*. Les items de l'échelle de niveau supérieur risquent en effet d'être trop difficiles et d'être tous échoués. Nous serons alors dans l'impossibilité de déterminer avec précision le QI du sujet. L'échelle de niveau inférieur nous évitera un tel écueil car elle contiendra des items plus faciles et permettra ainsi une évaluation plus fine des performances.

La question de la comparaison entre les résultats aux différentes échelles de Wechsler est plus complexe. En langue française, nous possédons peu de données empiriques pour y répondre. Les seules informations disponibles sont celles fournies par le manuel (Wechsler, 1996).

Le WISC-III et le WAIS-R ont été passés en ordre contrebalancé par 61 sujets de 16 ans. La corrélation est de 0,84 pour le QI Total, de 0,84 pour le QI Verbal et de 0,78 pour le QI de Performance. Les coefficients de corrélation entre les notes standard aux différentes épreuves varient de 0,42 (Complètement d'images) à 0,79 (Information). Comme nous pouvions nous y attendre, plus les items sont semblables d'un test à l'autre, plus la liaison entre les performances est étroite. Et réciproquement. Bien que les performances au WISC-III et au WAIS-R soient bien corrélées, les deux échelles ne produisent pas nécessairement des résultats semblables. En fait, le WAIS-R donne en moyenne lieu à des QI plus faibles que ceux enregistrés au WISC-III. Cette observation semble être en contradiction avec *l'effet Flynn* puisque l'étalonnage du WAIS-R est plus ancien que celui du WISC-III (1989/1996). Les cinq ans d'écart entre les deux étalonnages auraient en effet dû produire le phénomène inverse. En réalité, à 16 ans, l'échantillon d'étalonnage du WAIS-R est biaisé car la filière scolaire des élèves n'a pas été prise en compte. Cette omission a conduit à une sous-représentation des élèves des filières techniques et professionnelles et à une élévation artificielle des QI moyens à 16 ans. Les praticiens doivent prendre en compte ce problème en utilisant de préférence les WISC-III avec les adolescents de cet âge.

Le WISC-III et le WPPSI-R ont été passés en ordre contrebalancé par 60 sujets de 9 ans 5 mois d'âge médian. La corrélation est de 0,87 pour le QI Total, de 0,86 pour le QI Verbal et de 0,68 pour le QI de Performance. Les coefficients de corrélation entre les notes standard aux différentes épreuves varient de 0,38 (Assemblage d'objets) à 0,81 (Information). La liaison est étroite entre les échelles Verbale des deux tests, car leurs subtests sont très semblables. Par contre, cette liaison est plus faible entre les échelles de Performance. Certains subtests ne sont en effet pas présents dans les deux tests. Lorsque c'est le cas, le contenu des subtests est parfois très différent. Par conséquent, les praticiens doivent être prudents lorsqu'ils comparent les résultats d'un même sujet au WPPSI-R et au WISC-R. Ceux-ci peuvent être sensiblement différents, surtout à l'échelle de Performance. Cette différence n'est pas nécessairement l'indice d'un changement intellectuel chez le sujet. Elle peut n'être qu'un effet des instruments de mesure utilisés.

NOTES

[1] Le niveau intellectuel moyen a été fixé par Bayley à 50 et non à 100.

[2] Il s'agit d'une variable dichotomique où une différence inférieure à 12 est notée 0 et une différence égale ou supérieure à 12 est notée 1.

[3] Cette correction se base sur «l'inégalité de Bonferroni qui stipule que la probabilité d'occurrence d'un ou plusieurs événements ne peut jamais dépasser la somme de leurs probabilités individuelles» (Howell, 1998, p. 409).

[4] La prise en compte de la correction de Bonferroni nous conduit à proposer des valeurs de référence sensiblement plus élevées que celles que nous avions proposées pour le WISC-R (Grégoire, 1992).

[5] La valeur absolue d'une différence est égale à cette différence abstraction faite du signe + ou −.

[6] Calculé selon la méthode pair-impair et corrigé par la formule de Spearman-Brown (Wechsler, 1996, p. 177).

[7] La somme des notes verbales comprend les notes en Information, Similitudes, Arithmétique, Vocabulaire et Compréhension. La somme des notes de performance comprend les notes en Complètement d'images, Code, Arrangement d'images, Cubes et Assemblage d'objets. La somme des notes à l'échelle Totale comprend les notes aux dix épreuves que nous venons de citer. Pour éviter une inflation artificielle des coefficients de corrélation, ceux-ci ont été calculés en retirant l'épreuve considérée de la somme des notes standard (Wechsler, 1996, p. 199).

[8] Pour les épreuves de Code et de Symboles, le coefficient de fiabilité a été calculé selon la méthode test-retest (Wechsler, 1996, p. 177).

[9] Le test utilisé par Goldstein est cependant quelque peu différent de celui de Wechsler. Les cubes sont en effet de quatre couleurs et non de deux comme dans le WISC-III. De plus, dans le but d'affiner son diagnostic, Goldstein a imaginé de donner des aides de plus en plus importantes aux sujets en fonction de leurs réponses (Goldstein et Scheerer, 1941).

[10] Il s'agit des données d'étalonnage du WISC-R néerlandais.

Chapitre 6
Méthodologie de l'interprétation : la pratique

Ce chapitre a pour but de proposer une démarche concrète d'interprétation des protocoles de WISC-III. Pour ce faire, nous allons reprendre, de façon synthétique, bon nombre d'informations présentées dans les chapitres antérieurs, mais, cette fois, d'un point de vue pratique.

Notre méthode d'interprétation s'appuie tant sur les propriétés métriques du test que sur nos connaissances actuelles des aptitudes et des processus mis en jeu dans les différentes épreuves. Malheureusement, comme nous avons pu nous en rendre compte dans les chapitres précédents, ces connaissances restent encore parcellaires. Notre schéma d'interprétation ne nous permettra donc pas d'arriver à une analyse des résultats aussi fine que nous l'aurions souhaitée. Toutefois, les limites de nos connaissances présentes ne mettent pas en question la validité de ce schéma. Au contraire, nous estimons qu'il s'agit d'un cadre interprétatif de base qui ne pourra être qu'enrichi par l'approfondissement de nos connaissances à propos des épreuves du WISC-III.

1. INTERPRÉTER LE QI TOTAL

Quand ?

Contrairement à d'autres auteurs qui négligent le QI Total et portent l'essentiel de leur attention sur les notes standard, nous soulignons la nécessité de commencer toute analyse de protocole de WISC-III par une appréciation du QI Total. Cela ne signifie pas que celui-ci possède, dans tous les cas, une grande valeur. Pour que le QI Total puisse être considéré comme un index signifiant, certaines conditions doivent être réunies. Nous allons les examiner.

Il n'y a de sens à interpréter le QI Total que si la différence entre le QI Verbal et le QI de Performance n'est pas trop importante. La grandeur de cette différence doit être évaluée sur base de sa signification statistique. Nous avons vu, dans le chapitre 5, que la différence Verbal/Performance doit être d'au moins 12 points pour être considérée comme significative au seuil de 5 %. Plus la différence sera supérieure à cette valeur, plus le QI Total perdra de son sens en tant qu'index du fonctionnement cognitif global de l'individu. En effet, le QI Total n'a de valeur que s'il est sous-tendu par une certaine homogénéité des performances aux différentes épreuves. Si ce n'est pas le cas, le QI Total tend à perdre de son sens et à voiler une hétérogénéité du fonctionnement intellectuel parfois pathologique. Il est alors aussi absurde d'en tenir compte que de se fier à un diagnostic de bonne santé qui serait posé sur base de très bons résultats à tous les examens médicaux hormis à ceux du scanner cérébral qui mettraient en évidence une tumeur maligne.

La différence de 12 points entre les QI Verbal et de Performance n'est pas une limite absolue permettant de décider de façon tranchée si, oui ou non, le QI Total doit être pris en compte. Il s'agit plutôt d'une référence relative. En effet, nous avons déjà souligné que le niveau de signification retenu, en l'occurrence 5 %, est une valeur arbitraire. Nous aurions pu choisir 3 % ou 7 %. Par conséquent, la valeur de 12 points ne doit pas être prise comme une limite stricte. Elle nous indique plutôt un point de repère à partir duquel le QI Total perd petit à petit de sa valeur. Ainsi, une différence de 13 points entre Verbal et Performance ne prive pas le QI Total de tout intérêt. Par contre, une différence de 25 points lui enlève toute signification.

Le QI Total perd également de son sens lorsque la dispersion des notes standard est importante. Dans le chapitre 5, nous avons mis en évidence une méthode d'analyse de cette dispersion particulièrement fiable et informative. Elle consiste à calculer la différence entre la moyenne des notes standard et chacune de celles-ci, et à ne parler de dispersion que lorsque cette différence est statistiquement significative. L'analyse de la dispersion dans l'échantillon d'étalonnage du WISC-III nous a permis de constater qu'en moyenne, les protocoles présentaient deux notes significativement déviantes. Une certaine dispersion des notes standard n'est donc nullement anormale. Pour cette raison, nous pensons que seule une dispersion importante conduit à retirer de sa valeur au QI Total. Plus les notes déviantes seront nombreuses, plus l'intérêt du QI Total diminuera. Ainsi, trois notes déviantes diminuent sensiblement la valeur du QI Total ; quatre ou cinq notes déviantes lui ôtent une grande part de son intérêt.

Comment ?

Toute mesure au moyen du WISC-III étant entachée d'erreurs, l'évaluation de l'intelligence reste toujours une approximation. Le véritable niveau intellectuel d'un sujet ne peut donc être identifié avec le QI observé. Celui-ci se situe quelque part à l'intérieur de l'intervalle de confiance qui entoure le score observé. Dans le chapitre 4, nous avons vu qu'un intervalle de confiance de 95 % correspond à + et – 7 points autour du score observé. Nous avons cependant nuancé cette dernière affirmation et nous avons conseillé aux praticiens de construire l'intervalle de confiance autour de l'estimation du score vrai plutôt qu'autour du score observé. L'estimation du score vrai tend à régresser vers la moyenne des scores, en l'occurrence vers 100. Plus le QI Total s'éloigne de 100, plus cette tendance est marquée. Par conséquent, au fur et à mesure que l'on s'écarte de 100, l'intervalle de confiance apparaît de plus en plus asymétrique par rapport au score observé. Par ailleurs, l'intervalle de confiance devrait être calculé à partir de l'erreur-type d'estimation et non de l'erreur-type de mesure. La première est légèrement plus réduite que la seconde. Par exemple, si le QI Total observé est 110, l'intervalle de confiance de 95 % est [103-116] sur base de l'erreur-type d'estimation. L'étendue de cet intervalle est de 13 points. Si nous avions calculé l'intervalle à partir de l'erreur-type de mesure, son étendue aurait été de 14 points. Les intervalles de confiance de 95 % calculés autour de l'estimation du score vrai et sur base de l'erreur-type d'estimation sont mentionnés dans le manuel pour chaque QI Total observé (Wechsler, 1996, p. 254).

La notion d'intervalle de confiance est importante car elle permet de relativiser la note obtenue. Elle a d'évidentes répercussions lorsque nous devons prendre une décision sur base du QI et que le résultat du sujet est proche d'une valeur de référence. C'est, par exemple, le cas lorsque le QI du sujet est proche de 70, c'est-à-dire à la frontière du retard mental. L'imprécision de notre mesure nous oblige à prendre en compte d'autres informations que le seul QI pour pouvoir poser un diagnostic de handicap mental.

Le tableau 32 a été construit pour aider le praticien à interpréter le QI observé. Il permet de situer facilement ce QI au sein de la distribution

Tableau 32 — **Distribution des QI et des notes standard au sein de la population.**

QI	Unité d'écart-type	Note standard	% de la population	Classification
145	+3	19		
140	+2 2/3	18	2,2 %	Très supérieur
135	+2 1/3	17		
131				
130	+2	16		
125	+1 2/3	15	6,7 %	Supérieur
121				
120	+1 1/3	14		
115	+1	13	16,2 %	Normal fort
111				
110	+2/3	12		
105	+1/3	11		
100	0	10	50 %	Moyen
95	-1/3	9		
90	-2/3	8		
89				
85	-1	7	16,2 %	Normal faible
80	-1 1/3	6		
79				
75	-1 2/3	5	6,7 %	Limite
70	-2	4		
69				
65	-2 1/3	3		
60	-2 2/3	2	2,2 %	Retard mental
55	-3	1		

des résultats de l'ensemble de la population. Il nous renseigne sur la distance, exprimée en écart-type, qui sépare le QI observé de la moyenne des QI. Il nous informe également de la catégorie dans la laquelle se trouve ce QI. La dénomination de cette catégorie et le pourcentage théorique de sujets de la population qui y sont inclus sont à chaque fois mentionnés.

2. INTERPRÉTER LE QI VERBAL ET LE QI DE PERFORMANCE

Quand ?

L'interprétation du QI Verbal et du QI de Performance est avant tout celle de leur différence. Lorsque celle-ci est faible, il n'y a généralement pas lieu de s'intéresser à ces quotients. Le QI Total est alors homogène et peut être considéré comme le meilleur indicateur du fonctionnement intellectuel du sujet. Dans ce cas, le QI Verbal et le QI de Performance ne nous apportent pas d'autres informations intéressantes.

La différence entre le QI Verbal et le QI de Performance doit être statistiquement significative pour mériter de retenir notre attention. Nous avons déjà mentionné qu'au seuil de 5 %, la différence doit être d'au moins 12 points pour être considérée comme significative. Plus la différence dépasse cette valeur, plus l'interprétation des QI Verbal et de Performance doit retenir l'attention, au détriment du QI Total. L'écart entre les deux QI manifeste alors une différence d'efficience dans le fonctionnement de deux dimensions importantes de l'intelligence.

Pour que nous puissions interpréter les QI Verbal et de Performance, une seconde condition doit être remplie. La dispersion au sein de chacune des deux échelles ne doit pas être trop importante. Si c'est le cas, la valeur des QI, en tant qu'indicateurs généraux du fonctionnement cognitif, perd de son importance et même, lorsque la dispersion est très importante, devient quasi nulle. La méthode d'évaluation de la dispersion au sein des échelles Verbale et de Performance est celle que nous avons décrite la section précédente. Elle consiste à ne retenir que les notes standard qui s'écartent significativement de la moyenne des notes de l'échelle considérée. Dans les tableaux 27 et 28, nous avons pu constater que les sujets de l'échantillon d'étalonnage du WISC-III présentent, en moyenne, une note déviant significativement de la moyenne des notes standard de l'échelle Verbale comme de l'échelle de Performance. Une certaine dispersion des résultats dans ces deux échelles n'est donc pas un phénomène exceptionnel. Nous devons en tenir compte lors de l'interprétation des résultats. L'intérêt des QI Verbal et de Performance diminue au fur et à mesure que la dispersion augmente au sein de chacune de ces échelles. Nous considérons qu'une dispersion de deux notes et plus au sein de l'échelle Verbale ou de l'échelle de Performance doit nous conduire à mettre en question l'intérêt de ces QI et de l'analyse de leur différence.

Comment ?

L'interprétation du QI Verbal et du QI de Performance doit commencer par la détermination d'un intervalle de confiance autour de ces deux notes. Nous avons vu dans le chapitre 4 que l'intervalle de confiance de 95 % est de + et − 8 points autour du QI Verbal et de + et − 10 points autour du QI de Performance. Comme nous l'avons déjà souligné à propos du QI Total, l'usage de l'intervalle de confiance permet de prendre en compte les inévitables erreurs de mesure et de relativiser les scores observés.

L'interprétation du QI Verbal et du QI de Performance dépend de l'importance de la différence entre ces deux scores. Plus cette différence est grande, plus nous pouvons considérer l'écart entre les deux QI comme le reflet d'une divergence dans le fonctionnement de deux dimensions importantes de l'intelligence. Cette importance doit tout d'abord être évaluée en fonction de la valeur de référence de 12 points. Si la différence Verbal/Performance est inférieure à 12 points, elle est considérée comme non significative et ne doit pas être interprétée. Si la différence Verbal/Performance atteint ou dépasse cette valeur, il faut alors se référer au tableau 19 et repérer le pourcentage cumulé de sujets de l'échantillon d'étalonnage du WISC-III en regard de la différence observée. Une différence statistiquement significative n'est pas *ipso facto* un phénomène rare et ne doit jamais être assimilée à un indice pathologique. Une différence Verbal/Performance égale ou supérieure au seuil de signification est en effet fréquente chez les sujets tout-venant. Le clinicien doit en tenir compte afin d'éviter d'interpréter systématiquement une différence significative en termes pathologiques.

Sur base des résultats de l'échantillon d'étalonnage (tableau 19), nous pouvons estimer que 41 % des sujets tout-venant présentent une différence Verbal/Performance statistiquement significative. Une différence de 20 points et plus apparaît encore chez 16 % des sujets tout-venant. Il faut atteindre une différence de 25 points et plus pour que la fréquence tombe sous la barre des 10 %. De ces observations, nous devons conclure qu'une différence relativement importante entre le QI Verbal et le QI de Performance n'empêche pas un fonctionnement intellectuel satisfaisant et une adaptation suffisante aux exigences de la vie quotidienne. Il serait en effet absurde de prétendre que plus de 40 % des enfants tout-venant entre 6 et 16 ans souffrent d'une pathologie cognitive. Nous ne pouvons avancer l'hypothèse d'un dysfonctionnement cognitif que face à des différences Verbal/Performance majeures, c'est-à-dire supérieure à 20 points.

Une autre information dont nous devons tenir compte pour interpréter la différence Verbal/Performance est son sens (QIV > QIP ou QIV < QIP.). Celui-ci est un indicateur intéressant qui peut nous aider à comprendre le mode de fonctionnement intellectuel des sujets. Nous avons vu dans le chapitre 5 que le style cognitif et certains troubles psychologiques peuvent se manifester par une différence Verbal/Performance orientée dans un sens précis.

Nous devons enfin insister sur la nécessité d'interpréter la différence entre le QI Verbal et le QI de Performance en relation avec d'autres informations. L'importance et la direction d'une différence ne sont pas des indices suffisants pour nous permettre de tirer des conclusions à propos du fonctionnement intellectuel d'un sujet. Sur base de ces informations, nous pouvons tout au plus avancer des hypothèses. Leur confirmation dépendra de la récolte d'autres informations provenant de l'anamnèse, de l'examen de personnalité et d'autres investigations du fonctionnement cognitif (évaluation de la structuration spatiale, du langage...). Les interprétations de la différence Verbal/Performance discutées au chapitre 5 ne doivent être considérées que comme des hypothèses. Elles ne peuvent en aucun cas être utilisées de manière automatique et irréfléchie.

3. INTERPRÉTER LES SCORES AUX SUBTESTS

Principes généraux

L'analyse des scores aux subtests doit être réalisée du point de vue :

– *Intra-individuel.* Nous parlons alors d'analyse du profil des scores. Les notes standard d'un même sujet sont comparées les unes aux autres. L'objectif est de repérer les forces et les faiblesses du sujet par rapport à la moyenne de ses propres performances.

– *Inter-individuel.* Les notes standard du sujet sont comparées à celles de l'échantillon d'étalonnage. Cette comparaison vise à situer les performances du sujet par rapport à celles des sujets du même âge.

Ces deux comparaisons sont complémentaires et doivent être articulées. Les points forts et les points faibles d'un sujet sont, en effet, toujours relatifs. Une note standard de 13 s'écartant significativement d'une moyenne de 17 est, certes, une faiblesse par rapport au niveau moyen des performances du sujet. Mais une telle note n'est pas l'indice d'un réel problème cognitif car elle reste largement supérieure aux scores des sujets du même âge. Inversement, une note standard de 6 qui s'écarte significativement d'une moyenne de 3, indique une force par rapport aux performances moyennes du sujet. Elle reste toutefois très inférieure aux performances des enfants du même âge. Par conséquent, au moment de l'interprétation de la dispersion des notes standard, il est impératif de tenir compte de cette relativité des écarts entre scores.

Par ailleurs, il est essentiel de se rappeler que le WISC-III n'a pas été construit pour être analysé au niveau des subtests. Son but premier est de fournir un indicateur de l'intelligence globale, en l'occurrence le QI Total. Aucun des subtests du WISC-III n'a été conçu pour évaluer une aptitude ou un processus spécifique. Chaque épreuve met en œuvre une activité cognitive complexe et il est souvent malaisé de déterminer les facteurs à l'origine des échecs qui y sont observés. Dès lors, l'interprétation de la dispersion des notes standard doit toujours se faire avec prudence dans le respect des deux principes suivants :

1. Les scores aux subtests nous permettent uniquement d'*élaborer des hypothèses*. Ils sont insuffisants pour soutenir à eux seuls des interprétations à propos du fonctionnement des composantes de l'intelligence des sujets.

2. L'*observation de covariations entre les scores* nous permet d'étayer nos hypothèses. Si plusieurs scores varient de concert, il est en effet probable qu'un déterminant commun sous-tende cette covariation. L'interprétation que nous pouvons alors formuler devra cependant être corroborée par des informations externes au WISC-III.

Dans le chapitre 5, nous avons expliqué pourquoi l'interprétation de la dispersion des notes standard doit se concentrer sur les notes qui s'écartent significativement du score moyen du sujet. Les autres notes déviantes sont considérées comme des variations dues aux erreurs de mesure, sans signification psychologique. Rappelons que la dispersion des notes standard se calcule par rapport à la moyenne de tous les scores qui composent l'échelle Totale lorsque la différence entre le QI Verbal et le QI de Performance est inférieure à 12 points. Dans ce cas, le praticien doit se référer au tableau B.3 du manuel (Wechsler, 1996, p. 263-264) ou au tableau 24 du présent ouvrage pour vérifier si la différence entre la moyenne des notes standard et chacune de celles-ci est significative au seuil de 5 %. Par contre, lorsque la différence entre le QI Verbal et le QI de Performance est égale ou supérieure à 12 points, la dispersion doit être évaluée pour les deux sous-échelles séparément. Le praticien se reportera alors à la partie du tableau B.3 du manuel qui présente de manière séparée pour l'échelle Verbale et pour l'échelle de Performance les valeurs à partir desquelles l'écart par rapport à la moyenne des notes standard est statistiquement significatif.

Lorsqu'aucune note ne dévie significativement de la moyenne des notes standard, l'analyse du protocole doit se limiter aux trois QI. Dans ce cas, les notes standard ne nous apportent pas d'information complémentaire à celle que nous procure ces trois quotients. Nous pouvons alors considérer comme homogènes les dimensions du fonctionnement cognitif mesurées par les différents QI.

Procédure

La première étape de l'analyse de la dispersion des notes standard consiste à repérer les scores qui s'écartent significativement de la moyenne des performances du sujet. Ce repérage doit se faire dans le respect des principes énoncés ci-dessus. Une fois les scores déviants mis en évidence, il s'agit ensuite de vérifier dans quelle mesure ils s'écartent de la moyenne des sujets du même âge, puis de déceler les éventuelles covariations qui existent entre eux.

Pour aider le praticien à réaliser cette seconde étape de l'analyse de la dispersion, nous avons développé une *grille d'aide à l'interprétation* (Grégoire, 1996). Cette grille permet de synthétiser un grand nombre d'informations à propos de l'ensemble des subtests du WISC-III et, sur cette base, de générer des hypothèses d'interprétation qui pourront être mises à l'épreuve dans la suite de l'examen.

La *grille d'aide à l'interprétation* se présente sous forme d'un tableau à double entrée. Dans la première colonne figurent vingt-huit aptitudes et processus mis en jeu dans les différents subtests. Le nom de chacun des subtests est indiqué dans la première ligne du tableau. L'intersection entre un subtest et une aptitude est représentée par un rectangle blanc lorsque cette aptitude intervient de manière significative dans les performances au subtest en question. L'intersection est représentée par un rectangle grisé dans les autres cas. Ceci ne signifie nullement que les aptitudes et processus qui sont alors concernés n'interviennent pas du tout dans les subtests qui se situent à leur intersection, mais leur rôle est généralement mineur. Par exemple, nous avons mis en relation l'épreuve de Code et les capacités d'attention car ces capacités jouent un grand rôle dans les performances à ce subtest. Par contre, nous n'avons pas mentionné cette capacité à propos de l'épreuve de Cubes où, pourtant, elle intervient indubitablement. L'attention ne joue en effet qu'un rôle marginal dans ce subtest et n'explique qu'une faible partie des différences inter-individuelles.

Les aptitudes et processus mentionnés dans la grille ne constituent pas une liste fermée. Nous manquons en effet d'informations à propos de plusieurs épreuves. Des recherches futures devraient permettre de progressivement affiner et compléter la liste proposée. Nous devons également souligner que les aptitudes et les processus de cette liste ne sont pas mutuellement exclusifs. Une épreuve peut faire appel à plusieurs aptitudes et à une diversité de processus de traitement. Enfin, nous pouvons constater que toutes les capacités renseignées dans la grille ne sont pas de nature cognitive. Certaines sont du ressort de la personnalité. Ainsi, la capacité à travailler sous la pression du temps intervient indiscutablement dans plusieurs épreuves et peut, dans certains cas, expliquer les médiocres performances de certains sujets.

Tableau 33 — Exemple d'analyse de dispersion - Repérage des notes déviantes.

Subtests	Notes standards	Déviation de la moyenne
Information	13	+1,6
Similitudes	14	+2,6
Arithmétique	7	**-4,4**
Vocabulaire	14	+2,6
Compréhension	12	+0,6
Mémoire	7	**-4,4**
Compl. d'images	13	+1,6
Code	6	**-5,4**
Arr. d'images	12	+0,6
Cubes	12	+0,6
Ass. d'objets	15	+3,6

Moyenne des notes standard = 11,4

QIV = 113   QIP = 111   QIT = 114

A titre illustratif, nous proposons un exemple d'analyse de la dispersion selon la méthodologie que nous venons de décrire. Il s'agit d'un cas fictif destiné à mettre en relief les principes essentiels de la démarche. Le tableau 33 présente l'ensemble des notes standard et des QI. Comme la différence entre le QI Verbal et le QI de Performance est inférieure à

12 points, la moyenne des notes standard a été calculée pour l'ensemble des 11 subtests. Les valeurs de référence renseignées dans le tableau 24 ont été utilisées pour déterminer les écarts significatifs par rapport à la moyenne. On peut constater que les résultats à trois des subtests (valeurs en caractère gras) sont significativement inférieurs à la moyenne des notes standard. La différence entre le score à l'épreuve d'Assemblage d'objets et la moyenne, bien que non significative, est également proche de la valeur de référence et doit retenir l'attention.

Tableau 34 — Exemple d'analyse de dispersion - Utilisation de la grille d'interprétation (d'après Grégoire, 1996; avec l'autorisation des ECPA).

Subtests	Organisation perceptive	Attention / concentration	Connaissance lexicale
Information			
Similitudes			+
Arithmétique		↓	
Vocabulaire			+
Compréhension			
Mémoire		↓	
Compl. d'images			
Code		↓ -	
Arr. d'images			
Cubes			
Ass. d'objets	+		

Le tableau 34 est un extrait de la *grille d'aide à l'interprétation*. Seules trois caractéristiques cognitives sur les vingt-huit que compte cette grille sont mentionnées dans le tableau : (1) l'organisation perceptive, (2) l'attention/concentration et (3) la connaissance lexicale. Les scores significativement inférieurs à la moyenne des notes standard sont indiqués par une flèche pointée vers le bas. Les scores qui s'écartent de plus d'un écart-type de la moyenne des sujets du même âge (égale à 10 points), sont indiqués par un + ou un – selon le sens de l'écart. Le tableau 34 nous donne une synthèse partielle des forces et des faiblesses d'un sujet et de la position relative de ses performances par rapport à celles des sujets du même âge. A la lecture de ce tableau, nous pouvons constater que les subtests qui font appel aux connaissances lexicales donnent lieu à des performances supérieures à la moyenne. La même tendance, mais moins marquée, existe pour les subtests qui impliquent les capacités d'organisation perceptive. Par contre, dans les subtests qui sollicitent les capacités d'attention/concentration, les résultats sont nettement inférieurs au niveau moyen de performance. Dans un cas (Code), ils sont également plus faibles que ceux des enfants du même âge. Ce constat nous permet d'avancer l'hypothèse d'un problème de gestion de l'attention et de la concentration. Cette hypothèse demande, bien entendu, des investigations complémentaires afin d'être confirmée.

Les informations mentionnées dans la grille d'interprétation ne doivent jamais être utilisées de façon irréfléchie. En effet, les hypothèses émises à partir de l'observation de la dispersion des notes standard ne peuvent être validées que par un travail d'enquête qui, souvent, doit sortir des limites du protocole. Tout comme la différence Verbal/Performance, l'analyse de la dispersion ne peut donc faire l'objet d'une interprétation automatique. Nous avons souligné qu'une interprétation mécanique, consistant à faire correspondre un profil type à un diagnostic précis, n'est plus aujourd'hui de mise. Au contraire, l'interprétation de la dispersion est une tâche ardue qui demande à la fois de la rigueur et de l'ouverture d'esprit. Son succès n'est pas toujours garanti. Les informations que nous avons pu recueillir à propos du sujet ne nous permettent en effet pas toujours de trancher entre plusieurs hypothèses concurrentes. Il peut arriver que le sens de certaines dispersions de notes standard nous échappe. Il vaut alors mieux faire aveu d'ignorance plutôt que de se lancer dans des affirmations sans fondement.

4. UN SCHÉMA D'ANALYSE DES PROTOCOLES DE WISC-III

La figure 12 synthétise la démarche d'analyse des protocoles de WISC-III que nous venons de détailler ci-dessus. Ce schéma à la forme d'un arbre de décision. Il propose une démarche d'analyse conditionnelle de la forme « si x, alors y ». Celle-ci permet au praticien de réaliser l'interprétation d'un protocole de manière systématique, en évitant de négliger certaines informations essentielles.

Comme tout schéma, celui-ci simplifie quelque peu les choses. Nous ne devons pas perdre de vue que les valeurs qui y sont renseignées ne sont que des *points de repères*. Elles ne sont en aucun cas des valeurs absolues. Le praticien doit en tenir compte et pouvoir nuancer son interprétation. C'est particulièrement le cas lorsque les valeurs observées sont à la limite des valeurs de référence.

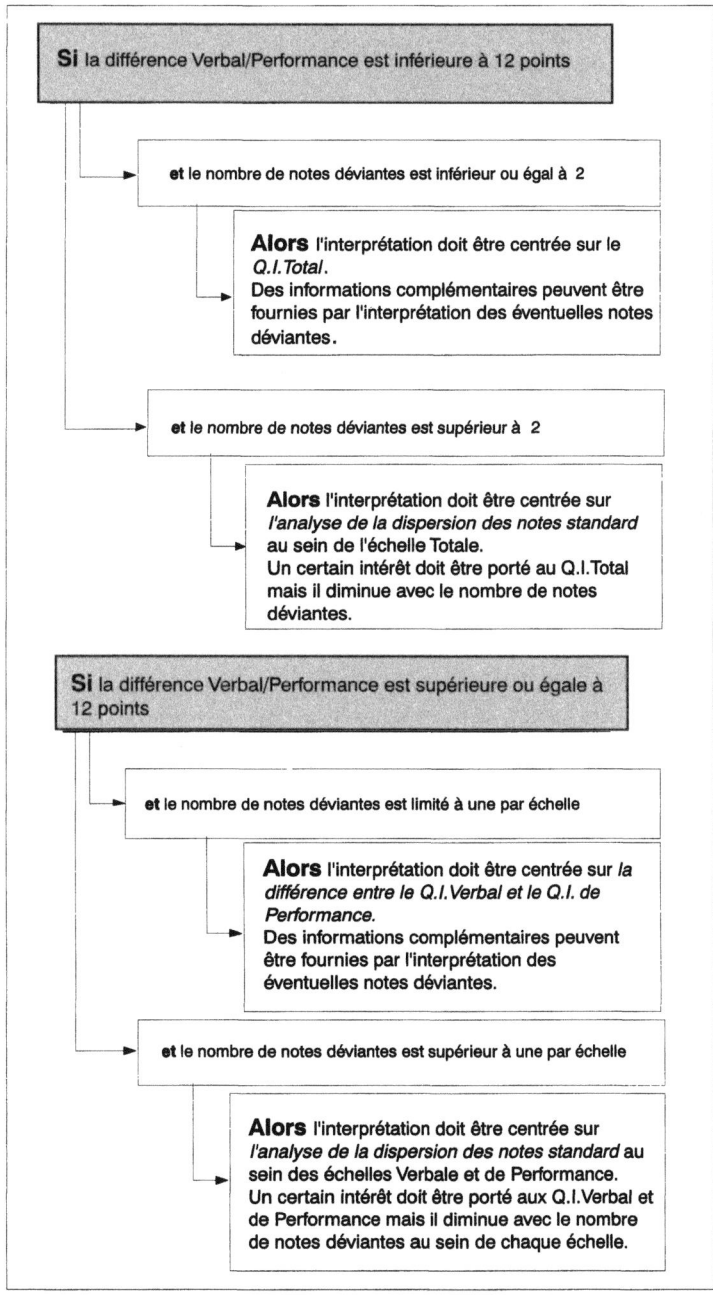

Figure 12 — Schéma d'analyse d'un protocole de WISC-III.

Nuancer le résultat chiffré n'est possible que si le psychologue utilise le WISC-III en respectant une certaine philosophie de l'évaluation. La règle de base est de n'utiliser le WISC-III que dans le cadre d'une évaluation globale du sujet où sont prises en compte non seulement ses capacités cognitives mais aussi le fonctionnement de sa personnalité et son contexte de vie. Cette philosophie de l'évaluation consiste également à se départir d'une attitude passive, où l'on se borne à enregistrer les réussites et les échecs, au profit d'une attitude plus active où l'attention se porte sur le discours spontané, les émotions et le comportement du sujet. Une attitude active n'implique pas le non respect de la standardisation du test. Le respect des procédures de passation et de cotation est la condition *sine qua non* d'une évaluation valide et il est impératif que le psychologue se soumette à ces procédures. Par contre, il peut demander au sujet de préciser la définition d'un mot au-delà des nécessités de la cotation. Les associations qui s'en suivent peuvent en effet se révéler utiles pour la compréhension tant du fonctionnement cognitif que de la personnalité du sujet. Le psychologue peut également, pour certaines épreuves, réaliser un *testing des limites*. Une fois les résultats enregistrés selon les critères du manuel, il continue alors l'évaluation en offrant au sujet des aides successives. Cette procédure d'investigation permet d'affiner le diagnostic en mettant en lumière la démarche du sujet et la nature des erreurs commises.

5. ÉTUDES DE CAS

Les cas que nous présentons ici ont pour but d'illustrer notre méthode d'analyse des protocoles. Nous ne sommes pas entré dans le détail de l'examen de chacun des sujets. Nous n'avons retenu que les données d'anamnèse et les résultats d'examens utiles pour l'interprétation du protocole de WISC-III. Par ailleurs, les différents cas que nous avons sélectionnés ne couvrent pas tous les problèmes soulevés par l'interprétation du WISC-III. Loin de là! Mais chacun pose des questions différentes qui illustrent la variété et la complexité de l'analyse des performances à ce test.

CAS n° 1 : Louise, 10 ans et 2 mois

Louise est examinée à la demande de son père qui souhaite une évaluation de ses problèmes d'apprentissage et des conseils à propos de son orientation scolaire. Au moment de l'examen, Louise fréquente la 3ᵉ année primaire où elle présente des difficultés importantes en lecture.

Ces difficultés ont motivé une prise en charge logopédique régulière depuis plus de deux ans. Malgré des progrès substantiels, la lecture reste encore très déficiente et se pose dès lors la question du maintien de Louise dans l'enseignement ordinaire.

Louise est la seconde d'une famille de deux enfants. Sa sœur est de trois ans son aînée. Cette dernière ne présente aucun problème à l'école. Depuis trois ans, ses parents sont séparés. Les deux enfants ont été confiés à la garde du père car la mère souffre d'alcoolisme chronique et présente des crises de colères incontrôlées. Actuellement, Louise et sa sœur ne souhaitent plus rencontrer leur mère du fait de son attitude agressive et de son éthylisme. Louise n'a quasi pas fréquenté l'école maternelle sur décision de sa mère. Elle a dû recommencer sa première et sa deuxième année primaire.

Plus tard, Louise veut être fleuriste. Actuellement, elle aime surtout travailler avec son père et faire la cuisine. Elle aime aussi la danse et jouer avec ses copines. L'entretien ne révèle pas d'angoisse pathologique ni de trouble de l'humeur.

Durant les examens, Louise se montre collaborante et communicative. Elle ne présente pas de trouble de l'attention ni de fatigabilité anormale. Face aux difficultés, elle doit parfois être encouragée, mais se montre généralement déterminée. Elle reconnaît ses difficultés scolaires tout en affirmant aimer aller à l'école et avoir envie d'apprendre. Elle se plaint toutefois de l'attitude d'autres enfants qui se moquent d'elle. Elle aimerait changer d'école et être confrontée à des apprentissages moins difficiles que ceux qu'on lui propose aujourd'hui.

Au test de compréhension en lecture (tests L3 de Lobrot, 1973), Louise est particulièrement lente, mais sa compréhension est généralement correcte. Ses performances se situent dans le quartile inférieur des enfants de CE2. L'évaluation des mécanismes de décodage de mots, réalisée avec le *test BELEC* (Mousty et al., 1994) met en évidence une lecture de mots courts correcte dans 50 % des cas. Les pseudo-mots[1] courts ne sont cependant lus correctement que dans 20 % des cas. La lecture des mots longs se révèle particulièrement laborieuse. En particulier, les mots peu fréquents et les pseudo-mots donnent lieu à des erreurs systématiques. Il s'agit d'erreurs de décodage de sons complexes et d'omission de parties des mots. Les épreuves métaphonologiques du test BELEC montrent que la conscience métaphonémique est encore embryonnaire et est insuffisante pour décoder les mots de manière fluide et rapide.

A la copie de la *figure complexe de Rey*, la stratégie de Louise se révèle très immature. Elle consiste à juxtaposer des éléments de manière approximative. Le résultat a globalement l'apparence du dessin d'origine, mais les erreurs dans la coordination des détails sont très nombreuses. *L'épreuve de rythme de Stambak* (Zazzo, 1984) met en évidence un problème majeur de mémorisation de séquences auditives. La reproduction de structures rythmiques est équivalente au niveau médian des enfants de 6 ans.

Au WISC-III, Louise obtient les résultats suivants :

Epreuves verbales		Epreuves de performance	
Information	6	Complètement d'images	15
Similitudes	7	Code	15
Arithmétique	7	Arrangement d'images	12
Vocabulaire	9	Cubes	7
Compréhension	10	Assemblages d'objets	9
(Mémoire de Chiffres)	(3)	(Symboles)	-
		(Labyrinthes)	-
Somme des scores	39	Somme des scores	58
QI Verbal = 86		QI de Performance = 111	
QI Total = 97			

- Différence QI Verbal/QIPerformance : 25 points.
- Moyenne des notes verbales : 7 points.
- Notes déviants significativement de cette moyenne : Compréhension (+3 points) et Mémoire (–4 points).
- Moyenne des notes de performance : 11,6 points.
- Notes déviants significativement de cette moyenne : Compl. images (+3,4 points), Code (+3,4 points) et Cubes (–4,6 points).
- Notes fortement déviantes par rapport à la moyenne de la population : Information (–4 points), Mémoire (–6 points), Complètement d'images (+5 points) et Code (+5 points).

La différence entre les deux quotients est particulièrement importante et dépasse de loin la valeur de référence de 12 points. Dans l'ensemble de la population, moins de 16 % des sujets présentent une différence de cette ampleur. Face à une telle différence, il est évident que le QI Total perd de son sens. L'échelle Verbale est également peu homogène puisque deux notes s'écartent significativement de la moyenne. Son interprétation n'est, dès lors, guère pertinente. Il en va de même pour l'échelle de Performance au sein de laquelle trois notes s'écartent significativement de la moyenne. Dans de telles conditions, il n'y pas lieu d'interpréter la différence entre le QI Verbal et le QI de Performance.

Vu l'importante hétérogénéité des résultats, l'analyse de ce protocole doit se concentrer sur la dispersion des scores aux subtests. On peut tout d'abord observer que 3 des 4 notes qui constituent le profil ACID sont les plus faibles du protocole. Un tel profil est relativement rare chez les sujets tout-venant, mais nettement plus fréquent chez les sujets dyslexiques. L'hypothèse d'un trouble dyslexique est confirmée par les résultats aux tests de lecture (L3 et BELEC) où il apparaît clairement que Louise souffre d'une dyslexie développementale. La faiblesse majeure observée à l'épreuve de Mémoire de chiffres va également dans ce sens. Louise ne parvient à répéter correctement que 3 chiffres à l'endroit et 3 chiffres à l'envers. Cette égalité de l'empan à l'endroit et à l'envers et les très bons résultats à l'épreuve de Code nous conduisent à écarter l'hypothèse d'un trouble de l'attention au profit d'un trouble du traitement des séquences auditives. Cette hypothèse est confirmée par les résultats particulièrement faibles à l'épreuve de rythme de Stamback. Par ailleurs, la faiblesse du score à l'épreuve d'Information peut être interprétée comme une conséquence du trouble de lecture, qui réduit les opportunités d'apprentissage, et d'une relative pauvreté culturelle dans le milieu éducatif.

La faiblesse du résultat à l'épreuve des Cubes doit aussi retenir notre attention. Le score à cette épreuve est relativement proche de celui obtenu en Assemblage d'objets, mais il est nettement inférieur aux scores en Arrangement d'images et, surtout, en Complètement d'images. Le problème de Louise ne semble pas être l'analyse visuelle mais, plutôt, l'intégration d'éléments isolés en une forme cohérente. Cette difficulté d'intégration apparaît d'ailleurs nettement lors de copie de la figure complexe de Rey.

En conclusion, Louise souffre d'une dyslexie développementale et de problèmes d'organisation spatiale. Ses capacités intellectuelles sont assez hétérogènes, ce qui rend difficile une appréciation globale de son intelligence. Les points forts du profil sont heureusement nombreux et laissent penser que, si l'on pouvait éliminer les troubles spécifiques d'apprentissage, le niveau intellectuel de Louise devrait se situer dans la moyenne.

CAS n° 2 : Pierre, 8 ans et 3 mois

Pierre fréquente la 3e primaire au moment de l'examen. Ses parents le présentent car il souffre d'un trouble majeur de la lecture qui entrave sa scolarité. Il a été suivi deux ans par une orthophoniste. Des progrès ont été constatés mais, suite à la stagnation des performances et à la lassitude de Pierre, le traitement a été suspendu deux mois avant l'examen. Outre la lecture, Pierre présente une importante dysorthographie. Par contre les apprentissages mathématiques ne posent pas de problème.

Pierre a présenté une souffrance durant l'accouchement après une grossesse sans problème conduite à son terme. Son développement s'est déroulé normalement et même rapidement. A 2 ans et demi, Pierre s'ennuyait chez sa gardienne et est entré à l'école maternelle où il s'est très bien adapté. Il s'agit d'un enfant sociable qui ne présente pas de trouble du comportement. Aucune maladie grave ni aucun accident n'est rapporté. Pierre ne souffre d'aucun problème sensoriel et son langage s'est développé rapidement (vocabulaire riche, syntaxe rapidement respectée...). On ne note pas de trouble de la motricité ni de l'organisation spatiale.

Durant l'examen, Pierre est très relationnel et toujours adapté aux exigences de l'évaluation. Il collabore volontiers et ne présente aucun trouble de l'attention ni de fatigabilité anormale. Il parle aisément de lui-même de manière adéquate. Il se dit motivé par l'école mais ne pas aimer la lecture car elle représente pour lui une difficulté qu'il ne peut surmonter.

Au test de compréhension en lecture (*L3 de Lobrot*), le débit est extrêmement lent, haché, avec de nombreuses erreurs de décodage. L'accès au sens est dès lors très difficile. Des réponses correctes sont toutefois données par raisonnement sur base d'indices partiels. Globalement, cette performance en lecture n'est même pas du niveau correspondant à la fin du CE1.

Au test de lecture de mots (*BELEC*), les mots courts familiers (simples et complexes) sont correctement lus. Par contre, les mots non familiers complexes sont lus avec difficulté. Il en va de même pour les pseudo-mots et les mots longs. Le décodage par assemblage (appariement graphèmes-phonèmes) pose d'évidence problème. A l'épreuve d'habiletés métaphonologiques, les items qui font appel à la conscience phonémique posent problème. Cette dernière présente d'évidence un important retard de développement. A l'épreuve d'orthographe, on observe des troubles sévères. Il n'y a quasi aucune récupération de formes orthographiques correctes en mémoire à long terme. Les mots irréguliers sont presque tous écrits phonétiquement. La correspondance entre phonèmes et graphèmes est souvent incorrecte et erratique.

Au WISC-III, Pierre obtient les résultats suivants :

Epreuves verbales		*Epreuves de performance*	
Information	13	Complètement d'images	15
Similitudes	16	Code	12
Arithmétique	15	Arrangement d'images	9
Vocabulaire	13	Cubes	14
Compréhension	14	Assemblages d'objets	13
(Mémoire de Chiffres)	(10)	(Symboles)	-
		(Labyrinthes)	-
Somme des scores	71	Somme des scores	63
QI Verbal = 127		QI de Performance = 119	
QI Total = 127			

- Différence QI Verbal/QIPerformance : 8 points.
- Moyenne des notes de l'ensemble de l'échelle : 13,1 points.
- Notes déviants significativement de cette moyenne : Mémoire (–3,1 points) et Arr. d'images (–4,1 points).
- Notes fortement déviantes par rapport à la moyenne de la population : Similitudes (+6 points), Arithmétique (+5 points), Compréhension (+4 points), Complètement d'images (+5 points) et Cubes (–4 points).

La différence Verbal/Performance limitée à 8 points et le nombre de notes déviants de la moyenne n'est que de deux. Vu l'homogénéité des résultats, nous sommes autorisés à interpréter le QI Total. Celui-ci est égal à 127, ce qui situe Pierre dans la catégorie d'intelligence supérieure. Au sein des notes standard, les points forts se situent tant dans l'échelle Verbale que dans l'échelle de Performance. Les compétences verbales comme les compétences spatiales sont d'un excellent niveau. Les deux seules faiblesses, en Mémoire de chiffres et en Arrangement d'images, sont très relatives. Ces faiblesses n'existent qu'en référence à un niveau personnel moyen de compétence très élevé. Les deux notes les plus faibles au sein du profil de Pierre se situent en fait au niveau moyen des sujets du même âge. Il ne faut donc pas dramatiser ces deux notes. Toutefois, il est intéressant de constater que les deux subtests concernés ont en commun de faire appel au traitement de séquences d'informations, auditives dans un cas et visuelles dans l'autre.

L'ensemble des résultats au WISC-III indique que nous avons affaire à un trouble spécifique d'apprentissage qui trouve son origine dans une composante cognitive indépendante de l'intelligence. Cette composante est le décodage de mots. Pierre souffre en fait d'une dyslexie développementale phonologique. Sa capacité d'analyse phonémique est insuffisamment développée, ce qui entrave la mise en relation des graphèmes qui composent les mots avec les phonèmes qui leurs correspondent. Ce problème entraîne un retard important d'acquisition des formes orthographiques du lexique de base. Il risque d'avoir également des répercussions négatives sur d'autres apprentissages qui nécessitent la lecture. Heureusement, l'intelligence supérieure de Pierre lui a permis de compenser partiellement ce handicap.

CAS n° 3 : David, 8 ans et 3 mois

David est examiné à la demande de ses parents, très inquiets de ses difficultés d'apprentissage de la lecture en CE1. David est un enfant unique né cinq semaines avant terme. A l'âge de 3 mois, il a dû être hospitalisé en unité de soins intensifs. La nature de son trouble n'a jamais été clairement identifiée. Depuis, David n'a plus souffert de problème de santé. Son développement psychomoteur s'est déroulé assez lentement. Il s'est toujours montré très prudent, hésitant à faire de nouvelles expériences. Actuellement, il n'est pas attiré par les activités sportives, ni par les activités graphiques. Par contre, son langage s'est bien développé. Il s'exprime aisément avec un vocabulaire riche pour son âge. David est décrit comme un enfant sociable, qui recherche le contact. La maman se décrit elle-même comme très protectrice. Avant David, elle a eu une autre enfant qui est décédé à 1 mois. Elle rapporte que, dès l'âge d'un mois, son pédiatre lui a affirmé que David était un enfant inquiet. Il y a un an, David a présenté de fortes angoisses de la nuit et de la mort. Ces angoisses ont motivé une prise en charge psychothérapeutique.

David se sépare sans difficulté de ses parents et se montre positif à l'égard de l'examen psychologique. Il est toutefois très fatigable. Lors des différentes séances d'examen, il est épuisé après 20 minutes. Sa concentration fléchit alors rapidement. Il devient instable et son attention est de plus en plus labile. Face aux tâches proposées, David manifeste une faible confiance en lui-même. Souvent, il affirme d'emblée ne pas être capable de réaliser l'activité demandée. Il doit souvent être encouragé. Lorsqu'il rencontre une difficulté ou un échec, il a tendance à abandonner rapidement. Face aux obstacles rencontrés à l'école et dans le cadre de l'examen psychologique, il tient un discours dont la tonalité est dépressive. Il se décrit comme incapable de nombreuses choses et considère qu'une amélioration est impossible. C'est particulièrement le cas de la lecture. David affirme en effet qu'il ne pourra pas apprendre à lire comme les autres. Il manifeste une conscience aiguë de ses faiblesses. Par exemple, après avoir tenté sans succès de reproduire la figure de Rey, il commente son dessin d'un ton désabusé : «Ca ne ressemble à rien!». Dans la vie quotidienne, il se décrit lui-même comme triste et anxieux. Il parle de peurs diverses qui traduisent une perception du monde assez inquiétante. Son sentiment d'espoir est faible. Ainsi, lorsqu'il est invité à parler des possibilités de changement et d'amélioration, il se contente de dire : «Dans un autre monde, peut-être...».

L'examen des capacités de lecture a été réalisé à l'aide du *test BELEC*. David ne parvient à lire correctement aucun des mots courts fréquents (simples ou complexes). Il décode péniblement quelques lettres ou syllabes et, sur cette base, énonce un mot qui lui paraît plausible. A l'épreuve d'habiletés métalinguistiques, David énonce correctement tous les noms de lettres. Par contre, les items faisant appel à la conscience phonémique sont hors de sa portée. Il ne comprend pas ce qui lui est demandé et donne des réponses inadéquates. La copie de la *figure complexe de Rey* est très pénible. David assemble quelques détails sur un fond confus. Sa démarche est celle d'un enfant de 4-5 ans. Vu les difficultés rencontrées à la copie, la reproduction de mémoire est évidemment très faible et se réduit à quelques tracés épars.

Au WISC-III, David obtient les résultats suivants :

Epreuves verbales		*Epreuves de performance*	
Information	12	Complètement d'images	9
Similitudes	13	Code	3
Arithmétique	12	Arrangement d'images	7
Vocabulaire	13	Cubes	4
Compréhension	13	Assemblages d'objets	3
(Mémoire de Chiffres)	(8)	(Symboles)	-
		(Labyrinthes)	-
Somme des scores	63	Somme des scores	26
QI Verbal = 116		QI de Performance = 69	
	QI Total = 92		

– Différence QI Verbal/QIPerformance : 47 points.
– Moyenne des notes verbales : 11,8 points.
– Notes déviants significativement de cette moyenne : Mémoire (–3,8 points).
– Moyenne des notes de performance : 5,2 points.
– Notes déviants significativement de cette moyenne : Compl. images (+3,8 points).
– Notes fortement déviantes par rapport à la moyenne de la population : Code (–7 points), Cubes (–6 points) et Assemblage d'objets (–7 points).

La différence entre le QI Verbal et le QI de Performance est considérable et met en question la pertinence du QI Total. Par contre, les deux sous-échelles sont suffisamment homogènes pour que le QI Verbal et le QI de Performance puissent faire l'objet d'une interprétation. L'intelligence verbale de David est d'un niveau normal fort. Par contre, son intelligence de performance est à la limite du retard mental. Comment pouvons-nous comprendre une telle différence de fonctionnement entre deux composantes essentielles de l'intelligence ?

Seul le score à l'épreuve de Complètement d'images atteint un niveau normal. Il faut se rappeler que cette épreuve est une des plus faciles du test et que, vu son âge, David a pu obtenir 9 points en ne répondant qu'aux items qui font appel aux mécanismes cognitifs les plus élémentaires. Toutes les autres épreuves de l'échelle de Performance donnent lieu à des résultats faibles. Elles supposent en effet une analyse visuospatiale plus élaborée. Par ailleurs, toutes ces épreuves donnent lieu à des bonifications de temps. Or, David se révèle extrêmement lent. Cette lenteur est due à son anxiété face aux défis que représentent les différentes tâches. Mais elle nous paraît être surtout la résultante d'un ralentissement dépressif. Lorsqu'il rencontre des obstacles, David se décourage immédiatement et se révèle incapable de faire face. L'épreuve de Code, où la vitesse de traitement joue un rôle majeur, est particulièrement affectée par cette lenteur de réalisation. A l'épreuve des Cubes et à celle d'Assemblage d'objets, David manque d'initiative et de flexibilité de pensée. Il adopte une attitude régressive et ses associations verbales se font très infantiles.

Dans l'échelle Verbale, l'épreuve de Mémoire de chiffres retient l'attention car elle dénote par rapport aux autres épreuves de l'échelle. La faiblesse qui s'y manifeste n'est cependant pas majeure. L'empan de chiffres répétés à l'endroit est normal pour l'âge. Par contre, la répétition de l'empan à l'envers est une tâche très difficile pour David qui ne parvient à répéter correctement que deux chiffres. Cette difficulté semble traduire un problème de gestion de l'administrateur central au sein de la mémoire de travail. Cette gestion déficiente est apparemment liée aux problèmes émotionnels de David.

En conclusion, David souffre d'un retard de développement des procédures de lecture de mots. Vu son niveau de scolarité, il est prématuré de parler de dyslexie. Le retard de développement de la conscience phonémique et de la procédure de lecture par assemblage nous semble dépendre plus de difficultés émotionnelles que de problèmes strictement cognitifs. Les troubles de la structuration spatiale dominent le tableau clinique. Ils paraissent découler d'une immaturité du développement psychomoteur et d'un manque d'investissement des interactions avec les objets. L'anxiété face au monde extérieur et le ralentissement dépressif semblent déterminer une attitude de retrait et un manque de flexibilité mentale face aux problèmes concrets.

NOTE

[1] Un pseudo-mot est «une séquence de lettres ou de phonèmes qui, n'ayant pas de signification, ne constitue pas un mot, mais respecte les séquences habituelles de la langue» (Morais, 1994, p. 317). «Fumal» et «Caber» sont des exemples de pseudo-mots utilisés dans la test BELEC pour évaluer la lecture de mots par assemblage.

Conclusion générale

Régulièrement, les tests d'intelligence, et plus particulièrement les échelles de Wechsler, font l'objet de critiques, parfois virulentes. Durant les années 70, ces critiques étaient essentiellement de nature psychosociale. Les tests d'intelligence étaient accusés de perpétuer les inégalités sociales et de légitimer les valeurs de la classe moyenne érigées en modèles. A partir des années 80, la nature de ces critiques a changé. Elles proviennent à présent de chercheurs en sciences cognitives qui reprochent aux tests d'intelligence classiques de s'appuyer sur un modèle dépassé du fonctionnement mental (Witt et Gresham, 1985). Cette situation a conduit certains auteurs à mettre en question l'usage même des tests d'intelligence dans le cadre de l'examen diagnostique. Ainsi, Siegel (1989) récuse la référence au QI pour le diagnostic des troubles d'apprentissage. Elle considère que le QI n'est pas un bon indicateur des possibilités d'apprentissage d'un enfant. Selon elle, il devrait être remplacé par des mesures spécifiques des différentes compétences scolaires, qu'elle juge plus informatives. D'autres auteurs ont émis des critiques moins radicales. Par exemple, Macmann et Barnet (1992) reconnaissent que le QI possède une certaine valeur théorique et pratique. Par contre, ils rejettent avec force l'interprétation des scores aux sous-échelles et aux subtests car ces informations leur paraissent dénuées de fondement théorique et d'une utilité clinique douteuse.

Malgré ces critiques, le WISC-III continue d'être un des instruments de base de l'examen diagnostique de l'enfant et de l'adolescent. Les praticiens seraient-ils victime de dissonance cognitive, incapables de reconnaître leurs erreurs ? Il est vrai que la formation diagnostique de ces derniers se révèle souvent insuffisante et que les cliniciens restent, dans leur majorité, fidèles aux outils qui leur ont été présentés lors de leur formation initiale (Castro, Meljac et Joubert, 1996). Mais expliquer le succès persistant des échelles de Wechsler par l'ignorance et le conservatisme est réducteur et témoigne d'une méconnaissance de ces échelles et, plus largement, de la réalité de l'examen diagnostique.

Nous devons également reconnaître que les échelles de Wechsler occupent une place aussi importante dans le champ clinique, par manque de réelles alternatives. Les théories cognitives n'ont qu'exceptionnellement généré des tests viables dans la pratique clinique quotidienne. Un test comme le K-ABC (1983), construit sur base d'un modèle du traitement de l'information, s'est révélé décevant et n'a finalement pas révolutionné le diagnostic des troubles cognitifs (Kline, Snyder et Castellanos, 1996). De leur côté, les méthodes nouvelles d'évaluation mises au point par Gardner dans le cadre de sa théorie des intelligences multiples (Gardner, 1995) sont restées confidentielles faute d'avoir pu prouver leur validité. Quant au test que Sternberg (1985) a voulu développer sur base de sa célèbre théorie triarchique de l'intelligence, il n'a finalement pas vu le jour. Les problèmes de construction des items et d'application des épreuves ont en effet conduit son éditeur à jeter le gant (Sternberg, 1992).

D'une manière générale, les tentatives pour construire des tests sur base de théories sophistiquées du fonctionnement intellectuel ont débouché sur des échecs ou, au mieux, des demi-succès. Par contre des résultats encourageants ont été obtenus par les chercheurs qui ont réalisé la démarche inverse et sont partis des données recueillies grâce aux tests pour construire un modèle général de la structure de l'intelligence. Ainsi, le modèle hiérarchique de l'intelligence développé par Carroll (1993a) à partir de l'analyse factorielle de plusieurs centaines de bases de données, est aujourd'hui une référence incontournable pour l'étude de l'intelligence humaine (McGrew, 1997; Keith, 1997; Daniel, 1997). Les échelles de Wechsler se sont révélées compatibles avec ce modèle, même si leur recouvrement avec la structure hiérarchique proposée par Carroll (1993b) est imparfait.

Les relations entre les échelles de Wechsler et les théories de l'intelligence sont en fait assez paradoxales (Lautrey, 1998). Une des raisons du succès des échelles de Wechsler tient, sans doute, à l'imprécision de leurs bases théoriques. En effet, Wechsler se voulait avant tout clinicien (Kaufman, 1994) et a, par conséquent, construit ses échelles d'intelligence de manière essentiellement pragmatique. Cette façon de procéder a permis de leur assurer d'emblée un degré élevé de validité. En particulier, leur validité prédictive s'est révélée excellente. Contrairement à ce qu'affirme Siegel (1989), le QI Total est un des meilleurs prédicteurs de l'apprentissage scolaire (Kaufman, 1994) et reste une information essentielle lors du diagnostic de troubles d'apprentissage, même si d'autres données sont nécessaires pour comprendre la nature de ces troubles (Torgesen, 1989). Concevant ses échelles avec l'œil du praticien, Wechsler a également veillé à ce qu'elles soient aisées à faire passer et à corriger. La standardisation de leurs conditions d'administration a permis d'atteindre un niveau très élevé de fiabilité, rarement atteint dans le domaine des tests psychologiques.

Par-delà le QI Total, les échelles de Wechsler constituent également une situation d'observation clinique extrêmement riche. Elles sont un révélateur de l'intelligence mais aussi de la personnalité d'un sujet. Face aux épreuves du WISC-III, un enfant ne met pas uniquement en œuvre ses capacités de raisonnement. Ses émotions, sa motivation, ses capacités d'attention, sa motricité... se manifestent également dans les différentes tâches. En ce sens, le WISC-III est un excellent outil de première ligne car il permet au clinicien de se faire une première idée du fonctionnement d'un sujet face à des problèmes de nature et de difficulté variées. L'observation du comportement et l'analyse détaillée des performances stimulent l'élaboration d'hypothèses et ouvrent des pistes pour la suite de l'examen diagnostique.

Le WISC-III est aujourd'hui un instrument clinique incontournable dont les qualités métriques sont inégalées par ses concurrents. Il n'est pourtant pas sans reproche. Il a été construit pour enregistrer de manière standardisée des réussites et des échecs, et non pour mettre en évidence les processus mentaux utilisés par les sujets. Il est, dès lors, souvent difficile au clinicien de comprendre le sens des erreurs commises par les sujets. La méthode d'analyse des protocoles que nous proposons offre une aide pour éclairer ces erreurs. Mais, souvent, cette méthode permet seulement de générer des hypothèses qui, pour être confirmées, doivent faire l'objet d'investigations complémentaires, externes au WISC-III.

Une autre limite du WISC-III tient à l'échantillonnage forcément limité des épreuves qui le composent. Certaines aptitudes, qui interviennent indubitablement dans la résolution de problèmes quotidiens, ne sont guère présentes dans ce test. Nous pensons, par exemple, à la créativité et à l'intelligence sociale. Il est, par conséquent, souvent utile d'élargir le champ de l'évaluation et de compléter la WISC-III par d'autres épreuves.

Comme nous l'avons souligné à plusieurs reprises dans cet ouvrage, le WISC-III est un outil qui ne vaut que par l'usage que l'on en fait. Souvent, le test est critiqué alors que c'est l'utilisateur qui devrait être blâmé. Trop de cliniciens méconnaissent les qualités et les limites du WISC-III et interprètent les scores de manière incorrecte et fantaisiste. Nous espérons que la lecture du présent ouvrage contribuera une utilisation plus rigoureuse et plus intelligente de ce test.

Index des tableaux et figures

Tableau 1. Date d'édition des différentes versions des échelles de Wechsler aux USA et en France 28

Tableau 2. Facteurs du modèle SOI mesurés par les épreuves du WISC ... 42

Tableau 3. Corrélations des épreuves du WAIS-R avec le temps d'inspection et le facteur *g* 68

Tableau 4. Moyennes et écarts-types des trois QI selon la variable Catégorie Socio-professionnelle 76

Tableau 5. QI moyen d'adolescents selon le statut socio-économique de leurs parents biologiques et de leurs parents adoptifs 80

Tableau 6. Différences de QI et d'Indices Factoriels entre garçons et filles 81

Tableau 7. Différences de notes standard entre garçons et filles 83

Tableau 8. Corrélations entre le QI Total au WISC-III et les scores à trois mesures d'acquis scolaires en fonction de l'appartenance ethnique et du sexe 93

Tableau 9. Fonctionnement différentiel des items de l'épreuve d'information entre les sujets français et belges 98

Tableau 10. Corrélations entre le WISC-III, le K-ABC, le DAT et le TNO 106

Tableau 11. Corrélations entre le QI Total au WISC-III et divers tests d'acquis scolaires 108

Tableau 12. Corrélations entre les QI au WISC-III et les résultats scolaires 108

Tableau 13. Analyse factorielle de l'ensemble de l'échantillon d'étalonnage avec un seul facteur spécifié 110

Tableau 14. Saturations factorielles pour la solution à deux facteurs 111

Tableau 15. Saturations factorielles pour la solution à trois facteurs 113

Tableau 16. Spécificité des différentes épreuves du WISC-III 115

Tableau 17. Table de conversion en QI standard (forme abrégée) de la somme des notes standard aux épreuves de Vocabulaire, Similitudes, Cubes et Arrangement d'images 125

Tableau 18. Evolution de la moyenne des notes brutes à 3 épreuves pour les 11 groupes d'âges de l'échantillon d'étalonnage 132

Tableau 19. Différence Verbal/Performance pour l'ensemble de l'échantillon 136

Tableau 20. Pourcentage de sujets de l'échantillon d'étalonnage dont la différence Verbal/Performance est égale ou supérieure à 12 137

Tableau 21. Pourcentage de sujets ayant une différence Verbal/Performance significative. Données présentées selon le sens de la différence (V>P ou P>V) 139

Tableau 22. Subtests inclus dans chaque Indice Factoriel 152

Tableau 23. Etendue des notes standard au sein de l'échantillon d'étalonnage 157

Tableau 24. Erreurs-types de mesure de la différence par rapport à la moyenne de 11 notes standard 161

Tableau 25. Exemple de calcul des écarts par rapport à la moyenne de 11 notes standard 162

Tableau 26. Nombre de notes déviant significativement de la moyenne des dix scores de l'échelle Totale au sein de l'échantillon d'étalonnage .. 163

Tableau 27. Pourcentage de notes déviant significativement de la moyenne des notes de l'échelle Totale, de l'échelle Verbale et de l'échelle de Performance 164

Tableau 28. Pourcentage de notes déviant significativement de la moyenne des notes de l'échelle Totale et de l'échelle Verbale, incluant l'épreuve de Mémoire de chiffres 165

Tableau 29. Pourcentage cumulé de profils ACID dans l'échantillon d'étalonnage et dans un échantillon d'enfants dyslexiques 175

Tableau 30. Pourcentage cumulé des différences CV/SCAD et OP/SCAD dans l'échantillon d'étalonnage et dans un échantillon de dyslexiques 175

Tableau 31. Correspondance entre une sélection de QI obtenus au WISC-R et l'intervalle de confiance dans lequel le QI peut être attendu au WISC-III 206

Tableau 32. Distribution des QI et des notes standard au sein de la population 214

Tableau 33. Exemple d'analyse de dispersion - Repérage des notes déviantes 220

Tableau 34. Exemple d'analyse de dispersion - Utilisation de la grille d'interprétation 221

Figure 1. La structure hiérarchique des aptitudes humaines d'après Vernon 19

Figure 2. Evolution du QI Total au WAIS-R entre 25 et 79 ans 22

Figure 3. Notes brutes et notes standard de trois sujets de 12 ans à l'épreuve d'information 25

Figure 4. Étendue d'âges couverte par les différentes échelles de Wechsler 28

Figure 5. Les modèles factoriels de Spearman et de Thurstone 35

Figure 6. Modèle hiérarchique de l'intelligence selon Gustafsson.............. 48

Figure 7. Console utilisée par Jensen pour mesurer le temps de réaction.. 66

Figure 8. Les deux stimuli utilisés pour mesurer le temps d'inspection 68

Figure 9. Facteurs intervenant dans les différents scores au WISC-III..... 109

Figure 10. Niveau intellectuel de 5 femmes de la naissance à 36 ans 134

Figure 11. Cubes avec 4 arêtes intérieures visibles et sans arête intérieure visible.. 198

Figure 12. Schéma d'analyse d'un protocole de WISC-III 223

Bibliographie

AJURIAGUERRA de, J. & TISSOT, R. (1966), « Applications cliniques de la psychologie génétique », in *Psychologie et épistémologie génétique : Thèmes piagétiens*, Paris : Dunod.

ALEXANDER, W.P. (1935), « Intelligence, concret and abstract », *British Journal of Psychology, Monograph Supplement*, 6.

ANASTASI, A. (1988), *Psychological testing*, 6ᵉ éd., New York : Collier/Macmillan.

ANASTOPOULOS, A.D., SPISTO, M.A. & MAHER, M.J. (1997), « The WISC-III Freedom from distractability factor : Its utility in identifying children with attention deficit hyperactivity disorder », *Psychological Assessment*, 6, 368-371.

ANDERSON, M. (1992), *Intelligence and development. A cognitive theory*, Oxford : Blackwell.

ANTHONY, E. (1966), « Piaget et le clinicien », in *Psychologie et épistémologie génétique : Thèmes piagétiens*, Paris : Dunod.

AMERICAN PSYCHIATRIC ASSOCIATION (1994), *Diagnostic and statistical manual of mental disorders. DSM-IV*, Washington, DC : American Psychiatric Association.

ARNOLD, L.E. (1994), « Sex difference in ADHD », *Journal of Abnormal Child Psychology*, 24, 555-569.

BADDELEY, A.D. (1986), *Working memory*, Oxford : Oxford University Press.

BALLANTYNE, A.O., SCAREVIE, K.M. & TRAUNER, D.A. (1994), « Verbal and Performance IQ patterns in children after perinatal stroke », *Developmental Neuropsychology*, 10, 39-50.

BANNATYNE, A. (1968), « Diagnosing learning disabilities and writing remedial prescriptions », *Journal of Learning Disabilities*, 1, 28-35.

BANNATYNE, A. (1971), *Langage, reading and learning disabilities*, Springfield, IL : Charles C. Thomas.

BANNATYNE, A. (1974), « Diagnosis : a note on recategorization of WISC scaled scores », *Journal of Learning Disabilities*, 7, 272-274.

BAUMAN, E. (1991), « Determinants of WISC-R subtest stability in children with learning difficulties », *Journal of Clinical Psychology*, 47, 430-435.

BAYLEY, N. (1970), « Development of mental abilities », in P.H. Mussen (ed.), *Carmichael's manual of child psychology*, New York : John Wiley.

BEE, H.L., BARNARD, K.E., EYRES, S.J., GRAY, C.A., HAMMOND, M.A., SPIETZ, A.L., SNYDER, C. & CLARK, B. (1982), Predicting IQ and langage skill from perinatal status, child performance, family characteristics, and mother-infant interaction, *Child Development*, *53*, 1134-1156.

BERSOFF, D.N. (1984), Legals constraints on test use in the schools, in C.W. Daves (ed.), *The uses and misuses of tests*, San Francisco : Jossey-Bass Publishers.

BERTE, R. & EFREMENKO, E. (1971), «L'abstraction chez des sujets normaux et sous-normaux», *Le Langage et l'Homme*, *17*, 2-10.

BETTELHEIM, B. (1969), *La forteresse vide*, Paris : Gallimard.

BINET, A. (1908), «Le développement de l'intelligence chez les enfants», *L'Année Psychologique*, *14*, 1-94.

BINET, A. (1911), «Nouvelles recherches sur la mesure du développement intellectuel chez les enfants des écoles», *L'Année Psychologique*, *17*, 145-201.

BLACK, F.W. (1974), «WISC Verbal-Performance discrepencies as indicators of neurological dysfonction in pediatric patients», *Journal of Clinical Psychology*, *30*, 165-167.

BLAHA, J. & WALLBROWN, F.H. (1982), «Hierarchical factor structure of the Wechsler Adult Intelligence Scale-Revised», *Journal of Consulting and Clinical Psychology*, *50*, 652-660.

BLAHA, J. & WALLBROWN, F.H. (1984), «Hierarchical analysis of the WISC and WISC-R : synthesis and clinical implications», *Journal of Clinical Psychology*, *40*, 556-570.

BLAHA, J. & WALLBROWN, F.H. (1991), «Hierarchical factor structure of the Wechsler Preschool and Primary Scale of Intelligence-Revised», *Psychological Assessment*, *3*, 455-463.

BLAHA, J. & WALLBROWN, F.H. (1996), «Hierarchical factor structure of the Wechsler Intelligence scale for Children-III», *Psychological Assessment*, *8*, 214-218.

BLAHA, J., WALLBROWN, F.H. & WHERRY, R. (1974), «The hierarchical structure of the Wechsler Intelligence Scale for Children», *Psychological Reports*, *35*, 771-778.

BLOOM, A.S., TOPINKA, W.C., GOULET, M., REESE, A. & PODRUSH, P.E. (1986), «Implications of large WISC/WISC-R Verbal-Performance IQ discrepencies», *Journal of Clinical Psychology*, *42*, 353-356.

BOLEN, L.M. (1998), «Assessing intelligence using the WISC-III», in H.B. Vance (ed.), *Psychological assessment of children*, New York : John Wiley.

BROWN, T.E. (1996), *Brown Attention-Deficit Disorders Scales*, San Antonio : Psychological Corporation.

BROWN, T.E. (1998), *Echelles d'évaluation des troubles de l'attention - adolescent*, Paris : Editions du Centre de Psychologie Appliquée.

BRUNER, J.S. (1974), *Beyond the information given*, London : George Allen & Unwin.

CAMPBELL, J.M. (1998), «Internal and external validity of seven Wechsler Intelligence Scale for Children-Third edition short forms in a sample of psychiatric inpatients», *Psychological Assessment*, *10*, 431-434.

CANIVEZ, G.L. & WATKINS, M.W. (1998), «Long-term stability of the Wechsler Intelligence Scale for Children-Third Edition», *Psychological Assessment*, *10*, 285-291.

CAPRON, C. & DUYME, M. (1991), «Children's IQS and SES of biological and adoptive parents in a balanced cross-frostering study», *European Bulletin of Cognitive Psychology*, *11*, 323-348.

CARLSON, L, REYNOLDS, C.R. & GUTKINS, T.B. (1983), «Consistency of the factorial validity of the WISC-R for upper and lower SES groups», *Journal of School Psychology*, *21*, 319-326.

CARROLL, J.B. (1993a), *Human cognitive abilities*, Cambridge : Cambridge University Press.

CARROLL, J.B. (1993b), «What abilities are measured by the WISC-III?», *Journal of Psychoeducational Assessment*, Monograph series, 134-143.

CARROLL, J.B. (1997), «Commentary on Keith and Witta's hierarchical and cross- age confirmatory factor analysis of the WISC-III», *School Psychology Quarterly*, *12*, 89-107.

CARROLL, J.B., KOHLBERG, L. & DEVRIES, R. (1984), «Psychometric and piagetian intelligences : toward resolution of controversy», *Intelligence*, *8*, 67-91.

CASTRO, D., MELJAC, C. & JOUBERT, B. (1996), «Pratiques et outils des cliniciens français. Les enseignements d'une enquête», *Pratiques Psychologiques*, *4*, 73-80.

CATTELL, R.B. (1960), *Manuel du test d'intelligence de Cattell*, Paris : Editions du Centre de Psychologie Appliquée.

CATTELL, R.B. (1963), «Theory of fluid and crystallized intelligence : A critical experiment», *Journal of Educational Psychology*, *54*, 1-22.

CATTELL, R.B. (1967), «La théorie de l'intelligence fluide et cristallisée, sa relation avec les tests "culture fair" et sa vérification chez les enfants de 9 à 12 ans», *Revue de Psychologie Appliquée*, *17*, 135-154.

CHÂTEAU, J. (1983), *L'intelligence ou les intelligences?*, Bruxelles : Mardaga.

COHEN, J. (1957), «The factorial structure of the WAIS between early adulthood and old age», *Journal of Consulting Psychology*, *21*, 283-290.

COHEN, J. (1959), «The factorial structure of the WISC at ages 7-6, 10-6 and 13-6», *Journal of Consulting Psychology*, *23*, 285-299.

COOPER, S. (1995), *The clinical use and interpretation of the Wechsler Intelligence Scale for Children-Third Edition*, Springfield, IL : Charles Thomas Publisher.

CORNELL, D.G. & WILSON, L.A. (1992), «The PIQVIQ discrepancy in violent and violent deliquent boys», *Journal of Clinical Psychology*, *48*, 256-261.

CRAHAY, M. (1996), *Peut-on lutter contre l'échec scolaire?*, Bruxelles : De Boeck.

CRAWFORD, J.R., DEARY, I.J., ALLAN, K.M. & GUSTAFSSON, J.-E. (1998), «Evaluating competing models of the relationship between inspection time and psychometric intelligence», *Intelligence*, *26* 27-42.

CROIZET, J.-C. & CLAIRE, T. (1998), «Extending the concept of stereotype threat to social class : The intellectual underperformance of students from low socioeconomic backgrounds», *Personality and Social Psychology Bulletin*, *24*, 588-594.

CULBERTON, F.M., FERAL, C.H. & GABBY, S. (1989), «Pattern analysis of Wechsler Intelligence Scale for Children-Revised profiles of delinquent boys», *Journal of Clinical Psychology*, *45*, 651-659.

DANIEL, M.H. (1997), «Intelligence testing. Status and trends», *American Psychologist*, *52*, 1038-1045.

DAS, J.P. (1973), «Structure of cognitive abilities : evidence for simultaneous and successive processing», *Journal of Educational Psychology*, *65*, 103-108.

DAS, J.P., KIRBY, J. & JARMAN, R.F. (1975), «Simultaneous and successive synthese : an alternative model for cognitive abilities», *Psychological Bulletin*, *82*, 87-103.

DAS, J.P. & MOLLOY, G.N. (1975), «Varieties of simultaneous and successive processing in children», *Journal of Educational Psychology*, *67*, 213-220.

DAVIS, B.D. (1959), «Interpretation of differences among averages and individual test scores», *Journal of Educational Psychology*, *50*, 162-170.

DEARY, I.J. (1993), «Evaluating competing models of the relationship between inspection time and psychometric intelligence», *Intelligence*, *26*, 27-42.

DEARY, I.J. & STOUGH, C. (1996), «Intelligence and inspection time : Achievements, prospects and problems», *American Psychologist*, *51*, 599-608.

DELTOUR, J.J. & HUPKENS, D. (1980), *Manuel du test de vocabulaire actif et passif pour enfants de 3 à 5 ans*, Issy-Les-Moulineaux : Editions Scientifiques et Psychologiques.

DEVRIES, R. (1974), «Relationships among piagetian, IQ, and achievement assessments», *Child Development*, 45, 746-756.

DEVRIES, R. & KOHLBERG, L. (1977), «Relations between piagetian and psychometric assessment of intelligence», in L.G. Katz (ed.), *Current topics in early chilhood education (Vol. 1)*, Norwood, NJ : Ablex.

DIRKS, J. (1982), «The effect of a commercial game on children's block design scores on the WISC-R IQ test», *Intelligence*, 6, 109-124.

DONDERS, J. (1997), «A short form of the WISC-III for clinical use», *Psychological Assessment*, 9, 15-20.

DOWKER, A. (1998), «Individual differences in normal arithmetical development», in C. Donlan (ed.), *The development of mathematical skills*, Hove, UK : Psychology Press.

DUDECK, S.Z., LESTER, E.P., GOLBERG, S.J. & DYER, G.B. (1969), «Relationship of Piaget measures to standard intelligence and motor scales», *Perceptual and Motor Skills*, 28, 351-362.

DUMARET, A. & STEWART, J.T. (1985), «IQ, scholastic performance and behavior of sibs raised in contrasting environnements», *Journal of Child Psychology and Psychiatry*, 26, 553-580.

EHLERS, S., NYDEN, A., GILLBERG, C., SANDBERG, A., DAHLGREN, S.-O., HJELMQUIST, E. & ODEN, A. (1997), «Asperger syndrome, autism and attention disorders : A comparative study of the cognitive profiles of 120 children», *Journal of Child Psychology and Psychiatry*, 38, 207-217.

ELKIND, D. (1969), «Piagetian and psychometric conceptions of intelligence», *Harvard Educational Review*, 39, 319-337.

ELKIND, D. (1981), «Forms and traits in the general conception and measurement of general intelligence», *Intelligence*, 5, 101-120.

ELLIOT, J.M. (1992), «Forward digit span and articulation speed for Malay, English, and two Chinese dialects», *Perceptual and Motor Skills*, 74, 291-295.

ELLIOT, R. (1987), *Litigating intelligence. IQ tests, special education and social science in the courtroom*, Dover, MA : Auburn House.

FENSON, L., DALE, P.S., REZNICK, J.S., BATES, E., THAL, D.J. & PETHICK, S.J. (1994), «Variability in early communicative development», *Monographs of the Society for Research in Child Development*, 59.

FLAUGHER, R.L. (1978), «The many definitions of test bias», *American Psychologist*, 33, 671-679.

FLYNN, J.R. (1984), «The mean IQ of Americans : massive gains 1932 to 1978», *Psychological Bulletin*, 95, 29-51.

FLYNN, J.R. (1987), «Massive IQ gains in 14 nations : what IQ tests really measure», *Psychological Bulletin*, 101, 171-191.

FLYNN, J.R. (1998), «WAIS-III and WISC-III gains in the United States from 1972 to 1995 : How to compensate for obsolete norms», *Perceptual and Motor Skills*, 86, 1231-1239.

FLYNN, J.R. (1999), «Searching for justice : The discovery of IQ gains over time», *American Psychologist*, 54, 5-20.

FRANK, G. (1983), *The Wechsler enterprise*, Oxford : Pergamon Press.

FREYBERG, P.S. (1966), «Concept development in piagetian terms in relation to school attainment», *Journal of Educational Psychology*, 57, 164-168.

GARDNER, H. (1983), *Frames of mind : The theory of multiple intelligences*, New York : Basic Books.

GARDNER, H. (1995), *Les intelligences multiples. Pour changer l'école : la prise en compte des différentes formes d'intelligence*, Paris : Retz.

GATHERCOLE, S.E., WILLIS, C.S., EMSLIE, H. & BADDELEY, A.D. (1992), «Phonological memory and vocabulary development during early school years : A longitudinal study», *Developmental Psychology, 28*, 887-898.

GIBELLO, B. (1984), *L'enfant à l'intelligence troublée*, Paris : Le Centurion.

GLASSER, A.J. & ZIMMERMAN, I.L. (1967), *Clinical interpretation of the WISC*, New York : Grune & Stratton.

GLUTTING, J.J., McDERMOTT, P.A. & STANLEY, J.C. (1987), «Resolving differences among methods of establishing confidence limits for test scores», *Educational and Psychological Measurement, 47*, 607-614.

GOLDSTEIN, K. & SCHEERER, M. (1941), «Abstract and concret behavior : an experimental study with special tests», *Psychological Monographs, 53*.

GOULD, S.J. (1983), *La mal-mesure de l'homme*, Paris : Ramsay.

GRÉGOIRE, J. (1989), «L'analyse de la dispersion des notes au WISC-R», *Revue de Psychologie Appliquée, 39*, 139-148.

GREGOIRE, J. (1991), «Les épreuves piagétiennes et les tests d'intelligence traditionnels évaluent-ils une même réalité? Revue de la littérature et tentative d'articulation», *Psychologie et Psychométrie, 12*, 30-50.

GRÉGOIRE, J. (1992), *Evaluer l'intelligence de l'enfant*, Liège : Mardaga.

GRÉGOIRE, J. (1993), «Intelligence et vieillissement au WAIS-R. Une analyse transversale de l'échantillon d'étalonnage français avec contrôle du niveau scolaire», *L'Année Psychologique, 93*, 379-400.

GRÉGOIRE, J. (1995), «Application de la méthode de Mantel-Haenszel à l'analyse du fonctionnement différentiel des items du K-ABC entre filles et garçons», *Revue Européenne de Psychologie Appliquée, 45*, 111-118.

GRÉGOIRE, J. (1996), *Grille d'aide à l'interprétation des scores aux différents subtests du WISC-III*, Parix : Editions du Centre de Psychologie Appliquée.

GRÉGOIRE, J. (à paraître), «Comparison of three short forms of the French WISC-III», *European Review of Applied Psychology*.

GRÉGOIRE, J., PENHOUËT, C. & BOY, Th. (1996), «L'adaptation française de l'échelle de Wechsler pour enfants, version III», *L'Orientation Scolaire et Professionnelle, 25*, 489-506.

GREGOIRE, J. & VAN DER LINDEN, M. (1997), «The effect of age on forward and backward digit spans», *Aging, Neuropsychology and Cognition, 4*, 140-149.

GUILFORD, J.P. (1956), «The structure of intellect», *Psychological Bulletin, 53*, 267-293.

GUILFORD, J.P. (1967), *The nature of human intelligence*, New York : McGraw-Hill.

GUILFORD, J.P. (1982), «Cognitive's psychology ambiguities : some suggested remedies», *Psychological Review, 89*, 48-59.

GUILFORD, J.P. & HOEPFNER, R. (1971), *The analysis of intelligence*, New York : McGraw-Hill.

GUSTAFSSON, J.E. (1984), «A unifying model for the structure of intellectual abilities», *Intelligence, 8*, 179-203.

GUTKIN, T.B. (1979), «Bannatyne patterns of Caucasian and Mexican-American learning disabled children», *Psychology in the Schools, 16*, 178-183.

GUTKIN, T.B. & REYNOLDS, C.R. (1980), «Factorial similarity of the WISC-R for anglos and chicanos reffered for psychological services», *Journal of School Psychology, 18*, 34-39.

GUTKIN, T.B. & REYNOLDS, C.R. (1981), «Factorial similarity of WISC-R for white and black children from the standardization sample», *Journal of Educational Psychology, 73*, 227-231.

HADDAD, F.A. & JULIANO, J.M. (1994), «Long-term stability of individual WISC-R IQs of learning disabled children», *Psychological Reports, 74*, 15-18.

HAYNES, J.P. & BENSCH, M. (1981), « The P>V sign on the WISC-R and the recidivism in delinquents », *Journal of Consulting and Clinical Psychology*, 49, 480-481.

HENRY, S.A. & WITTMAN, R.D. (1981), « Diagnostic implications of Bannatyne's recategorized WISC-R scores for identifying learning disabled children », *Journal of Learning disabilities*, 14, 517-520.

HERRERA-GRAF, M., DIPERT, Z.J., HINTON, R.N. (1996), « Exploring the effective use of the vocabulary/block design short form with a special school population », *Educational and Psychological Measurement*, 56, 522-528.

HERRNSTEIN, R.J. & MURRAY, C. (1994), *The bell curve. Intelligence and class structure in American life*, New York : Free Press.

HICK, W.E. (1952), « On the rate of gain of information », *Quarterly Journal of Experimental Psychology*, 4, 11-26.

HODGES, W.F. & SPIELBERGER, C.D. (1969), « Digit Span : an indicant of trait or state anxiety ? », *Journal of Consulting and Clinical Psychology*, 33, 430-434.

HOLROYD, J. & WRIGHT, F. (1965), « Neurological implications of WISC-R Verbal-Performance discrepancies in a psychiatric setting », *Journal of Consulting Psychology*, 29, 206-212.

HORN, J.L. & CATTELL, R.B. (1966), « Refinement and test of the theory of fluid and crystallised general intelligences », *Journal of Educational Psychology*, 57, 253-270.

HORN, J.L. & KNAPP, J.R. (1973), « On the subjective character of the empirical base of Guilford's structure-of-intellect model », *Psychological Bulletin*, 80, 33-43.

HOUDÉ, O. (1992), *Catégorisation et développement cognitif*, Paris : PUF.

HUMPHREYS, L.G. & PARSONS, C.K. (1979), « Piagetian tasks measure intelligence and intelligence tests assess cognitive development : a reanalysis », *Intelligence*, 3, 369-382.

HUTEAU, M. & LAUTREY, J. (1975), « Artefact et réalité dans la mesure de l'intelligence », *L'Orientation Scolaire et Professionnelle*, 4, 169-187.

HUTEAU, M. & LAUTREY, J. (1978), « L'utilisation des tests d'intelligence et de la psychologie cognitive dans l'éducation et l'orientation », *L'Orientation Scolaire et Professionnelle*, 7, 99-174.

HUTEAU, M. & LAUTREY, J. (1999), *Evaluer l'intelligence. Psychometrie cognitive*, Paris : PUF.

HYDE, J.S. & LINN, M.C. (1988), « Gender differences in verbal ability : A meta-analysis », *Psychological Bulletin*, 104, 153-169.

INHELDER, B. (1943), *Le diagnostic du raisonnement chez les débiles mentaux* (2ᵉ éd., 1969), Neuchâtel : Delachaux et Niestlé.

JENSEN, A.R. (1982), « The chronometry of intelligence », in R.J. Strenberg (ed.), *Recent advances in research on intelligence*, Hillsdale, NJ : Erlbaum.

JENSEN, A.R. (1987), « Individual differences in the Hick paradigm », in P.A. Vernon (ed.), *Speed of Information-processing and intelligence*, Northwood, NJ : Ablex.

JENSEN, A.R. (1992), « Understanding g in terms of information processing », *Educational Psychology Review*, 4, 271-307.

JIRSA, J.E. (1983), « The SOMPA : a brief examination of technical considerations, philosophical rationale, and implications for practice », *Journal of School Psychology*, 21, 13-21.

JOHNSON, D.L. & DANLEY, W. (1981), « Validity : comparison of WISC-R and SOMPA estimated learning potential scores », *Psychological Reports*, 49, 123-131.

JONES, R.S. & TORGESEN, J.K. (1981), « Analysis of behaviors involved in performance of Block Design subtest of the WISC-R », *Intelligence*, 5, 321-328.

JUHEL, J. (1989), « Analyse des aptitudes intellectuelles : revue de quelques travaux récents », *L'Année Psychologique*, 89, 63-86.

KAMPHAUS, R.W., BENSON, J., HUTCHINSON, S. & PLATT, L.O. (1994), « Identification of factor models for the WISC-III », *Educational and Psychological Measurement*, 54, 174-186.

KAMPHAUS, R.W. & PLATT, L.O. (1992), « Subtest specificities for the WISC-III », *Psychological Reports*, 70, 899-902.

KAUFMAN, A.S. (1975), « Factor analysis fo the WISC-R at 11 age levels between 6 1/2 and 16 1/2 », *Journal of Consulting and Clinical Psychology*, 43, 135-147.

KAUFMAN, A.S. (1976), « Verbal-Performance IQ discrepencies on the WISC-R », *Journal of Consulting and Clinical Psychology*, 44, 739-744.

KAUFMAN, A.S. (1979), *Intelligent testing with the WISC-R*, New-York : Wiley-Interscience.

KAUFMAN, A.S. (1981), « The WISC-R and learning disabilities assessement : state of the art », *Journal of Learning Disabilities*, 14, 520-526.

KAUFMAN, A.S. (1994), *Intelligent testing with the WISC-III*, New York : Wiley-Interscience.

KAUFMAN, A.S. & DOPPELT, J.E. (1976), « Analysis of WISC-R standardization data in terms of stratification variables », *Child Development*, 47, 165-171.

KAUFMAN, A.S. & KAMPHAUS, R.W. (1984), « Factor analysis of the Kaufman Assessment Battery for Children (K-ABC) for ages 2;6 through 12;6 years », *Journal of Educational Psychology*, 76, 623-637.

KAUFMAN, A.S., KAUFMAN, J.C., BALGOPAL, R. & MCLEAN, J.E. (1996), « Comparison of three WISC-III short forms : Weighing psychometric, clinical, and practical factors », *Journal of Clinical Child Psychology*, 25, 97-105.

KAUFMAN, A.S. & KAUFMAN, N.L. (1983), *Kaufman Assessment Battery for Children*, Circle Pines, MN : American Guidance Service.

KAUFMAN, A.S. & KAUFMAN, N.L. (1993), *Batterie pour l'examen psychologique de l'enfant*, Paris : Editions du Centre de Psychologie Appliquée.

KAUFMAN, A.S. & MCLEAN, J.E. (1986), « K-ABC/WISC-R factor analysis for a learning disabled population », *Journal of Learning Disabilities*, 19, 145-153.

KAUFMAN, A.S. & MCLEAN, J.E. (1987), « Joint factor analysis of the K-ABC and WISC-R with normal children », *Journal of School Psychology*, 25, 105-118.

KEITH, T.Z. (1997), « Using confirmatory factor analysis to aid in understanding the construct measured by intelligence tests », in D.P. Flanagan, J.L. Genshaft & P.L. Harrison (eds), *Contemporary intellectual assessment*, New York : Guilford Press.

KEITH, T.Z. & WITTA, E.L. (1997), « Hierarchical and cross-age confirmatory factor analysis of the WISC-III : What does it measure ? », *School Psychology Quarterly*, 12, 89-107.

KINGMA, J. & KOOPS, W. (1983), « Piagetian tasks, traditional intelligence and achievement tests », *British Journal of Educational Psychology*, 53, 278-290.

KLINE, R.B., SNYDER, J. & CASTELLANOS, M. (1996), « Lessons form the Kaufman Assessment Battery for Children (K-ABC) : Toward a new cognitive assessment model », *Psychological Assessment*, 8, 7-17.

KOSSANYI, P., WAICHE, R. & NETCHINE, S. (1989), « L'efficience et l'organisation intellectuelles d'enfants non lecteurs analysées à partir du WISC-R », *Revue de Psychologie Appliquée*, 39, 23-40.

KRANZLER, J.H. (1997), « What does the WISC-III measure ? », *School Psychology Quarterly*, 12, 110-116.

KRANZLER, J.H. & JENSEN, A.R. (1989), « Inspection time and intelligence : A meta-analysis », *Intelligence*, 13, 329-348.

LAUTREY, J. (1996), « La recherche des "particules élémentaires" de l'intelligence : une impasse ? », *Psychologie Française*, 41, 23-33.

LAUTREY, J. (1998), «Les théories et les méthodes d'évaluation de l'intelligence : des relations paradoxales», in R. Debray (ed.), *L'intelligence d'un enfant*, Paris : Dunod.

LAVEAULT, D. & GRÉGOIRE, J. (1997), *Introduction aux théories des tests en sciences humaines*, Bruxelles : De Boeck.

LEWANDOWSKI, L.J. & DE RIENZO, P.J. (1985), «WISC-R and K-ABC performance of hemiplegic children», *Journal of Psychoeducational Assessment*, 3, 215-221.

LEYENS, J.-PH. (1986), *Sommes-nous tous des psychologues?*, Liège : Mardaga.

LIPSITZ, J.D., DWORKIN, R.H. & ERLENMEYER-KIMLING, L. (1993), «Wechsler Comprehension and Picture Arrangement subtests and social ajustment», *Psychological Assessment*, 5, 430-437.

LITTLE, A. (1972), «A longitudinal study of cognitive development in young children», *Child Development*, 43, 1024-1034.

LOBROT, M. (1973), *Lire*, Paris : ESF.

LOMBARD, T.J. & RIEDEL, R.G. (1978), «An analysis of the factor structure of the WISC-R and the effect of color on the coding subtest», *Psychology in the Schools*, 15, 176-179.

LONGSTRETH, L.E. (1984), «Jensen's reaction time investigations of intelligence : A critique», *Intelligence*, 8, 139-160.

LONGSTRETH, L.E. & ALCORN, M.B. (1990), «Susceptibility of Wechsler spatial ability to experience with related games», *Educational and Psychological Measurement*, 50, 1-6.

LORD, F.M. & NOVICK, M.R. (1968), *Statistical theories of mental test scores*, Reading, MA : Addison-Wesley.

LYYTINEN, P., LAAKSO, M.-L. & POIKKEUS, A.-M. (1998), «Parental contribution to child's early langage and interest in books», *European Journal of Psychology of Education*, 13, 297-308.

MACKINTOSH, N.J. (1998), *IQ and human intelligence*, Oxford : Oxford University Press.

MACMANN, G.M. & BARNET, D.W. (1992), «Redefining the WISC-R : Implications for professional practice and public policy», *Journal of Special Education*, 26, 139-161.

MATARAZZO, J.D. (1972), *Wechsler's measurement and appraisal of adult intelligence*, 5e éd., Baltimore : Williams and Wilkins.

MATARAZZO, J.D. (1981), «David Wechsler (1896-1981)», *American Psychologist*, 36, 1542-1543.

McCALL, R.B., HOGARTY, P.S. & HULBURT, N. (1972), «Transition in infant sensorimotor development and the prediction of childhood IQ», *American Psychologist*, 27, 728-748.

McGREW, K.S. (1997), «Analysis of the major batteries according to a proposed comprehensive Gf-Gc framework», in D.P. Flanagan, J.L. Genshaft & P.L. Harrison (eds), *Contemporary intellectual assessment*, New York : Guilford Press.

McKAY, M.F., NEALE, M.D. & THOMPSON, G.B. (1985), «The predictive validity of Bannatyne's WISC-R categories for later reading and achievement», *British Journal of Educational Psychology*, 55, 280-287.

McKENNA, F.P. (1990), «Learning implications of field dependence-independence : Cognitive style versus cognitive ability», *Applied Cognitive Psychology*, 4, 425-437.

MEEKER, M.N. (1969), *The Structure of Intellect*, Colombus, OH : C.E. Merrill Publishing Company.

MEEKER, M.N. (1975), *WISC-R template for SOI analysis*, El Segundo, CA : SOI Institute.

MERCER, J.R. (1979), *System of Multicultural Pluralistic Assessment. Technical manual*, San Diego : The Psychological Corporation.

MERCER, J.R. & LEWIS, J.F. (1978), *System of Multicultural Pluralistic Assessment*, San Diego : The Psychological Corporation.

MERCY, J.A. & STEELMAN, L.C. (1982), «Familial influence on the intellectuel attainment of children», *American Sociological Review*, 47, 532-542.

MIELE, F. (1979), «Cultural bias in the WISC-R», *Intelligence*, 3, 149-164.

MILLER, C.K. & CHANSKY, N.M. (1972), «Psychologist's scoring of WISC-R protocols», *Psychology in the Schools*, 9, 144-152.

MOFFITT, T.E. & SILVA, P.A. (1987), «WISC-R Verbal and Performance IQ discrepancy in unselected cohort : Clinical significance and longitudinal stability», *Journal of Consulting and Clinical Psychology*, 55, 768-774.

MORAIS, J. (1994), *L'art de lire*, Paris : Odile Jacob.

MORRIS, J.M. & BIGLER, E.D. (1987), «Hemispheric functioning and the Kaufman Assessment Battery for Children : Results in neurogically impaired», *Developmental Neuropsychology*, 3, 67-79.

MOUSTY, PH., LEYBAERT, J., ALÉGRIA, J., DELTOUR, J.-J. & SKINKEL, R. (1994), «BELEC», in J. Grégoire & B. Pierart (eds), *Evaluer les troubles de la lecture. Les nouveaux modèles théoriques et leurs implications diagnostiques*, Bruxelles : De Boeck.

OAKLAND, T. & FEIGENBAUM, D. (1979), «Multiple sources of test bias on the WISC-R and Bender-Gestalt test», *Journal of Consulting and Clinical Psychology*, 47, 968-974.

OAKLAND, T. & HU, S. (1992), «The top 10 tests used with children and youth worldwide», *Bulletin of the International Test Commission*, 19, 99-120.

OLLENDICK, T.H. (1979), «Discrepencies between Verbal and Performance IQs and subtest scatter on the WISC-R for juvenil delinquents», *Psychological Reports*, 45, 563-568.

OLTMAN, P.K., RASKIN, E. & WITKIN, H. (1971), *Group embedded figures tests*, Palo Alto : Consulting Psychologist Press.

PARKER, K.C. (1983), «Factor analysis of the WAIS-R at nine age levels between 16 and 74 years», *Journal of Consulting and Clinical Psychology*, 51, 125-153.

PERRON-BORELLI, M. & PERRON, R. (1986), *L'examen psychologique de l'enfant*, Paris : PUF.

PIAGET, J. & INHELDER, B. (1941), *Le développement des quantités physiques chez l'enfant* (4ᵉ éd., 1978), Paris : Delachaux et Niestlé.

PICHOT, P. & KOUROVSKY, F. (1969), «Le quotient intellectuel de détérioration mentale à l'échelle WAIS», *Revue de Psychologie Appliquée*, 19, 273-285.

PORTEUS, S.D. (1965), *Manuel du test des labyrinthes de Porteus*, Paris : Editions du Centre de Psychologie Appliquée.

POSNER, M.I. & RAICHLE, M.E. (1998), *L'esprit en images*, Bruxelles : De Boeck.

PRIFITERA, A. & DERSH, J. (1993), «Base rates of WISC-III diagnostic subtest patterns among normal, learning-disabled and ADHD samples», *Journal of Psychoeducational assessment*, Monograph Series.

RESCHLY, D.J. (1978), «WISC-R factor structures among anglos, blacks, chicanos and native-american papagos», *Journal of Consulting and Clinical Psychology*, 46, 417-422.

RESCHLY, D.J. & RESCHLY, J.E. (1979), «Validity of WISC-R factors scores in predicting achievement and attention for four socio-cultural groups», *Journal of School Psychology*, 17, 355-361.

REUCHLIN, M. & BACHER, F. (1989), *Les différences individuelles dans le développement cognitif de l'enfant*, Paris : PUF.

REYNOLDS, C.R., CHASTAIN, R.L., KAUFMAN, A.S. & MCLEAN, J.E. (1987), «Demographic characteristics and IQ among adults : Analysis of the WAIS-R standardization sample as a function of the stratification variables», *Journal of School Psychology*, 25, 323-342.

REYNOLDS, C.R. & HARTLAGE, L. (1979), «Comparison of WISC and WISC-R regression lines of academic prediction with black and white reffered children», *Journal of Consulting and Clinical Psychology*, 47, 589-591.

REYNOLDS, C.R. & NIGL, A. (1981), «A regression analysis of differential validity in intellectual assessment for Black and for White inner city children», *Journal of Clinical Child Psychology, 10*, 176-179.

ROID, G.H., PRIFITERA, A. & WEISS, L.G. (1993), «Replication of the WISC-III factor structure in an independant sample», *Journal of Psychoeducational Assessment*, WISC-III Monograph, 6-21.

ROZENCWAJG, P., HUTEAU, M. (1996), «Les stratégies globale, analytique et synthétique dans les cubes de Kohs», *Psychologie Française, 41*, 57-64.

RUBIN, K.J., BROWN, I.D. & PRIDDLE, R.L. (1978), «The relationships between measures of fluid, crystallised and "piagetian" intelligence in elementary-school-aged chidren», *Journal of Genetic Psychology, 132*, 29-36.

RUGGEL, R.P. (1974), «WISC-R scores of disables readers : a review with respect to Bannatyne's recategorization», *Journal of Learning Disabilities, 7*, 48-64.

RUST, J.O. & YATES, A.G. (1997), «Concurrent validity of the Wechsler Intelligence Scale for Children-Third Edition and the Kaufman Assessment Battery for Children», *Psychological Reports, 80*, 89-90.

RUTTER, M. (ed.)(1983), *Developmental neuropsychiatry*, New York : Guilford Press.

RYCKMAN, D.B. (1981), «Searching for a WISC-R profile for learning disabled children : an inappropriate task?», *Journal of Learning Disabilities, 14*, 508-511.

SAMEROFF, A.J., SEIFER, R., BALDWIN, A. & BALDWIN, C. (1993), «Stability of intelligence from preschool to adolescence : The influence of social and family risk factors», *Child Development, 64*, 80-97.

SANDOVAL, J. & MIILLE, M.P.W. (1980), «Accuracy of judgments of WISC-R item difficulty for minority groups», *Journal of Consulting and Clinical Psychology, 48*, 249-253.

SANDOVAL, J., ZIMMERMAN, I.L. & WOO-SAM, J.M. (1983), «Cultural differences on WISC-R verbal items», *Journal of School Psychology, 21*, 49-55.

SATTLER, J.M. (1988), *Assessment of children*, San Diego : Jerome M. Sattler Publisher.

SATTLER, J.M., ANDRES, J.R., SQUIRE, L.S., WISELY, R. & MALOY, C.F. (1978), «Examiner scoring of ambiguous WISC-R responses», *Psychology in the schools, 15*, 486-489.

SATTLER, J.M., HILLIX, W.A. & NEHER, L.A. (1970), «Halo effect in examiner scoring of intelligence test responses», *Journal of Consulting and Clinical Psychology, 34*, 172-176.

SCARR, S. (1978), «From evolution to Larry P., or what shall we do about IQ tests?», *Intelligence, 2*, 325-342.

SCHAFER, R. & RAPAPORT, D. (1944), «The scatter in diagnostic intelligence testing», *Character and Personnality, 12*, 275-284.

SCHAIE, K.W. & STROTHER, C.R. (1968), «A cross-sequential study of age changes in cognitive behavior», *Psychological Bulletin, 70*, 671-680.

SCHMID, J. & LEIMAN, J. (1957), «The development of hierarchical factor solutions», *Psychometrika, 22*, 53-61.

SCHORR, D., BOWER, G.H. & KIERNAN, R. (1982), «Stimulus variables in the Block Design task», *Journal of Consulting and Clinical Psychology, 50*, 479-487.

SCHWEAN, V.L., SAKLOFSKE, D.H., YACKULIC, R.A. & QUINN, D. (1993), «WISC-III performance of ADHD children», *Journal of Psychoeducational assessment*, Monograph Series.

SEARLS, E.F. (1986), *How to use WISC-R scores in reading/learning disability diagnosis*, Newark, DE : IRA Service Bulletin.

SEGAL, H.G., WESTEN, D., LOHR, N.E. & SILK, K.R. (1993), «Clinical assessment of object relations and social cognition using stories told to Picture Arrangement subtest of the WAIS-R», *Journal of Personality Assessment, 61*, 58-80.

SERGENT, J. (1994), « Spécialisation fonctionnelle et coopération des hémisphères cérébraux », in X. Seron & M. Jeannerod (eds), *Neuropsychologie Humaine*, Liège : Mardaga.

SHAH, A. & FRITH, U. (1993), « Why do autistic individuals show superior performance on block design task? », *Journal of Child Psychology and Psychiatry, 34,* 1351-1364.

SHIFFRIN, R.M. & SCHNEIDER, W. (1977), « Controlled and automatic human information processing II : Perceptual learning, automatic attending, and a general theory », *Psychological Review, 84,* 127-190.

SIEGEL, L.S. (1989), « IQ is irrelevant to the definition of learning diseabilities », *Journal of Learning Diseabilities, 22,* 469-478.

SILVERSTEIN, A.B. (1982), « Pattern analysis as simultaneous statistical inference », *Journal of Consulting and Clinical Psychology, 50,* 234-240.

SILVERSTEIN, A.B. (1993), « Type I, type II, and other types of errors in pattern analysis », *Psychological Assessment, 5,* 72-74.

SLATE, J.R. (1998), « Sex differences in WISC-III IQs : Time for separate norms? », *Journal of Psychology, 132,* 677-679.

SPAFFORD, C.S. (1989), « Wechsler Digit Span subtest : diagnostic usefulness with dyslexic children », *Perceptual and Motor Skills, 69,* 115-125.

SPEARMAN, C. (1904), General intelligence, objectively determined and measured », *American Journal of Psychology, 15,* 201-293.

SPEARMAN, C. (1923), *The nature of "intelligence" and the principles of cognition*, London : Macmillan.

SPEARMAN, C. (1927), *The abilities of man*, New York : Macmillan.

SPEARMAN, C. (1939), « The factorial analysis of ability. Determination of factors », *British Journal of Psychology, 30,* 78-83.

SPELBERG, H.C. (1987), « Problem-solving strategies on block-design task », *Perceptual and Motor Skills, 65,* 99-104.

STEELE, C.M. & ARONSON, J. (1995), « Stereotype vulnerability and the intellectual test performance of african-americans », *Journal of Personality and social Psychology, 69,* 797-811.

STEPHENS, B., McLAUGHLIN, J.A., MILLER, C.K. & GLASS, G.V. (1972), « Factorial structure of selected psycho-educational measures and piagetian reasoning assessments », *Developmental Psychology, 6,* 343-348.

STERNBERG, R.J. (1985), *Beyond IQ : a triarchic theory of human intelligence*, Cambridge : Cambridge University Press.

STERNBERG, R.J. (1992), « Ability tests, measurements, and markets », *Journal of Educational Psychology, 84,* 134-140.

STERNBERG, R.J. (1993), « Rocky's back again : A review of the WISC-III », *Journal of Psychoeducational Assessment*, WISC-III Monograph, 161-164.

STERNBERG, S. (1966), « High-speed scanning in human memory », *Science, 153,* 652-654.

TELLEGEN, A. & BRIGGS, P.F. (1967), « Old wine in new skins : Grouping Wechsler subtests into new scales », *Journal of Consulting Psychology, 31,* 499-506.

THORNDIKE, E.L. (1921), « Intelligence and its measurement : A symposium », *Journal of Educational Psychology, 12,* 123-147.

THURSTONE, L.L. (1935), *The Vectors of mind*, Chicago : University of Chicago Press.

THURSTONE, L.L. (1938), *Primary mental abilities*, Chicago : University of Chicago Press.

THURSTONE, L.L. (1947), *Multiple-factor analysis*, Chicago : University of Chicago Press.

TOCK KENG LIM (1988), « Relationships between standardized psychometric and piagetian measures of intelligence at the formal operational level », *Intelligence, 12,* 167-182.

TORGESEN, J.K. (1989), « Why IQ is relevant to the definition of learning diseabilities », *Journal of learning diseabilities, 22*, 484-486.

TORT, M. (1974), *Le quotient intellectuel*, Paris : François Maspero.

TUPAS, D.J., WRIGHT, M. & FRISTAD, M.A. (1997), « Confirmatory factor analysis of the WISC-III with child Psychiatric inpatients », *Psychological Assessment, 9*, 302-306.

UNDENHEIM, J.O. & HORN, J.L. (1977), « Critical evaluation of Guilford's structure-of-intellect theory », *Intelligence, 1*, 65-81.

VANCE, H.B. & WALLBROWN, F.H. (1978), « The structure of intelligence for black children : a hierarchical approach », *Psychological Record, 28*, 31-39.

VANCE, H.B., WALLBROWN, F.H. & BLAHA, J. (1978), « Determining WISC-R profiles for reading disabled children », *Journal of Learning Disabilities, 11*, 55-59.

VERNON, P.A. (1981), « Reaction time and intelligence in the mentally retarded », *Intelligence, 7*, 53-70.

VERNON, P.E. (1952), *La structure des aptitudes humaines*, Paris : PUF.

VOYER, D.H., VOYER, S. & BRYDEN, M.P. (1995), « Magnitude of sex differences in spatial abitity : A meta-analysis and consideration of critical variables », *Psychological Bulletin, 117*, 250-270.

WALLBROWN, F.H., BLAHA, J. & WHERRY, R.J. (1973), « The hierarchical factor structure of the Wechsler Preschool and Primary Scale of Intelligence », *Journal of Consulting and Clinical Psychology, 41*, 356-362.

WALLBROWN, F.H., BLAHA, J. & WHERRY, R.J. (1974), « The hierarchical factor structure of the Wechsler Adult Intelligence Scale », *British Journal of Educational Psychology, 44*, 47-56.

WALLBROWN, F.H., BLAHA, J., WALLBROWN, J. & ENGIN, A. (1975), « The hierarchical factor structure of the Wechsler Intelligence Scale for Children-revised », *Journal of Psychology, 89*, 223-235.

WALLBROWN, F.H., VANCE, H.B. & BLAHA, J. (1979), « Developing remedial hypotheses from ability profiles », *Journal of Learning Disabilities, 12*, 59-63.

WATKINS, M.W., KUSH, J.C. & GLUTTING, J.J. (1997), « Prevalence and diagnostic utility of the WISC-III SCAD profile among children with disabilities », *School Psychology Quarterly, 12*, 235-248.

WECHSLER, D. (1940), « Non-intellective factors in general intelligence », *Psychological Bulletin, 37*, 444-445.

WECHSLER, D. (1943), « Non-intellective factors in general intelligence », *Journal of Abnormal Psychology, 38*, 101-103.

WECHSLER, D. (1944), *Measurement of adult intelligence*, 3e éd., Baltimore : Williams and Wilkins.

WECHSLER, D. (1950), « Cognitive, conative and non-intellective intelligence », *American Psychologist, 5*, 78-83.

WECHSLER, D. (1958), *The measurement and appraisal of adult intelligence*, 4e éd., Baltimore : Williams and Wilkins.

WECHSLER, D. (1991), *Manual for the Wechsler Intelligence Scale for Children*, third edition, San Antonio : Psychological Corporation.

WECHSLER, D. (1996), *Manuel de l'échelle d'intelligence de Wechsler pour enfants*, troisième édition, Paris : Editions du Centre de Psychologie Appliquée.

WEISS, G.L., PRIFITERA, A. & ROID, G. (1993), « The WISC-III and the fairness of predicting achievement across ethnic and gender groups », *Journal of Psychoeducational assessment*, Monograph Series.

WHERRY, R.J. (1959), « Hierarchical solution without rotation », *Psychometrika, 24*, 24, 45-51.

WHERRY, R.J. (1983), *Contributions to correlational analysis*, Orlando : Academic Press.

WITT, J.C. & GRESHAM, F.M. (1985), «Review of Wechsler Intelligence Scale for Children-Revised», in J.V.Jr. Mitchell, (ed.), *The Ninth mental measurement yearbook*, Lincoln : The Buros Institute of Mental Measurement of the University of Nebraska.

ZAZZO, R. (1984), *Manuel pour l'examen psychologique de l'enfant, vol. 1*, Neuchâtel : Delachaux et Niestlé.

ZIMMERMAN, I.L. & WOO-SAM, J.M. (1973), *Clinical interpretation of the Wechsler Adult Intelligence Scale*, New York : Grune & Stratton.

ZIMMERMAN, I.L. & WOO-SAM, J.M. (1997), «Review of the criterion-related validity of the WISC-III : The first five years», *School Psychology Quarterly, 12*, 89-107.

Table des matières

Introduction 7

Chapitre 1
Fondements théoriques et développement des échelles de Wechsler ... 11

1. La notion d'intelligence générale 12
1.1. L'intelligence générale et sa mesure 12
1.2. Intelligence générale et facteur *g* 16

2. Les notions d'intelligence verbale et d'intelligence non verbale 18

3. Le quotient intellectuel standard 21
3.1. Abandon de la notion d'âge mental 21
3.2. Une échelle en points 23

4. Une brève histoire des échelles de Wechsler 27

Conclusion 29

Chapitre 2
Les échelles de Wechsler dans l'histoire des théories de l'intelligence .. 33

1. Les théories factorielles 33
1.1. Les théories multifactorielles non hiérarchiques 33
1.2. La théorie de l'intelligence fluide et cristallisée 44

2. La théorie piagétienne 52

3. Les théories cognitivistes 58
3.1. La théorie de Das/Luria 58
3.2. Les théories de la vitesse de traitement 65

Conclusion 71

Chapitre 3
Les différences intergroupes et les biais socio-culturels au WISC-III... 75

1. Les différences de QI selon la catégorie socio-économique.................. 76
2. Les différences de QI selon le sexe.. 81
3. Les biais socio-culturels aux échelles de Wechsler................................ 85
3.1. L'évaluation intellectuelle face à la justice.................................... 85
3.2. La notion de biais dans les tests d'intelligence............................... 87
3.3. Les échelles de Wechsler sont-elles biaisées?................................ 90
3.4. Le fonctionnement différentiel des items entre enfants belges
et français.. 96
3.5. Comment évaluer l'intelligence des enfants de minorité ethnique?... 98

Chapitre 4
Les propriétés métriques du WISC-III.. 103

1. La validité.. 103
1.1. Comment évaluer la validité des échelles de Wechsler?................. 103
1.2. La validité en référence à un critère externe................................. 104
1.3. La validité conceptuelle.. 109

2. La fiabilité.. 116

3. La sensibilité... 120

4. L'étalonnage... 121
4.1. L'échantillon d'étalonnage.. 121
4.2. Les procédures de passation et de cotation.................................... 122

5. Une forme abrégée du WISC-III.. 123

Chapitre 5
Méthodologie de l'interprétation : les fondements.............................. 129

1. L'interprétation du QI Total.. 130

2. La différence Verbal/Performance... 135
2.1. Données statistiques... 135
2.2. Interprétation de la différence entre le QI Verbal
et le QI Performance.. 140
2.2.1. Principes généraux d'interprétation.................................... 140
2.2.2. Recherches sur la différence Verbal/Performance.............. 142

3. L'interprétation des Indices factoriels.. 151

4. L'analyse de la dispersion.. 153
Introduction... 153
4.1. La méthode de Wechsler... 154

4.2. L'anormalité de la dispersion 155
4.3. L'étendue de la dispersion 157
4.4. La différence significative entre paires de subtests 158
4.5. L'écart significatif par rapport à la moyenne 159

5. Les profils de notes standard 166
5.1. Bilan des recherches 166
5.2. Les profils de dyslexiques 170

6. Aptitudes mesurées par chaque subtest 176
6.1. Information 176
6.2. Similitudes 178
6.3. Arithmétique 180
6.4. Vocabulaire 183
6.5. Compréhension 185
6.6. Mémoire immédiate de chiffres 186
6.7. Complètement d'images 189
6.8. Code 191
6.9. Arrangement d'images 193
6.10. Cubes 195
6.11. Assemblage d'objets 200
6.12. Symboles 201
6.13. Labyrinthes 202

7. Relations entre les différentes échelles de Wechsler 204
7.1. WISC-III et WISC-R 204
7.2. WISC-III, WAIS-R et WPPSI-R 207

Chapitre 6
Méthodologie de l'interprétation : la pratique 211

1. Interpréter le QI Total 211

2. Interpréter le QI Verbal et le QI de Performance 215

3. Interpréter les scores aux subtests 217

4. Un schéma d'analyse des protocoles de WISC-III 222

5. Etudes de cas 224

Conclusion générale 235

Index des tableaux et figures 239

Bibliographie 243

CHEZ LE MÊME ÉDITEUR

PSYCHOLOGIE ET SCIENCES HUMAINES
collection publiée sous la direction de MARC RICHELLE

- 1 Dr Paul Chauchard : LA MAITRISE DE SOI. *9ᵉ éd.*
- 7 Paul-A. Osterrieth : FAIRE DES ADULTES. *16ᵉ éd.*
- 9 Daniel Widlöcher : L'INTERPRETATION DES DESSINS D'ENFANTS. *13ᵉ éd.*
- 11 Berthe Reymond-Rivier : LE DEVELOPPEMENT SOCIAL DE L'ENFANT ET DE L'ADOLESCENT. *13ᵉ éd.*
- 22 H.T. Klinkhamer-Steketée : PSYCHOTHERAPIE PAR LE JEU. *4ᵉ éd.*
- 24 Marc Richelle : POURQUOI LES PSYCHOLOGUES? *6ᵉ éd.*
- 25 Lucien Israel : LE MEDECIN FACE AU MALADE. *5ᵉ éd.*
- 26 Francine Robaye-Geelen : L'ENFANT AU CERVEAU BLESSE. *2ᵉ éd.*
- 27 B.F. Skinner : LA REVOLUTION SCIENTIFIQUE DE L'ENSEIGNEMENT. *3ᵉ éd.*
- 29 J.C. Ruwet : ETHOLOGIE : BIOLOGIE DU COMPORTEMENT. *3ᵉ éd.*
- 38 B.-F. Skinner : L'ANALYSE EXPERIMENTALE DU COMPORTEMENT. *2ᵉ éd.*
- 40 R. Droz et M. Rahmy : LIRE PIAGET. *7ᵉ éd.*
- 42 Denis Szabo, Denis Gagné, Alice Parizeau : L'ADOLESCENT ET LA SOCIETE. *2ᵉ éd.*
- 43 Pierre Oléron : LANGAGE ET DEVELOPPEMENT MENTAL. *2ᵉ éd.*
- 45 Gertrud L. Wyatt : LA RELATION MERE-ENFANT ET L'ACQUISITION DU LANGAGE. *2ᵉ éd.*
- 49 T. Ayllon et N. Azrin : TRAITEMENT COMPORTEMENTAL EN INSTITUTION PSYCHIATRIQUE
- 52 G. Kellens : BANQUEROUTE ET BANQUEROUTIERS
- 55 Alain Lieury : LA MEMOIRE
- 58 Jean-Marie Paisse : L'UNIVERS SYMBOLIQUE DE L'ENFANT ARRIERE MENTAL
- 59 Jacques Van Rillaer : L'AGRESSIVITE HUMAINE
- 61 Jérôme Kagan : COMPRENDRE L'ENFANT
- 62 Michel S. Gazzaniga : LE CERVEAU DEDOUBLE
- 64 X. Seron, J.L. Lambert, M. Van der Linden : LA MODIFICATION DU COMPORTEMENT
- 65 W. Huber : INTRODUCTION A LA PSYCHOLOGIE DE LA PERSONNALITE. *7ᵉ éd.*
- 66 Emile Meurice : PSYCHIATRIE ET VIE SOCIALE
- 67 J. Château, H. Gratiot-Alphandéry, R. Doron et P. Cazayus : LES GRANDES PSYCHOLOGIES MODERNES
- 68 P. Sifnéos : PSYCHOTHERAPIE BREVE ET CRISE EMOTIONNELLE
- 69 Marc Richelle : B.F. SKINNER OU LE PERIL BEHAVIORISTE
- 70 J.P. Bronckart : THEORIES DU LANGAGE
- 71 Anika Lemaire : JACQUES LACAN. *8ᵉ éd. revue et augmentée.*
- 72 J.L. Lambert : INTRODUCTION A L'ARRIERATION MENTALE
- 73 T.G.R. Bower : DEVELOPPEMENT PSYCHOLOGIQUE DE LA PREMIERE ENFANCE. *4ᵉ éd.*
- 74 J. Rondal : LANGAGE ET EDUCATION
- 75 Sheila Kitzinger : PREPARER A L'ACCOUCHEMENT
- 76 Ovide Fontaine : INTRODUCTION AUX THERAPIES COMPORTEMENTALES
- 77 Jacques-Philippe Leyens : PSYCHOLOGIE SOCIALE. *nouvelle édition 1997*
- 78 Jean Rondal : VOTRE ENFANT APPREND A PARLER *3ᵉ éd.*
- 79 Michel Legrand : LE TEST DE SZONDI
- 80 H.J. Eysenck : LA NEVROSE ET VOUS
- 81 Albert Demaret : ETHOLOGIE ET PSYCHIATRIE
- 82 Jean-Luc Lambert et Jean A. Rondal : LE MONGOLISME. *4ᵉ éd.*
- 83 Albert Bandura : L'APPRENTISSAGE SOCIAL
- 84 Xavier Seron : APHASIE ET NEUROPSYCHOLOGIE
- 85 Roger Rondeau : LES GROUPES EN CRISE?

86 J. Danset-Léger : L'ENFANT ET LES IMAGES DE LA LITTERATURE ENFANTINE
 87 Herbert S. Terrace : NIM. UN CHIMPANZE QUI A APPRIS LE LANGAGE GESTUEL
 88 Roger Gilbert : BON POUR ENSEIGNER?
 89 Wing, Cooper et Sartorius : GUIDE POUR UN EXAMEN PSYCHIATRIQUE
 90 Jean Costermans : PSYCHOLOGIE DU LANGAGE
 91 Françoise Macar : LE TEMPS, PERSPECTIVES PSYCHOPHYSIOLOGIQUES
 92 Jacques Van Rillaer : LES ILLUSIONS DE LA PSYCHANALYSE. 4e éd.
 93 Alain Lieury : LES PROCEDES MNEMOTECHNIQUES
 94 Georges Thinès : PHENOMENOLOGIE ET SCIENCE DU COMPORTEMENT
 95 Rudolph Schaffer : COMPORTEMENT MATERNEL
 96 Daniel Stern : MERE ET ENFANT, LES PREMIERES RELATIONS. 3e éd.
 97 R. Kempe & C. Kempe : L'ENFANCE TORTUREE
 98 Jean-Luc Lambert : ENSEIGNEMENT SPECIAL ET HANDICAP MENTAL
 99 Jean Morval : INTRODUCTION A LA PSYCHOLOGIE DE L'ENVIRONNEMENT
100 Pierre Oleron *et al.* : SAVOIRS ET SAVOIR-FAIRE PSYCHOLOGIQUES CHEZ L'ENFANT
101 Bernard I. Murstein : STYLES DE VIE INTIME
102 Rondal/Lambert/Chipman : PSYCHOLINGUISTIQUE ET HANDICAP MENTAL
103 Brédart/Rondal : L'ANALYSE DU LANGAGE CHEZ L'ENFANT. 2e éd.
104 David Malan : PSYCHODYNAMIQUE ET PSYCHOTHERAPIE INDIVIDUELLE
105 Philippe Muller : WAGNER PAR SES REVES
106 John Eccles : LE MYSTERE HUMAIN
107 Xavier Seron : REEDUQUER LE CERVEAU
108 Moreau/Richelle : L'ACQUISITION DU LANGAGE. 5e éd.
109 Georges Nizard : ANALYSE TRANSACTIONNELLE ET SOIN INFIRMIER
110 Howard Gardner : GRIBOUILLAGES ET DESSINS D'ENFANTS, LEUR SIGNIFICATION. 3e éd.
111 Wilson/Otto : LA FEMME MODERNE ET L'ALCOOL
112 Edwards : DESSINER GRACE AU CERVEAU DROIT. 9e éd.
113 Rondal : L'INTERACTION ADULTE-ENFANT
114 Blancheteau : L'APPRENTISSAGE CHEZ L'ANIMAL
115 Boutin : FORMATION ET DEVELOPPEMENTS
116 Húsen : L'ECOLE EN QUESTION
117 Ferrero/Besse : L'ENFANT ET SES COMPLEXES
118 R. Bruyer : LE VISAGE ET L'EXPRESSION FACIALE
119 J.P. Leyens : SOMMES-NOUS TOUS DES PSYCHOLOGUES?
120 J. Château : L'INTELLIGENCE OU LES INTELLIGENCES?
121 M. Claes : L'EXPERIENCE ADOLESCENTE
122 J. Hayes et P. Nutman : COMPRENDRE LES CHOMEURS
123 S. Sturdivant : LES FEMMES ET LA PSYCHOTHERAPIE
124 A. Pomerleau et G. Malcuit : L'ENFANT ET SON ENVIRONNEMENT
125 A. Van Hout et X. Seron : L'APHASIE DE L'ENFANT
126 A. Vergote : RELIGION, FOI, INCROYANCE
127 Sivadon/Fernandez-Zoïla : TEMPS DE TRAVAIL, TEMPS DE VIVRE
128 Born : JEUNES DEVIANTS OU DELINQUANTS JUVENILES?
129 Hamers/Blanc : BILINGUALITE ET BILINGUISME
130 Legrand : PSYCHANALYSE, SCIENCE, SOCIETE
131 Le Camus : PRATIQUES PSYCHOMOTRICES
132 Lars Fredén : ASPECTS PSYCHOSOCIAUX DE LA DEPRESSION
133 Mount : LA FAMILLE SUBVERSIVE
134 Magerotte : MANUEL D'EDUCATION COMPORTEMENTALE CLINIQUE
135 Dailly/Moscato : LATERALISATION ET LATERALITE CHEZ L'ENFANT
136 Bonnet/Tamine-Gardes : QUAND L'ENFANT PARLE DU LANGAGE
137 Bruyer : LES SCIENCES HUMAINES ET LES DROITS DE L'HOMME
138 Taulelle : L'ENFANT A LA RENCONTRE DU LANGAGE

139 de Boucaud : PSYCHOLOGIE DE L'ENFANT ASTHMATIQUE
140 Duruz : NARCISSE EN QUETE DE SOI
141 Feyereisen/de Lannoy : PSYCHOLOGIE DU GESTE
142 Florin *et al.* : LE LANGAGE A L'ECOLE MATERNELLE
143 Debuyst : MODELE ETHOLOGIQUE ET CRIMINOLOGIE
144 Ashton/Stepney : FUMER
145 Winkel *et al.* : L'IMAGE DE LA FEMME DANS LES LIVRES SCOLAIRES
146 Bideau/Richelle : PSYCHOLOGIE DEVELOPPEMENTALE
147 Schmid-Kitsikis : THEORIE CLINIQUE ET FONCTIONNEMENT MENTAL
148 Guggenbühl/Craig : POUVOIR ET RELATION D'AIDE
149 Rondal : LANGAGE ET COMMUNICATION CHEZ LES HANDICAPES MENTAUX
150 Moscato *et al.* : FONCTIONNEMENT COGNITIF ET INDIVIDUALITE
151 Château : L'HUMANISATION OU LES PREMIERS PAS DES VALEURS HUMAINES
152 Avery/Litwack : NEE TROP TOT
153 Rondal : LE DEVELOPPEMENT DU LANGAGE CHEZ L'ENFANT TRISOMIQUE 21
154 Kellens : QU'AS-TU FAIT DE TON FRERE?
155 Rondal/Henrot : LE LANGAGE DES SIGNES. 2e éd.
156 Lafontaine : LE PARTI PRIS DES MOTS
157 Bonnet/Hoc/Tiberghien : AUTOMATIQUE, INTELLIGENCE ARTIFICIELLE ET PSYCHOLOGIE
158 Giovannini *et al.* : PSYCHOLOGIE ET SANTE
159 Wilmotte *et al.* : LE SUICIDE
160 Giurgea : L'HERITAGE DE PAVLOV
161 Ionescu : MANUEL D'INTERVENTION EN DEFICIENCE MENTALE N° 1
162 Ionescu : MANUEL D'INTERVENTION EN DEFICIENCE MENTALE N° 2
163 Pieraut-Le Bonniec : CONNAITRE ET LE DIRE
164 Huber : PSYCHOLOGIE CLINIQUE AUJOURD'HUI
165 Rondal *et al.* : PROBLEMES DE PSYCHOLINGUISTIQUE
166 Slukin : LE LIEN MATERNEL
167 Baudour : L'AMOUR CONDAMNE
168 Wilwerth : VISAGES DE LA LITTERATURE FEMININE
169 Edwards : VISION, DESSIN, CREATIVITE. 3e éd.
170 Lutte : LIBERER L'ADOLESCENCE
171 Defays : L'ESPRIT EN FRICHE
172 Broome Walace : PSYCHOLOGIE ET PROBLEMES GYNECOLOGIQUES
173 Aimard : LES BEBES DE L'HUMOUR
174 Perruchet : LES AUTOMATISMES COGNITIFS
175 Bawin-Legros : FAMILLES, MARIAGE, DIVORCE
176 Pourtois/Desmet : EPISTEMOLOGIE ET INSTRUMENTATION EN SCIENCES HUMAINES. 2e éd.
177 Sloboda : L'ESPRIT MUSICIEN
178 Fraisse : POUR LA PSYCHOLOGIE SCIENTIFIQUE
179 Ruffiot : PSYCHOLOGIE DU SIDA
180 McAdams/Deliège : LA MUSIQUE ET LES SCIENCES COGNITIVES
181 Argentin : QUAND FAIRE C'EST DIRE...
182 Van der Linden : LES TROUBLES DE LA MEMOIRE
183 Lecuyer : BEBES ASTRONOMES, BEBES PSYCHOLOGUES : L'INTELLIGENCE DE LA 1re ANNEE
184 Immelmann : DICTIONNAIRE DE L'ETHOLOGIE
185 Collectif : ACTEUR SOCIAL ET DELINQUANCE
186 Fontana : GERER LE STRESS
187 Bouchard : DE LA PHENOMENOLOGIE A LA PSYCHANALYSE
188 Chanceaulme : MOURIR, ULTIME TENDRESSE
189 Rivière : LA PSYCHOLOGIE DE VYGOTSKY
190 Lecoq : APPRENTISSAGE DE LA LECTURE ET DYSLEXIE

191 de Montmolin/Amalberti/Theureau : MODELES DE L'ANALYSE DU TRAVAIL
192 Minary : MODELES SYSTEMIQUES ET PSYCHOLOGIE
193 Grégoire : EVALUER L'INTELLIGENCE DE L'ENFANT
194 Gommers/van den Bosch/de Aguilar : POUR UNE VIEILLESSE AUTONOME
195 Van Rillaer : LA GESTION DE SOI
196 Lecas : L'ATTENTION VISUELLE
197 Macquet : TOXICOMANIES ET FORMES DE LA VIE QUOTIDIENNE
198 Giurgea : LE VIEILLISSEMENT CEREBRAL
199 Pillon : LA MEMOIRE DES MOTS
200 Pouthas/Jouen : LES COMPORTEMENTS DU BEBE : EXPRESSION DE SON SAVOIR ?
201 Montangero/Maurice-Naville : PIAGET OU L'INTELLIGENCE EN MARCHE
202 Colin A. Epsie : LE TRAITEMENT PSYCHOLOGIQUE DE L'INSOMNIE
203 Samalin-Amboise : VIVRE A DEUX
204 Bourhis/Leyens : STEREOTYPES, DISCRIMINATION ET RELATIONS INTERGROUPES
205 Feltz/Lambert : ENTRE LE CORPS ET L'ESPRIT
206 Francès : MOTIVATION ET EFFICENCE AU TRAVAIL
207 Houziaux : EDUCATION DU PATIENT ET ORDINATEUR
208 Roques : SORTIR DU CHOMAGE
209 Bléandonu : L'ANALYSE DES REVES ET LE REGARD MENTAL
210 Born/Delville/Mercier/Snad/Beeckmans : LES ABUS SEXUELS D'ENFANTS
211 Siguan : L'EUROPE DES LANGUES
212 de Bonis : CONNAITRE LES EMOTIONS HUMAINES
213 Retschitzki/Gurtner : L'ENFANT ET L'ORDINATEUR
214 Leyens/Yzerbyt/Schadron : STEREOTYPES ET COGNITION SOCIALE
215 Tiberghien : LA MEMOIRE OUBLIEE
216 Wynants : L'ORTHOGRAPHE, UNE NORME SOCIALE
217 Rondal : L'EVALUATION DU LANGAGE
218 Moreau : SOCIOLINGUISTIQUE, CONCEPTS DE BASE
219 Rouquette : LA CHASSE À L'IMMIGRÉ
220 Grubar/Duyme/Cote et al. : LA PRÉCOCITÉ INTELLECTUELLE DE LA MYTHOLOGIE À LA GÉNÉTIQUE
221 Pomini et al. : THÉRAPIE PSYCHOLOGIQUE DES SCHIZOPHRÉNIES
222 Houdé et al. : DESCARTES ET SON ŒUVRE AUJOURD'HUI
223 Richelle : DÉFENSE DES SCIENCES HUMAINES
224 Leclercq : POUR UNE PÉDAGOGIE UNIVERSITAIRE DE QUALITÉ
225 Gillis : L'AUTISME ATTRAPÉ PAR LE CORPS
226 Pithon : LES TENDANCES ACTUELLES DE L'INTERVENTION PRÉCOCE EN EUROPE
227 Montangero : RÊVE ET COGNITION
228 Stern : LA FICTION PSYCHANALYTIQUE
229 Grégoire : L'ÉVALUATION CLINIQUE DE L'INTELLIGENCE DE L'ENFANT

Manuels et Traités

Droz-Richelle : MANUEL DE PSYCHOLOGIE. 5ᵉ éd.
Rondal-Esperet : MANUEL DE PSYCHOLOGIE DE L'ENFANT. *Nlle éd.*
Rondal-Seron : LES TROUBLES DU LANGAGE. *Nlle éd.*
Fontaine-Cottraux-Ladouceur : CLINIQUES DE THERAPIE COMPORTEMENTALE. 2ᵉ éd.
Godefroid : LES CHEMINS DE LA PSYCHOLOGIE. 2ᵉ éd.
Seron-Jeannerod : NEUROPSYCHOLOGIE HUMAINE. 2ᵉ éd.